AF884346

GÉNÉRATIONS DE FÉDÉRALISTES EUROPÉENS DEPUIS LE XIXE SIÈCLE

INDIVIDUS, GROUPES, ESPACES ET RÉSEAUX

P.I.E. Peter Lang
Bruxelles · Bern · Berlin · Frankfurt am Main · New York · Oxford · Wien

EUROCLIO est un projet scientifique et éditorial, un réseau d'institutions de recherche et de chercheurs, un forum d'idées. EUROCLIO, en tant que projet éditorial, comprend deux versants : le premier versant concerne les études et documents, le second versant les instruments de travail. L'un et l'autre visent à rendre accessibles les résultats de la recherche, mais également à ouvrir des pistes en matière d'histoire de la construction/intégration/unification européenne.

La collection EUROCLIO répond à un double objectif : offrir des instruments de travail, de référence, à la recherche ; offrir une tribune à celle-ci en termes de publication des résultats. La collection comprend donc deux séries répondant à ces exigences : la série ÉTUDES ET DOCUMENTS et la série RÉFÉRENCES. Ces deux séries s'adressent aux bibliothèques générales et/ou des départements d'histoire des universités, aux enseignants et chercheurs, et dans certains cas, à des milieux professionnels bien spécifiques.

La série ÉTUDES ET DOCUMENTS comprend des monographies, des recueils d'articles, des actes de colloque et des recueils de textes commentés à destination de l'enseignement.

La série RÉFÉRENCES comprend des bibliographies, guides et autres instruments de travail, participant ainsi à la création d'une base de données constituant un « Répertoire permanent des sources et de la bibliographie relatives à la construction européenne ».

Sous la direction de

Éric Bussière, Université de Paris-Sorbonne (France),
Michel Dumoulin, Louvain-la-Neuve (Belgique),
& Antonio Varsori, Università degli Studi di Padova (Italia)

GÉNÉRATIONS DE FÉDÉRALISTES EUROPÉENS DEPUIS LE XIXE SIÈCLE

INDIVIDUS, GROUPES, ESPACES ET RÉSEAUX

Geneviève DUCHENNE
et Michel DUMOULIN (dir.)

Euroclio n° 67

En collaboration avec le Centre d'étude d'histoire de l'Europe contemporaine (UCL), le Centro Studi sul Federalismo, l'UMR IRICE (Paris I – Paris IV), l'Historisches Seminar II (Universität zu Köln). Avec le soutien de la Compagnia di San Paolo, de Iacchos et du FSR de l'UCL.

Toute représentation ou reproduction intégrale ou partielle faite par quelque procédé que ce soit, sans le consentement de l'éditeur ou de ses ayants droit, est illicite. Tous droits réservés.

© P.I.E. PETER LANG S.A.
Éditions scientifiques internationales
Bruxelles, 2012
1 avenue Maurice, B-1050 Bruxelles, Belgique
pie@peterlang.com ; www.peterlang.com

ISSN 0944-2294
ISBN 978-90-5201-862-1
D/2012/5678/39

« Die Deutsche National bibliothek » répertorie cette publication dans la « Deutsche Nationalbibliografie » ; les données bibliographiques détaillées sont disponibles sur le site http://dnb.de.

Table des matières

Troisième partie
Autour de 1960

Générations de militants européens

Michel DUMOULIN et Geneviève DUCHENNE

Professeur à l'Université catholique de Louvain &
Professeur invitée à l'Université catholique de Louvain
et aux Facultés universitaires Saint-Louis de Bruxelles

Dans le langage courant, la notion de génération est banalisée et son acception est particulièrement étendue. De la génération Pepsi à celle de l'internet, le terme est utilisé dans tous les registres. Aussi, les modestes réflexions qui suivent ont pour objectif de tenter d'éclaircir ce « concept », en particulier dans le cadre de son utilisation dans le domaine de l'histoire du militantisme pro-européen.

Récemment, le jubilé de Mai 1968 a remis au goût du jour ce concept. L'histoire, comme d'autres disciplines, s'y est intéressée et la revue *Vingtième Siècle* a consacré son numéro de mai-juin 2008 à l'événement. Jean-François Sirinelli y a publié un article intitulé « Génération, générations »[1]. Avec un point de vue français, il détecte dans la participation aux événements de 1968 principalement deux générations actives. La première est celle née pendant la Seconde Guerre mondiale, celle pour qui la guerre d'Algérie a constitué la première césure qui, de ce fait, est restée indélébile. La seconde est celle née après la guerre, qui, protégée, arrivait à « l'âge d'une éventuelle socialisation politique dans un monde de la non-guerre »[2]. Malgré le faible écart d'âge entre les deux groupes, les conséquences de cette différence de vécu ont nécessairement conditionné le rapport à l'événement de 1968.

Ce type de réflexion circonscrite ici au phénomène de Mai 1968 en France peut bien sûr être transposée à d'autres cas de figure, notamment aux acteurs de la construction européenne[3].

---

1 J.-F. Sirinelli, « Génération, générations », in *Vingtième Siècle. Revue d'histoire*, n° 98, 2008, p. 113-124.

2 *Ibid.*, p. 116.

3 « Le moteur de la construction européenne, qu'a été le souci de ne plus jamais connaître l'horreur de la guerre, a été porté par une génération dont les petits-enfants et, *a fortiori*, les arrière-petits-enfants ne sont pas les héritiers. En d'autres termes,

Ces deux exemples, bien que rapidement évoqués, permettent d'appréhender l'intérêt du concept de génération pour l'historien. Malgré sa banalité, son manque de précision et la difficulté qu'il peut y avoir à le cerner, il est central pour tenter d'appréhender le processus de changement social. Puisque son utilisation est malaisée, il s'agit de le manier avec prudence, loin de la perspective, même si elle peut être partiellement inconsciente, de réorganiser l'histoire en tranches harmonieuses. Si cet ordre et cette cohérence pouvaient satisfaire notre esprit, ce genre d'organisation a, en effet, bien peu de chance de coller à la réalité historique...

Traditionnellement, c'est au sociologue allemand Karl Mannheim que l'on attribue, à la fin des années 1920[4], le développement du concept – devenu « classique »[5] – de la théorie des générations. Selon Mannheim, la notion de génération peut s'envisager dans trois contextes différents : la génération généalogique (l'ascendance et la descendance dans les familles), la génération pédagogique (le rapport entre une génération qui transmet un savoir et celle qui l'acquiert) et, celle qui nous intéresse plus particulièrement, la génération « historico-sociale » (la communauté d'intérêts ou d'orientation culturelle de groupes qui ont grandi dans une même époque).

Derrière l'appellation courante de génération, le concept sociologique qui s'y réfère est donc bien plus complexe et ne peut se satisfaire de ce terme ambigu. Pour Mannheim en évoquant, sans autre différentiation, les *générations* « on confond toujours des phénomènes biologiques avec les phénomènes correspondants produits par des forces socio-spirituelles et on aboutit à une "sociologie de tableaux chronologiques" »[6]. C'est pourquoi il propose une « classification formelle-sociologique » différenciant les notions de situation de génération (participation de ceux qui entrent dans la vie à un même espace historico-social qui potentialise la participation à des événements ou des expériences qui créent des liens), d'ensemble de générations (la situation de génération est alors potentialisée par un lien concret, la participation à des événements, etc.) et d'unité de génération (il s'agit alors d'un lien

---

l'idéal auquel il est possible de faire appel afin de mobiliser a changé ». Propos de M. Dumoulin dans *Luxemburger Wort*, Supplément culturel, *Die Warte*, 13 mars 2008.

4 K. Mannheim, *Le problème des générations*, Paris, Nathan, 1990. Texte traduit de l'allemand par G. Mauger et N. Perivolaropoulou, Paris, Nathan, 1990 (Essais et recherches).

5 G. Mauger, « Introduction », in K. Mannheim, *Le problème des générations*, *op. cit.*, p. 8.

6 K. Mannheim, *Le problème des générations*, *op. cit.*, p. 68.

beaucoup plus concret au sein de l'ensemble générationnel qui se fait autour d'un même contenu).

Selon Karl Mannheim, les générations « historico-sociales » ne se construisent donc pas d'elles-mêmes, mais sont engendrées par la dynamique sociale. À un certain moment, des bouleversements sociaux accélèrent le changement des attitudes et peuvent provoquer une rupture par rapport au changement latent et continuel de la pensée. Ces points de rupture peuvent alors se cristalliser et former une impulsion nouvelle et une nouvelle unité structurante[7].

Dès lors, malgré ses défauts l'utilisation du concept de génération peut s'avérer féconde si on la limite à des cas dans lesquels des événements et des processus particulièrement significatifs et porteurs de conséquences à long terme ont marqué une certaine tranche d'âge, de telle sorte qu'elle se distingue de manière relativement nette des autres tranches d'âge.

L'un des intérêts majeurs de l'utilisation du concept de génération est donc, dans le cas de l'étude du militantisme pro-européen (comme dans celui d'autres sujets historiques), de repérer ces événements significatifs, de tenter de percevoir sur quel type de personnalité ils ont pu avoir des effets majeurs et d'envisager les conséquences de ce phénomène afin de réinsérer les mouvances étudiées dans les terreaux sociaux et les contextes historiques qui les ont vus naître et évoluer.

La plupart des études historiques liées à une analyse générationnelle se sont jusqu'à présent bornées à un phénomène limité, dans un contexte national et sur une durée réduite. C'est le cas de certaines revues d'histoire qui ont consacré un numéro spécial à cette problématique – par exemple les cahiers de l'Institut d'Histoire du Temps Présent en 1987[8], la Revue le *Vingtième siècle* en 1989[9], ou plus récemment en 2003, la revue *Historische Zeitschrift* qui a publié un numéro de supplément relatif aux générations[10]. Dans ces différents cas, le volume débute par un article général, explicitant le concept central, reprenant les

---

7 *Ibid.*, p. 65. En dépit du fait que d'autres générations, plus âgées ou plus jeunes, vivent elles aussi ces étapes du devenir historique, c'est autour de la jeunesse montante que peut se créer une nouvelle génération. Et Mannheim d'expliquer que « les premières impressions ont tendance à se fixer comme une image naturelle du monde. À la suite de quoi, chaque expérience ultérieure s'oriente par rapport à ce groupe d'expériences ». *Ibid.*, p. 53.

8 J.-F. Sirinelli (dir.), *Générations intellectuelles. Cahiers de l'Institut d'histoire du temps présent*, n° 6, novembre 1987.

9 *Vingtième Siècle. Revue d'histoire*, n° 22, numéro spécial : « Les générations », avril-juin 1989.

10 A. Schulz, G. Grebner, *Generationswechsel und historischer Wandel*, Munich, Oldenbourg, 2003.

différentes théories qui lui sont associées, pour ensuite se consacrer à diverses études de cas, relativement limitées quant à la perspective chronologique et géographique.

Face à ce constat, le Centre d'étude d'histoire de l'Europe contemporaine (Cehec) de l'Université catholique de Louvain a élaboré un programme de recherche intitulé « Générations et réseaux militants européens depuis le XIXe siècle : individus, groupes, espaces et réseaux ». Encouragé par la Fondation internationale Triffin/Triffin International Foundation[11], ce programme entend adopter délibérément un large champ pour appréhender toute la complexité du militantisme européiste tant dans ses dimensions politiques, que sociales, culturelles et économiques.

Les actes publiés ici sont le fruit de deux ateliers qui ont rassemblé plusieurs historiens à l'Université catholique de Louvain le 13 juin 2008 mais surtout les 2 et 3 décembre 2009. Ils proposent d'explorer les motifs qui ont poussé quelques fédéralistes belges, français, allemands, autrichiens, luxembourgeois, néerlandais ou hongrois à défendre, parfois corps et âme, un idéal – l'unification européenne – et donc de renouer avec l'histoire de l'intégration européenne.

Tandis que l'histoire de l'Europe est remise en question[12], renouer avec l'histoire de l'unification européenne par le truchement de générations fédéralistes peut recentrer le débat, réincarner le projet européen.

Mais, pour mener une étude fructueuse sur le phénomène militant – et cette remarque vaut pour tous types d'*engagement*[13] –, il faut aussi oser la comparaison.

---

11 Collaborent à ce programme initié par le Centre d'études d'histoire de l'Europe contemporaine (Université catholique Louvain), le Centro Studi sul Federalismo (Turin), l'UMR IRICE (Paris I – Paris IV) et l'Historisches Seminaer II (Universität zu Köln). Avec le soutien de la Compagnia di San Paolo, de l'Institut d'analyse du changement dans l'histoire et les sociétés contemporaines (Iacchos, Université catholique de Louvain) et le soutien aux écoles doctorales des Fonds spéciaux de recherche de l'Université catholique de Louvain.

12 Voir notamment N. Roussellier, « Pour une écriture européenne de l'histoire de l'Europe », in *Vingtième siècle. Revue d'histoire*, n° 38, avril-juin 1993, p. 74-89 ; J.-P. Rioux, « Pour une histoire de l'Europe sans adjectif », in *Vingtième siècle. Revue d'histoire*, n° 50, avril-juin 1996, p. 101-111 ; J.-Cl. Martin, « Quelle histoire pour l'Europe ? », in *Vingtième siècle. Revue d'histoire*, n° 53, janvier-mars 1997 et R. Frank, « Une histoire problématique. Une histoire du temps présent », in *Vingtième siècle. Revue d'histoire*, n° 71, juillet-septembre 2001, p. 79-89.

13 Critère essentiel pour définir un intellectuel, d'après les auteurs du *Dictionnaire des intellectuels français. Les personnes, les lieux, les moments*, Paris, Seuil, 2002 (cf. J. Julliard, M. Winock, « Introduction », p. 11-18). Voir aussi et entre autres de J.-F. Sirinelli, *Les intellectuels en France de l'affaire Dreyfus à nos jours*, Paris, Armand Colin, 1986 ; « Générations intellectuelles », *Cahiers de l'Institut d'histoire du temps présent*, n° 6, novembre 1987 ; *Génération intellectuelle : Khâgneux et norma-*

En ce sens, les études rassemblées ici – et elles devront être complétées – montre bien qu'il existe un réel décalage entre les moments où les élites d'un pays optent pour la solution européiste. Les perceptions européennes changent, en effet, et sans doute est-ce un truisme de le rappeler, en fonction du moment et de l'endroit où l'on se trouve[14].

Aussi, au-delà de quelques lignes de force – la solution européenne ne s'envisage pas de la même façon si l'on conçoit l'Europe en tant qu'entité morcelée économiquement ou en tant que continent souffrant d'une crise morale ; de même, la génération sacrifiée[15] n'appréhende pas l'unification du continent comme les générations suivantes – les résultats exposés ici montrent d'importantes disparités.

Il n'y aurait pas de moments-clés qui forgent l'engagement militant mais bien des périodes diffuses – l'idée d'Europe unie s'épanouissant pleinement en France de 1923 à 1927, aux Pays-Bas, de 1929 à 1933, et en Belgique, de 1926 à 1936 ; il n'existe pas de lieux incarnant de façon univoque l'idée d'Europe unie – pour d'aucuns, c'est Paris, pour d'autres, Berlin, pour d'autres encore Genève, Vienne, voire Londres et New York ; enfin, il n'existe pas non plus d'événement significatif – ici, c'est la perte des colonies, là le traumatisme de 14-18, là-bas encore celui du Rideau de Fer... Or, ces remarques, pour banales qu'elles soient, ne sont pas sans interpeller à l'heure où l'Europe « réunifiée » semble, désespérément, se chercher une mémoire[16]...

> Des lieux historiques, l'Europe en compte par milliers. Champs de batailles, palais, musées, parlements, camps de concentration... Toute l'histoire du continent donc, avec ce qu'elle a de pire et de meilleur. Mais l'Union européenne en tant que telle compte très peu de lieux qui incarnent matériellement l'épopée de ses origines, où se cristallise, par l'histoire et dans la mémoire, une parcelle devenue symbolique de notre identité collective de citoyens d'une Europe unie[17].

Renouer avec le fil de ces générations qui ont rêvé, depuis le XIXe siècle, de construire une Europe fédérale peut certainement aider à remettre en perspective les inquiétudes identitaires qui traversent douloureusement nos sociétés occidentales...

---

liens dans l'entre-deux-guerres, Paris, Presses Universitaires de France, 1994 (Quadrige, n° 160) ; *Intellectuels et passions françaises. Manifestes et pétitions au XXe siècle*, Paris, Fayard, 1990.

14 Pour paraphraser R. Frank, « Introduction », in R. Frank (dir.), *Les identités européennes au XXe siècle*, Paris, Publications de la Sorbonne, 2004, p. 9-10.

15 R. Wohl, *The generation of 1914*, Cambridge, Harvard University Press, 1979.

16 Cf. D. Schnapper, K. von Bülow, H. Möller, T. Garton Ash, M.-C. Beaud, *Identité et Mémoire*, Paris, La documentation française, 2007 (Penser l'Europe).

17 « L'histoire à la rencontre des Pères de l'Europe », in *Eurinfo*, n° 305, mai 2006, p. 3.

Les conditions de l'engagement européen au XXIe siècle

Bernard BRUNETEAU

Professeur à l'Université Pierre Mendès France, Grenoble II

Dans une lettre naïve et quelque peu pathétique adressée le 21 juillet 1943 à un conseiller de l'ambassade du *Reich* à Paris, René Chateau, agrégé de philosophie, pacifiste, né en 1906 et séduit un temps par l'« Europe nouvelle » nazie au point d'intégrer la direction politique du journal collaborationniste *La France socialiste*, revenait sur l'itinéraire de sa génération et son engagement au service du projet européen :

> Mes amis et moi-même sommes depuis de longues années des militants convaincus du rapprochement franco-allemand et de l'idée européenne. Nous avons, pour ces idées, combattu au moment de l'adversité allemande, sous la République de Weimar. Nous avons continué cette lutte après l'avènement du national-socialisme, malgré les injures et les calomnies. Nous avons continué depuis l'armistice, malgré les ressentiments que tant de nos concitoyens nourrissent contre l'Allemagne. Nous sommes disposés à continuer encore, à continuer toujours. Car rien ne nous inspire que la volonté de faire cesser entre vous et nous les guerres cruelles qui, en moins d'un siècle, ont trois fois décapité nos jeunesses, et que de construire enfin une Europe équitable et libre, où les jeunes générations puissent vivre[1].

Il y éclaire remarquablement bien les notions que les historiens ont depuis lors mises en valeur pour expliquer l'engagement : la force déterminante de l'*évènement* fondateur (ici la guerre de 1914), l'effet d'un *moment* rassembleur (la politique briandiste des années Locarno) dans le cadre d'une *époque* (l'entre-deux-guerres). L'évènement, le moment, l'époque en tant que catalyseurs d'une conscience générationnelle – faire l'unité de l'Europe –, la génération étant entendue ici plus comme génération historico-sociale que biologique. Ceci amène donc à cerner la communauté d'intérêts, de croyances, de sensibilités et de perceptions

[1] Cité dans J.-Fr. Sirinelli, *Génération intellectuelle. Khâgneux et normaliens dans l'entre-deux-guerres*, Paris, Fayard, 1988, p. 667-669.

des groupes qui ont grandi dans une même époque car, « on n'est pas, on ne se sent pas Européen de la même façon en 1900, en 1950, en 1990, ni tout à fait de la même manière selon le lieu d'Europe où l'on se trouve »[2]. Ces perceptions et représentations ainsi que les projets organisationnels qui en découlent sont impérativement à remettre *en contexte*, dans leur époque, dans leur cadre national, mais aussi dans le cadre des débats qui animent les réseaux et les lieux transnationaux de sociabilité politique et intellectuelle[3]. L'engagement européen varie donc en fonction des tendances lourdes de l'époque : avant 1900 (Europe dominante, impérialisme, nationalismes), 1930 (effets de la Première Guerre mondiale, SDN, totalitarismes), 1960 (guerre froide, expansion économique) ; en fonction aussi des questions jugées dominantes à ces époques données, notamment celles qui président à la construction et à la perception de l'idée européenne au XXIe siècle : perpétuer l'éminence de la Civilisation européenne, garantir la Paix, prévenir la division économique, parer à la menace géopolitique, accélérer la réforme de l'État. Cet engagement varie par ailleurs en fonction de la socialisation nationale des militants, des héritages et des expériences qui nourrissent des perceptions convergentes ou différentes de l'Europe. Il varie enfin en fonction de la logique de position au sein de laquelle s'inscrit l'idée européenne à une époque donnée face à d'autres idées ou utopies mobilisatrices.

I. Répondre aux questions dominantes d'une époque

Ce qu'il s'agit ici de comprendre, c'est « la manière dont, à tel moment de l'histoire, un individu ou un groupe social ont perçu leur environnement européen, se le sont représenté et en ont éventuellement imaginé l'organisation sur un plan politique et institutionnel, économique, social et culturel »[4]. Répertorions ainsi les questions qui, aux trois époques données – 1900, 1930, 1960 – incitent, ou au contraire freinent, à s'engager pour l'Europe.

En 1900, le questionnement dominant prédispose modérément à l'européisme militant. Tout d'abord, il existe une croyance forte en une civilisation européenne aux idéaux universels, nourrissant la bonne conscience d'une domination mondiale, politique, économique et cultu-

---

2 R. Frank, « Introduction », in R. Frank, G. Bossuat (dir.), *Les identités européennes au XXe siècle*, Paris, Publications de la Sorbonne, 2004, p. 9.

3 Ainsi P. Stirk (ed.), *European unity in context. The interwar period*, Londres, Pinter Publishers, 1989.

4 É. Bussière, M. Dumoulin, G. Trausch (dir.), *Europa. L'idée et l'identité européennes de l'Antiquité grecque au XXIe siècle*, Fonds Mercator et Fundacion Academia Europea de Yuste, 2001, p. 193.

relle. Même si c'est alors que s'impose l'idée d'« Occident » entendu comme un bloc politico-culturel au développement historique propre[5], cette conscience civilisationnelle (« être » européen) peut dispenser les élites de vouloir « faire » l'Europe. L'héritage de la pratique du « concert », cette politique d'équilibre pensée et expérimentée de façon organique tout au long du XIXe siècle[6], peut cantonner par ailleurs les « États-Unis d'Europe » au statut de mythe politique voué à une certaine impuissance. Ce qui domine, c'est cet « esprit européen » loué alors par Louis Dumont-Wilden[7], qui imprègne les rencontres diplomatiques, facilite la mise en place des premières unions administratives européennes et autorise la facile circulation des élites. Cette Europe vécue a ainsi peut-être moins besoin d'être rêvée comme horizon de l'utopie.

Si le morcellement économique est sans doute perçu avec un peu d'inquiétude du fait du renforcement des protectionnismes depuis les années 1880-1890, ceux-ci restent toutefois relatifs, n'empêchant ni la progression du commerce international ni la libre circulation des biens, des hommes et des capitaux. Il existe avant 1914 un véritable espace économique mondial dont l'Europe est le microcosme. L'idée libérale régnante de « pax economica », ce mondialisme pacifiste popularisé par l'économiste Norman Angell (*La Grande illusion*, 1909), peut ici aussi rendre illusoire, inutile, morcelante et même handicapante la conception d'un régionalisme économique européen.

Face à la menace représentée par la montée des nationalismes, un mouvement pacifiste transnational s'organise sans doute en faisant de l'« Europe » une référence idéologique (que popularisent la revue mensuelle *États-Unis d'Europe* ou le journal hebdomadaire *L'Européen*). Mais il est juste de rappeler que l'Europe unie n'est qu'un moyen parmi d'autres dans la pluralité des voies du pacifisme d'avant 1914. Pour les plus engagés, à l'image du député Paul d'Estournelles de Constant, elle n'est qu'un instrument commode de la « conciliation internationale »[8]. On notera de même que l'engagement européen se fait surtout au sein de la mouvance des pacifistes « réalistes », plutôt continentaux, qui recherchent la meilleure organisation politique des hommes, en l'occurrence

5 Chr. GoGwilt, « True West : the changing Idea of the West from the 1880s to the 1920s », in S. Frederici (ed.), *Enduring Western civilization. The construction of the concept of western civilization and it's « others »*, Londres, Praeger, 1995, p. 37-59.

6 G.-H. Soutou, « Le Concert européen, de Vienne à Locarno », in G.-H. Soutou, J. Béranger (dir.), *L'ordre européen du XVIe au XXe siècle*, Paris, Presses de l'université de Paris-Sorbonne, 1998, p. 117-136.

7 L. Dumont-Wilden, *L'Esprit européen*, Paris, Figuière, 1914.

8 L. Barcelo, *Paul d'Estournelles de Constant. L'expression d'une idée européenne*, Paris, L'Harmattan, 1995, p. 334.

cette « Fédération de l'Europe » dont le russe Jacques Novicow est le porte-parole le plus talentueux[9].

En dépit de ces blocages et freins, c'est néanmoins dans les premières années du siècle qu'apparaît la perception d'une région « Europe » en voie d'être menacée par des mondes « neufs » en pleine expansion politique, militaire ou économique (États-Unis, Japon). Publié en 1905, l'ouvrage de l'historien Henri Hauser, *L'impérialisme américain*, est très représentatif, comme l'était déjà, trois ans plus tôt, celui du journaliste William T. Stead, *L'américanisation du monde*. Le premier engagement européen de 1900, aussi ténu soit-il, ne se dissocie pas du sentiment que le temps des petites nations se termine et qu'advient celui des agrégations d'États disposant de plus de population et de ressources. La géopolitique d'Harold Mackinder en est alors certainement le reflet. Et lorsque Sidney Webb évoque en novembre 2001 à la Fabian Society une politique du XXIe siècle qui ne sera plus basée sur les « droits abstraits des nationalités » mais sur les nécessités concrètes de « communautés organisées », il augure de futures militances.

En 1930, une configuration nouvelle porte à faire de l'unité européenne une réponse plus concrète aux questions du temps. La conscience renouvelée du « déclin de l'Europe » en constitue le socle depuis la fin de la Première Guerre mondiale. Si le thème du déclin n'est pas nouveau – il court dans la pensée occidentale depuis Nietzsche, Baudelaire et Max Nordau –, il s'articule désormais sur une réalité politique, économique et culturelle (l'hégémonie américaine, l'attraction soviétique, l'émergence des « pays neufs » d'outre-mer) quand il ne se renforce pas avec la perception aiguë d'une régression morale, d'une « crise de l'esprit » dont Spengler, Gide et Valéry sont les témoins littéraires emblématiques. Le spectacle et la mémoire de la guerre vont avoir des effets déclencheurs au sein de la « génération sacrifiée ». Images représentatives de 1930 : les lecteurs de *L'Europe nouvelle* recherchent la matière d'une « science de la paix », tandis que ceux de la *Revue des vivants* explorent le meilleur projet de fédération européenne. C'est au motif que les nations sont « contre la paix » qu'une sensibilité européiste particulière se focalise sur les méfaits du dogme de la souveraineté absolue des États[10]. Au risque, pour les membres de la mouvance pacifiste intégrale, d'accorder une croyance quasi messianique aux

---

[9] V. Grossi, *Le pacifisme européen, 1889-1914*, Bruxelles, Bruylant, 1994.

[10] J. Lambert, *Les nations contre la paix*, Paris, Alcan, 1933. Titulaire de la « chaire de la Paix » à la faculté de droit de Lyon, Jacques Lambert est le mentor de bien des pacifistes et européistes des années 1930.

vertus pacificatrices de l'« Europe d'abord », propre à les rendre parfois aveugles aux réalités politiques évolutives de leur temps[11].

C'est au regard de ce déclinisme et de cette haine de la souveraineté que le morcellement national et économique (35 domaines douaniers et 27 systèmes monétaires) apparaît le plus préjudiciable et ce dans la mesure où celui-ci se perpétue au sein de la courte mondialisation des années 1924-1930. Comme plus tard dans les années 1960 puis 1980-1990, le ressort de l'engagement européen se situe dans la recherche d'une articulation entre le continent et le monde, d'une médiation au mondialisme, la définition d'une identité régionale apparaissant nécessaire pour se protéger tout en permettant de continuer à peser sur la scène universelle[12]. La volonté de résoudre les « contradictions du monde moderne » brillamment exposées en 1925 par Francis Delaisi – transnationalisation de l'économie/perpétuation des souverainetés – est à la source de l'européisme de la génération de 1930.

Mais l'engagement de cette dernière doit s'évaluer aussi à l'aune des menaces d'ordre idéologique et géopolitique portées par les mondialisations programmatiques ou simplement vécues qui affrontent ou concurrencent l'idée européenne : internationalisme révolutionnaire léniniste, solidarités totalitaires, universalisme wilsonien, « esdéenisme », solidarités impériales et « occidentales »[13]. Comme l'exprime Hermann de Keyserling en 1928 dans un passage éclairant de son ouvrage phare, *Analyse spectrale de l'Europe*, la fédération européenne, tout en dépassant le nationalisme, permet d'opposer le supranationalisme (le sentiment de ce que *des* hommes, les Européens, ont de commun) à l'internationalisme (« une relation abstraite entre *tous* les hommes »)[14].

Une « fédération européenne » n'a toutefois de sens que rapportée à un projet plus global que cette entité a justement pour fonction de promouvoir et servir. Tel est le problème historique posé par l'itinéraire de nombreux militants de l'Europe : cet itinéraire n'a pas été déterminé par une idée européenne *stricto sensu* mais par les valeurs que ces hommes lui associent ou lui superposent. Parmi celles-ci, il y a la volonté de moderniser et d'adapter l'État en déléguant une partie de ses tâches à une « autorité » plus vaste et compétente. Si la « réforme de l'État » s'associe à l'idée d'Europe unie parmi les porte-parole d'une « généra-

---

11 P. de Villepin, « Plutôt la servitude que la guerre. Le pacifisme intégral dans les années 1930 », in *Relations internationales*, n° 53, printemps 1988, p. 65.

12 É. Bussière, « Premier schémas européens et économie internationale durant l'entre-deux-guerres », in *Relations internationales*, n° 123, juillet-septembre 205, p. 50-68.

13 Voir G.-H. Soutou, « Introduction à la problématique des mondialisations », in *Relations internationales*, n° 123, juillet-septembre 2004, p. 4.

14 H. von Keyserling, *Analyse spectrale de l'Europe*, Paris, Stock, 1928, p. 338-345.

tion réaliste », c'est que cette dernière est justement promue pour sa capacité à la concrétiser ou à en accélérer l'épanouissement. Cette association programmatique est le trait d'union de toutes les « relèves » et « non-conformismes » de 1930, en France comme en Belgique[15].

En 1960, il s'agit de faire exister l'Europe dans un monde dominé par les Blocs. Les temps forts de la guerre froide ont été précédemment des moments forts de conscience européenne (1948-1953, 1956-1958), même si la question allemande joue un rôle tout aussi important dans la volonté d'intégration[16]. C'est néanmoins à ces moments que le lien européisme/antitotalitarisme avait été manifeste au sein de mouvances intellectuelles comme celles que mobilisait le Congrès pour la liberté de la culture[17]. On faisait volontiers de la Fédération européenne un mot d'ordre international lié à un système de représentation du monde opposant commodément « monde libre » et monde totalitaire[18]. C'est ainsi dans le cadre de cette « guerre froide par le droit » qu'il faut mettre en valeur dans les années 1950 la mobilisation transnationale des juristes et l'engagement européiste de certains d'entre eux (Paul Reuter, Fernand Dehousse, Hans Nawiasky, Carl J. Friedrich). Le début des années 1960 paraît *a priori* moins propice à ce type d'engagement. Outre que la guerre froide va s'apaiser et que l'offensive idéologique soviétique est destinée à relativiser ses anathèmes avec les nouvelles « thèses » qui définissent l'Europe des Six en 1962, la nature même de celle-ci n'est pas sans conséquences.

L'Europe du Marché commun est en effet marquée par la rivalité/complémentarité des deux stratégies, néo-fonctionnaliste et intergouvernementaliste. Au-delà de ce qui les sépare, une chose les réunit : une relative évacuation de l'idéal. La première est fondamentalement pragmatique, mettant en valeur l'intégration mécanique fonction après fonction au gré des opportunités. Y-a-t-il alors place pour l'idéal et la volonté ? De la même façon, la stratégie qui donne la centralité aux États dans le cadre d'une vision « réaliste » des relations internationales

15 Voir M. Trebitsch, « Le front commun de la jeunesse intellectuelle. Le *Cahier de revendications* de décembre 1932 », in G. Merlio (dir.), *Ni gauche, ni droite : les chassés-croisés idéologiques des intellectuels français et allemands dans l'entre-deux-guerres*, Talence, Éditions de la Maison des sciences de l'homme, 1995, p. 29-227 ; G. Duchenne, *Esquisses d'une Europe nouvelle. L'européisme dans la Belgique de l'entre-deux-guerres (1919-1939)*, Bruxelles, PIE Peter Lang, 2008, p. 147-197 (Euroclio. Études et documents, n° 40).

16 Kl. Schwabe, « The Cold War and European Integration, 1947-1963 », in *Diplomacy and Statecraft*, vol. 12, n° 4, décembre 2001, p. 18-34.

17 P. Grémion, *Intelligence de l'anticommunisme. Le Congrès pour la liberté de la culture à Paris, 1950-1975*, Paris, Fayard, 1995.

18 A. Cohen, « La Constitution européenne. Ordre politique, utopie juridique et guerre froide », in *Critique internationale*, n° 26, janvier 2005, p. 119-131.

soumet l'« idée » à l'intérêt et l'« Europe » au plan de « sauvetage » de l'État-nation[19]. Ce mode de construction marginalise les mouvements fédéralistes divisés entre « maximalistes » condamnant sans nuance le recul politique constitué par la CEE et « possibilistes » espérant dans la capacité d'influence des élites « européennes » sur l'action communautaire des gouvernements. L'Europe à dominante technico-économique n'est pas sans expliquer non plus le retrait des intellectuels dont les lieux d'engagement, à l'époque où la décolonisation bat son plein, sont souvent à l'échelle de la planète, loin d'une « province européenne » qui cristallise alors, pour certains d'entre eux, le capitalisme, l'atlantisme et l'impérialisme[20].

Il serait toutefois imprudent de trop relativiser les ressorts de l'engagement à l'époque du Marché commun. On a ainsi pu souligner l'acculturation de la démocratie-chrétienne à cette Europe néo-fonctionnaliste et productiviste. L'idéal de substitution de l'après-guerre se transforme alors en engagement européen profond dans le cadre d'une solidarité et d'une convergence idéologique transnationale[21]. On a mis par ailleurs l'accent sur l'engagement personnel des hommes des institutions communautaires investissant de plus de valeurs et d'idéaux qu'on ne le croit généralement leurs fonctions apparemment « désenchantées »[22]. Il est nécessaire de rappeler ici combien, à la fin des années 1950, est fort l'espoir mis dans la substitution de l'expertise économique au pouvoir politique jugé défaillant. En l'absence d'un homme « européen », rappelle alors Paul Reuter, le technicien « indépendant » est une solution désespérée pour gouverner les institutions européennes[23]. Enfin, il faut attirer l'attention sur l'engagement et le rôle des porte-parole des groupes d'intérêt lorsque le projet européen devient l'objet d'une politique publique communautaire. D'une part, au moment de la prise de

---

19 L'idée européenne a ainsi peu de place dans la configuration d'A. Milward, *The European rescue of the Nation-State*, Londres, Routledge, 1994.

20 R. Frank, « Le combat intellectuel pour l'Europe est-il possible après 1950 ? », in A. Bachoud, J. Cuesta, M. Trebitsch (dir.), *Les intellectuels et l'Europe de 1945 à nos jours*, Publications universitaires Denis Diderot Paris VII, 2000.

21 W. Kaiser, *Christian Democracy and the Origins of European Union*, New York, Cambridge University Press, 2007.

22 Voir ainsi M. Carbonell, *Des hommes à l'origine de l'Europe. Biographies des membres de la Haute Autorité de la CECA*, Publication de l'université de Provence, 2008 ; A.-M. Fiorentini, « La conception de l'Europe de Piero Malvestiti. Une réflexion historiographique », in K. Rücker, L. Warlouzet (dir.), *Quelle(s) Europe(s) ? Nouvelles approches en histoire de l'intégration européenne*, Bruxelles, PIE Peter Lang, 2006 ; M. Dumoulin (dir.), *La Commission européenne (1958-1972). Histoire et mémoires d'une institution*, Luxembourg, OPOCE, 2007.

23 Très éclairant à cet égard est un passage du texte de P. Reuter, « Techniciens et politiques dans l'organisation internationale », in *Politique et technique*, Paris, PUF, 1958, p. 192-196.

décision et de l'élaboration de la politique en question, l'organisation professionnelle médiatrice des intérêts d'un groupement national représente, par ses « intellectuels organiques » ou ses médiateurs, une source d'expertise pour les responsables gouvernementaux. D'autre part, elle peut influencer le processus communautaire en pesant sur la mise en œuvre de la décision : soit en négociant ses « idées » avec la Commission qui, conformément à sa méthode, consulte largement les groupes présents à Bruxelles (400 dès 1962) ; soit en faisant en sorte que les représentants de son propre État les adoptent et les assument pour les défendre au sein du Conseil, dans la perspective de l'intergouvernementalisme libéral dégagé par Andrew Moravcsik[24]. Mais si l'Europe est envisagée pragmatiquement et matériellement par les groupes d'intérêt, il ne faut pas négliger la part d'idéalisme qui nourrit telle ou telle de leurs pratiques. Ainsi en est-il par exemple de ces dirigeants agricoles français, membres de cette « génération Debatisse », déjà socialisés à l'idée européenne au sein des mouvements d'action catholique (Jeunesse agricole catholique, Mouvement familial rural), qui voient dans la mise en œuvre de la PAC une manière de concilier volontarisme modernisateur, intérêt bien compris et satisfaction éthique de construire l'« Europe des personnes et des peuples » annoncée par Jean XXIII.

II. Le poids de la socialisation nationale

Si l'« idée européenne » et l'engagement des « pères fondateurs » doivent légitimement recevoir l'attention de l'historien, leur étude ne dispense pas de voir aussi l'histoire de la construction européenne comme celle d'une recherche de réponses à des situations nationales, politiques et économiques, perçues comme interdépendantes. Fonctionnant comme un recours, l'« Europe » est à la fois un objectif et un instrument pour des hommes qui donnent une signification historique précise à leur engagement européen initial, à leurs conceptions en la matière (hiérarchisation des acteurs institutionnels, fonction des politiques communautaires, rapport de l'Europe au monde) puis à leurs stratégies postérieures au sein des institutions communautaires.

Comment les héritages de l'histoire nationale de chaque État-membre (les moments, clivages et mythes fondateurs qui forgent les catégories politiques de perception) vont-ils peser sur les modes d'engagement européen (ou de non engagement) ? Comment ces héritages nourrissent-ils les différents « modèles » proposés à l'Europe en construction, qu'il

---

24 A. Moravcsik, « Preferences and Power in the European Community : a liberal intergovernmentalist Approach », in *Journal of Common Market Studies*, vol. 31, 1993, p. 473-524.

s'agisse d'ingénierie institutionnelle, de type de régulation économique, de mode de gestion du social ou encore de conception diplomatique ? C'est bien souvent la représentation plus ou moins idéalisée que les élites dirigeantes des différents pays membres ou candidats se font de leurs histoires ou identités nationales qui commande leur rapport à l'Europe. La conception que tel ou tel pays peut avoir de la politique européenne idéale dépend en effet largement des valeurs fondamentales issues de l'expérience historique de chacun.

L'engagement européen de chaque pays ne pourrait ainsi se comprendre qu'à partir des particularités de son destin national. Il est le plus souvent le produit de nécessités, de choix qui sont différents d'un État à l'autre, chaque État accomplissant ce choix à partir du prisme de son expérience historique propre, de sa culture. Chaque État entend continuer son destin national et être fidèle à son « exceptionnalité » dans le cadre d'un ensemble qui est censé dynamiser ses potentialités au prix de transferts de souveraineté contrôlés et longtemps limités. L'Europe peut-elle être alors considérée comme le simple instrument d'accomplissement d'une volonté nationale ? Telle est ainsi la thèse fortement exprimée par l'école néo-réaliste qui voit dans l'intégration européenne de l'après-guerre non un passage en douceur vers des institutions supranationales dans le cadre d'une stratégie de « débordement » mais, tout au contraire, un moyen de redonner vigueur à la puissance écornée de l'État-nation. On connaît la thèse de l'historien britannique Alan Milward quêtant les origines de la Communauté européenne non pas dans les impératifs techniques de l'interdépendance ou les visions idéalistes des fédéralistes, mais dans des stratégies stato-nationales visant, après le désastre commun de la Seconde Guerre mondiale, à renforcer les potentialités du *Welfare* naissant, ce gage de stabilité intérieure, à partir d'une coopération, puis d'un partage des éléments de souveraineté économique. Suivant ce mode d'interprétation, on peut raisonnablement conclure plus largement à la compatibilité de l'État-nation avec la construction européenne, le processus permettant finalement à celui-ci de regagner un statut de puissance internationale, de renforcer sa cohésion interne, d'exporter un modèle d'organisation, de légitimer enfin l'ordre constitutionnel-libéral[25]. L'étude du processus de l'élargissement européen semble confirmer cette interprétation « néo-réaliste » en montrant que chaque élite dirigeante a conçu l'entrée de son pays dans la Communauté européenne comme un moyen d'achever des objectifs nationaux spécifiques[26].

---

25 B. Bruneteau, « The Construction of Europe and the concept of the Nation-State », in *Contemporary European History*, vol. 9, n° 2, 2000, p. 245-260.

26 J. Elvert, W. Kaiser (ed.), *European Union Enlargement. A comparative history*, Londres, Routledge, 2004.

En ce qui concerne les pays d'Europe occidentale continentale, il faut sans doute faire la part des « grands » et des « petits » États. Au sein des premiers, il est courant d'opposer la conception française d'une Europe multiplicateur de puissance au service d'une stratégie de réincarnation de la souveraineté et une conception allemande, voire italienne, d'une Europe rédemptrice apte à faire « passer » le passé. En termes de logique d'engagement, cela peut se traduire chez l'européiste de l'Hexagone par une volonté de transposition à l'échelle européenne des paramètres du modèle national (économie organisée, politiques publiques fortes, stratégie de « champions » industriels, politique étrangère de puissance) et par un attachement à la définition d'une « patrie » européenne qui n'est, même au sein de la mouvance centriste, qu'un redimensionnement du nationalisme[27]. Outre-Rhin, l'engagement européen rime avec sortie historique du *Sonderweg* fatal, selon la ligne tracée par Konrad Adenauer au sortir de la guerre et telle qu'il l'expose dans ses *Mémoires*. Inséparable du débat sur le passé nazi et de la définition d'une identité post-Holocauste, la perspective européenne intensément promue est celle d'institutions supranationales porteuses d'idéal « cosmopolitique »[28]. Dans le cas de l'Italie, on ne négligera pas l'existence dans les années 1930 d'un européisme antifasciste développé par le mouvement *Giustizia e Liberta* de Carlo Rosselli et Emilio Lussu[29], puis la force de la culture antifasciste qui forge le consensus de la reconstruction démocratique de l'après-guerre et qui a porté vers l'Europe, au-delà des différences de socialisation politique originelle, un Einaudi et un Spinelli[30]. La référence à la résistance antifasciste imprègne toujours en 1960 les hommes qui s'engagent au service des institutions communautaires. Dans son discours d'installation comme président de la Haute Autorité le 16 septembre 1959, Piero Malvestiti rappelle ainsi que c'est dans « l'indicible humiliation des prisons fascistes » et dans « la guerre de partisans » que « la conscience européenne a pu repenser dans sa totalité le problème de la démocratie »[31]. Si l'engagement au sein des États du Benelux ne se sépare toujours pas d'une

---

27 M. Zéraffa, « Les centristes, la nation, l'Europe », in *Revue d'histoire moderne et contemporaine*, t. XXXIII, juillet-septembre 1986, p. 485-498.

28 Ph. Gassert, A.E. Steinweis, *Coping with the Nazi Past. West German Debates on Nazism and generational Conflict, 1955-1975*, New York, Bergham Books, 2006.

29 É. Vial, « L'émigration politique italienne et l'unité européenne (1922-1940) », in *La Trace*, n° 10, juin 1997.

30 S. Romano, « Aux origines des idéaux européens en Italie. Luigi Einaudi et Altiero Spinelli », in *Pensée et construction européennes. Hommage à Georges Goriely*, CERIS, Université libre de Bruxelles, 1990.

31 Déclaration de Piero Malvestiti à l'occasion de son installation comme président de la Haute Autorité, Luxembourg, 16 septembre 1959, *in* Communauté européenne du charbon et de l'acier. Haute Autorité. *Les discours des présidents*.

volonté, affirmée avec force après la guerre, de reconfigurer la place internationale du pays, il se fonde aussi de plus en plus sur une perception de l'Europe en tant que réponse à la question nationale. On a ainsi pu montrer dans le cas belge que, dès l'entre-deux-guerres, l'européisme épouse la cause nationaliste (la « mission » d'une Belgique « trait d'union » entre la France et l'Allemagne), mais que ce chauvinisme européiste permet aussi de repenser les conditions d'existence d'un État écartelé entre les régionalismes flamand et wallon[32]. Plus que jamais, dans ces années 1960 qui voient se démanteler les « piliers » de la belgitude, une Europe de facture fédérale est impérativement nécessaire aux citoyens de la « nation sans nationalité » (Paul Dresse).

Les déterminants de l'engagement européen dans les pays anglo-saxons sont de nature particulière. Les études sur le rapport des Britanniques à l'Europe souffrent d'une image récurrente : celle d'un pays radicalement allergique à l'idée d'Europe unie, illustré par le refus de la proposition Briand, puis le rejet de la CECA, de la CED et de la CEE. L'historiographie a sans doute accrédité cette image en se focalisant surtout sur l'histoire diplomatique et les politiques gouvernementales d'après-guerre. Elle n'a guère insisté jusqu'ici sur l'existence en Grande-Bretagne de milieux porteurs de l'idée européenne qui, s'ils ont connu un échec final à orienter leur gouvernement, n'en ont pas moins été actifs et influents auprès des militants européistes du continent. On a pu récemment mettre en valeur un « européisme britannique conquérant » à la fin des années 1930 et encore dans l'immédiat après-Seconde Guerre mondiale. Nombre de Britanniques se sont engagés pour l'Europe dans des organisations telles que la *European Unity League* (née en 1913), la *New Commonwealth Society* (1932), la *British League for European federation* (1934) et *Federal Union* (1938)[33]. Si une distinction claire entre libre-échangisme et européisme n'est pas toujours faite du fait de la culture promue par le Cobden Club, la réflexion proprement fédéraliste issue de la grande tradition libérale du XVIIIe siècle s'exporte et influence des militants français (Georges Scelle), suisse (Hans Bauer) et italien. On rappellera à ce propos que la lecture des œuvres de Lionel Robbins, membre éminent de *Federal Union*, nourrit en 1941 la rédaction du fameux manifeste européiste de Ventotene d'Altiero Spinelli,

[32] G. Duchenne, « Regards sur l'engagement européiste dans la Belgique d'entre-deux-guerres (1919-1939) », in *Le militantisme pour l'Europe d'un après-guerre à l'autre (1919-1950)*, *Les cahiers Irice*, n° 1, 2008, p. 17-32.

[33] Ch. Le Dréau, « Un européisme britannique conquérant : les tentatives d'implantation de la *New Commonwealth Society* et de *Federal Union* sur le continent (1938-1940) », in *Le militantisme pour l'Europe d'un après-guerre à l'autre (1919-1950)*, *op. cit.*, p. 33-48.

commandant, jusqu'à un certain point, la vision très institutionnelle – « hamiltonienne » – de son fédéralisme postérieur[34].

Un mot doit être dit de ces Américains qui, en phase ou non avec la politique du département d'État, ont défendu la nécessité d'une Union européenne pendant la guerre et surtout dans l'immédiat après guerre au sein des réseaux de l'*American Committee for a United States of Europe* et de l'*Atlantic Union Committee*[35]. Deux personnalités sont ici emblématiques en ce qu'elles précisent la part d'une culture politique spécifiquement américaine dans leur approche de la question : John Foster Dulles et Carl Joachim Friedrich. Juristes tous les deux, le premier occupe une place éminente dans la politique étrangère des États-Unis tandis que le second acquiert un statut international de spécialiste universitaire des théories du fédéralisme et du totalitarisme. Ils sont d'actifs européistes. Du traité de Versailles dont il est un observateur à Jean Monnet qu'il fréquente, Dulles, qui peut mériter le qualificatif de « père de l'Europe », construit sa philosophie générale, supranationale puis ouvertement fédérale, à partir d'une dimension religieuse protestante entretenue au sein du *Federal Council of Churches of Christ of America*, d'une tradition hamiltonienne et wilsonienne, et d'un anticommunisme connecté à une approche résolument procédurale de la politique[36]. Friedrich, arrivé d'Allemagne avec sa famille dans les années 1920, fait surgir son européisme du constitutionnalisme libéral dont il est un expert engagé, en liant dans une relation d'opposition frontale fédéralisme et totalitarisme[37]. Son influence est visible dans les références idéologiques manifestes du Comité d'études pour la Constitution européenne de 1952 dont il est membre consultant.

L'engagement européen en Europe centrale et orientale ne peut s'expliquer sans faire référence à un dispositif culturel marqué par trois éléments. Il s'agit tout d'abord d'une sensibilité à la notion de Mitteleuropa dont on a pu montrer la longue tradition et la plasticité idéolo-

---

34 J. Pinder, « Federalism in Britain and Italy : Radicals and the English Liberal Tradition », in P. Sirk (ed.), *European Unity in context. The interwar period*, Londres, Pinter Publishers, 1989.

35 Sur les liens entre les membres de ces deux organisations, voir V. Aubourg, « L'Atlantic Union Committee, un groupe de pression internationaliste dans l'Amérique de la guerre froide (1949-1962) », in J. Garrigues (dir.), *Les groupes de pression dans la vie politique contemporaine en France et aux États-Unis de 1820 à nos jours*, Paris, Presses universitaires de Rennes, 2002, p. 289-300.

36 Fr. David, « Du traité de Versailles à Jean Monnet : John Foster Dulles est-il un père de l'Europe ? », in D. Barjot, Chr. Réveillard (dir.), *L'américanisation de l'Europe occidentale au XXe siècle. Mythe et réalité*, Paris, Presses de l'université de Paris-Sorbonne, 2002, p. 58-71.

37 A. Cohen, « La Constitution européenne… », *op. cit.*, p. 129-130.

gique[38]. En 1930, l'économiste hongrois Helemer Hantos, représentant de l'Union douanière européenne (UDE) pour son pays, est ainsi le promoteur de la recomposition d'un territoire économique homogène au cœur de l'Europe par l'association des États successeurs de l'Autriche-Hongrie. Résumé dans un rapport présenté à la Commission d'études pour l'Union européenne de la SDN et dans un ouvrage paru en 1932 (*L'Europe centrale. Une nouvelle organisation économique*), ce plan se conçoit comme une « première étape » dans un processus de consolidation continentale où la France et l'Allemagne ne peuvent être absentes à terme. Il s'agit ensuite de l'expérience, du souvenir et de l'héritage vivant du régionalisme fédéraliste imaginé dans le cadre de l'empire austro-hongrois finissant et qui établissent autant de passerelles vers les projets ou les militances des époques postérieures. La réflexion social-démocrate inaugurée autour des travaux de Karl Renner et Otto Bauer a par exemple comme héritier à la génération suivante un auteur comme Léopold Kohr, d'origine autrichienne lui-aussi, et qui, émigré aux États-Unis, expose ses thèses « régionales », d'abord en septembre 1941 dans l'article « Disunion now », clin d'œil au livre de Clarence Streit, puis en 1957 dans l'ouvrage *The breakdown of nations*[39]. De la même façon, mais dans une optique idéologique opposée, le livre de l'idéologue conservateur roumain Aurel Popovici paru en 1906, *Die Vereignigten Staaten von Gross-Osterreich* (*Les États-Unis de Grande Autriche*), constitue toujours une référence dans les cercles roumains de l'entre-deux-guerres qui combinent européisme et ethno-nationalisme[40]. Il faut enfin être attentif à la tonalité souvent très culturaliste de la définition de l'Europe donnée par les intellectuels de l'« autre Europe » – en particulier tchèques, polonais et baltes – en réaction à l'« euro-orientalisme » présent à l'Ouest (la conviction d'un primat de la civilisation « occidentale » sur le reste d'un continent européen toujours à « civiliser »)[41] ; en réaction aussi à la perception d'une menace totalitaire concrète puis vécue dans les années 1930 comme après 1948. C'est ainsi en référence à cette menace que doit se comprendre l'européisme et le briandisme des milieux intellectuels sur lesquels s'appuient Eduard Benès et Karel

---

38 J. Droz, *L'Europe centrale. Évolution historique de l'idée de Mitteleuropa*, Paris, Payot, 1960 ; J. Elvert, *Mitteleuropa ! Deutsche Pläne zur europaïschen Neuordnung (1918-1945)*, Stuttgart, Franz Steiner Verlag, 1999.

39 A. Chiti-Batelli, « Une source peu connue du régionalisme fédéraliste : la social-démocratie de l'empire autrichien fin de siècle », in *L'Europe en formation*, n° 294-295, automne-hiver 1994, p. 116.

40 V. Neumann, « Federalism and Nationalism in the Austro-Hungarian Monarchy : Aurel C. Popovivi's Theory », in V. Neumann, *Essays on Romanian intellectual History*, Timisoara, Editura Universitatii de Vest, 2008, p. 71-114.

41 E. Adamorsky, « Euro-orientalism and the concept of Eastern Europe in France, 1810-1880 », in *The Journal of Modern History*, vol. 77, n° 3, septembre 2005.

Pusta[42]. Cet héritage n'est pas sans peser sur les idées de la dissidence des pays de l'Est des années 1970, dont l'européisme constitue une part essentielle du bagage idéologique[43].

III. Les contraintes de position de l'idée européenne

L'engagement dépend en dernier lieu de la position de l'idée européenne elle-même à une époque donnée sur le marché des idées et des utopies. Tard venue au panthéon des idées politiques, celle-ci ne pouvait que s'affronter dans des conjonctures pas toujours favorables à des concurrences idéologiques souvent intensément mobilisatrices. Les contraintes de cette position peuvent donc expliquer tout aussi bien la difficulté à s'engager et le caractère marginal d'une militance que l'intensité d'une adhésion, voire sa nature sotériologique.

À la fin du XIXe siècle, l'idée européenne semble crédible sur la scène politique et intellectuelle. Remisant l'utopisme du « printemps des peuples » de 1848, elle a acquis une vigueur nouvelle par son association avec le mouvement pacifiste qui connaît depuis 1889, date du premier Congrès universel de la Paix réuni à Paris, un véritable âge d'or. Concrétisé par la tenue de multiples congrès militants et conférences interparlementaires (respectivement 20 et 18 jusqu'en 1914), le pacifisme européen fait en effet sien le projet de Fédération en le faisant coexister au sein de son idéologie hétérogène avec le patriotisme, le libéralisme et le cosmopolitisme. Résultant de l'air du temps pacifiste, mais réunies à l'initiative des gouvernements, les Conférences de La Haye en 1899 et 1907 entendent définir une méthode de la paix dont le principe serait la conciliation internationale et l'instrument opératoire une Cour permanente d'arbitrage. C'est dans le cadre tracé par ces conférences fondatrices que prospère l'idée d'Europe unie entendue d'abord comme moyen et étape vers la Paix universelle. Signe des temps, le congrès des Sciences politiques qui se tient à Paris en juin 1900 la constitue en objet de ses travaux au carrefour de l'académique et du diplomatique. L'idée européenne semble avoir définitivement quitté l'univers des rêveurs et des utopistes pour entrer dans celui des esprits positifs raisonnant en termes d'intérêts et d'avantages, matériels ou politiques.

Mais en dépit du courant porteur du pacifisme, des éléments du contexte européen global ne semblent guère favorables à un débouché

---

[42] J. Gueslin, « Identité estonienne et identité européenne (1918-1934) », in *Études finno-ougriennes*, t. 34, 2002.

[43] A. Laignel-Lavastine, « La dissidence peut-elle encore nous aider à penser l'Europe ? », in P. Savidan (dir.), *La République ou l'Europe ?*, Paris, Le Livre de poche, 2004, p. 251-281 (Biblio essais).

politique concret de l'idée unitaire. Tout d'abord, nous l'avons dit, l'Europe existe déjà sous sa forme civilisationnelle, une réalité profondément vécue par toutes les élites du continent. Il y domine ainsi une conception commune de l'État, aristocratique et bourgeoise, qui nourrit aisément les consensus en rendant superflu pour beaucoup un aménagement institutionnel de type fédératif ou même confédératif. Reposant sur des valeurs communes, un ordre européen unitaire et constructif existe diplomatiquement, politiquement, juridiquement. Il s'éprouve dans une pratique de la concertation entre puissances qui réussit longtemps à localiser les guerres et à encadrer le mouvement des nationalités insatisfaites. Il s'illustre dans l'émergence de nombreuses « unions administratives » européennes (poste, télégraphe, poids et mesures, régime de protection de la propriété, etc.) qui quotidiennement donnent visibilité à l'Europe. Enfin, il n'est jusqu'aux éléments nouveaux dissolvants et destructeurs à court terme de l'ordre par l'équilibre qui ne soient contraires à l'idée d'Europe unie. Révélateurs de la nouvelle politique de l'ère des masses, de l'émergence d'un nouveau personnel politique plus enclin à la radicalisation et d'une altération de la culture politique libérale issue des Lumières, prospèrent en effet des courants idéologiques dont la caractéristique commune est une semblable négation de l'idée de communauté européenne. Qu'il s'agisse du nationalisme intégral, de l'internationalisme marxiste ou des doctrines social-darwinistes, nous sommes en effet en présence de l'affirmation de nouvelles solidarités (nation, classe, race) vécues sur le mode intolérant de religions politiques. C'est désormais contre ces systèmes concurrents à vocation « totalitaire » – les « banditismes idéologiques » stigmatisés par le fédéraliste Jacques Novicow – que l'idée européenne d'essence libérale devra combattre tout au long du court XXe siècle inauguré par la Première Guerre mondiale.

À partir de 1930, l'inventaire du débat européen nous montre une idée européenne soumise à une triple pression. Celle tout d'abord du nationalisme récurrent des mentalités populaires qui rend encore pour beaucoup l'Union européenne de Briand carrément utopique. « En fait, écrit Lucien Febvre en 1932, à côté des intérêts matériels, à côté des traditions politiques, je vois, dans l'Europe de ce temps, des « réalités » non moins substantielles qu'inquiétantes dans leur stabilité : les nations »[44]. Celle ensuite de l'idée coloniale, forme accomplie sans doute du nationalisme, mais aussi évocatrice d'un autre type de « grand espace » supranational. L'idéologie de la « plus grande France » ou de la « Greater Britain » connaît justement son apogée en 1931 au moment de l'Exposition coloniale universelle de Paris. Et les replis impériaux qui

[44] Cité dans Y. Muet, *Le débat européen dans l'entre-deux-guerres*, Paris, Economica, 1997, p. 102.

s'amorcent alors en réaction à la contraction des échanges entraînée par la crise économique ne peuvent que donner plus de lustre aux multiples déclinaisons de l'imaginaire colonial. Enfin, l'heure est en Europe à une radicalisation idéologique qui pose en référence de nouvelles alternatives politiques « autoritaires » à cette démocratie libérale-parlementaire dont la fédération européenne se veut une expression améliorée[45]. La mort des empires en 1918, le dessin de nouveaux États qui ne respectent pas les sentiments d'appartenance, les peurs croisées de la Révolution et de la Contre-révolution, la désagrégation du lien social enclenchée par les débuts de la crise : tout cela rend une part des populations européennes en quête de reconnaissance identitaire. C'est alors que la Nation, la Race, la Classe deviennent des emblèmes de ralliement qui nient autant l'« esprit européen » des vieilles élites que le « lien fédéral » des militants briandistes. Le fait totalitaire, aussi diversement menaçant soit-il dans ses trois incarnations (bolchevique, fasciste, nazie), va en effet nourrir trois sentiments susceptibles de subvertir, de contrarier ou de transformer l'européisme naissant de l'opinion et celui plus affirmé des élites. Des éléments des réalités soviétique, italienne et allemande, combinés au jeu complexe d'images que ces régimes renvoient et entretiennent, vont contribuer tout d'abord au développement d'une « mystique » totalitaire fonctionnant à la séduction voire à la fascination. En dépit de leurs techniques terroristes, fascisme et communisme ont en effet proposé des explications simplistes et faussement convaincantes d'un monde en crise (lutte des classes, conflit des races ou des civilisations, déclin du capitalisme ou de l'Occident) avec à la clé des solutions de type palingénésique : avènement de l'Homme nouveau et de la Communauté égalitaire du Peuple, fin de l'histoire (celle de la bourgeoisie ou de l'Occident « dégénéré »). Les dispositions à la croyance, l'ordonnancement des « voyages », les illusions de la belle apparence totalitaire n'ont guère eu de mal à mettre en état d'infériorité l'européisme libéral et humaniste, fonctionnant sans doute lui aussi à la croyance, mais en celle d'une Raison que les ravages de la crise économique et sociale rendaient au même moment tragiquement caduque. L'instabilité internationale et le climat insoutenable de menace vont ensuite faire évoluer le pacifisme. Celui-ci va en effet retrouver toute son autonomie au cours des années 1930 et se détacher de l'européisme rationnel, organisé et quasi scientifique de la décennie précédente (ainsi l'espoir de Louise Weiss de fonder une « science de la Paix »). Ce pacifisme, bientôt intégral, est beaucoup plus mû par le sentiment presque métaphysique du caractère principiel de la paix, celle-ci devant être acquise quel qu'en soit le coût moral et politique. Enfin, le retour de l'URSS dans le jeu

[45] D. Berg-Schlosser, J. Mitchell (ed.), *Authoritarianism and Democracy, 1919-1939*, Comparative Analysis, Londres, Palgrave, 2002.

diplomatique européen, le changement de stratégie de l'Internationale communiste, l'agit-prop des partis communistes et la générosité des militances de la gauche démocratique vont ériger l'antifascisme en sensibilité politique dominante à partir de 1934. Jouant de l'effet d'intimidation, se nourrissant de la bonne conscience, terriblement simplificateur, il introduit une ligne de clivage politique supplémentaire, un « front » intérieur particulièrement préjudiciable au « parti européen » qui, pour ses fervents promoteurs de 1930, devait au contraire accueillir en son sein tous les types d'adhérents, « quels que soient leur parti politique et leur philosophie générale » précisait alors Gaston Riou. Le résultat le plus immédiat de cette situation multiforme est le profond pessimisme qui marque la génération militante politique et intellectuelle issue des années 1920[46]. En 1935, Henri Hauser peut déjà écrire : « Avec quelle mélancolie nous contemplons les débris d'un concept qui eut, à son heure, il y a quatre ou cinq ans, toutes les faveurs de l'opinion, à savoir l'Union européenne. On n'en parle plus que par acquis de conscience, comme on célèbre encore, dans une chapelle en ruine, le culte d'un dieu mort »[47]. Pourtant certains s'essaieront à des compromis : européisme-antifascisme (le mouvement Justice et Liberté de Carlo Rosselli, assassiné en 1937), européisme-colonialisme (le projet d'« Eurafrique » d'un Georges Valois ou d'un Eugène Guernier) et même européisme-fascisme (les tentations et les dérives des membres de Jeune Europe).

En 1960, on doit souligner la difficulté à faire vivre un mythe de la CEE en un temps où le retrait des intellectuels est plus que visible. Principaux vecteurs de l'idée européenne durant l'entre-deux-guerres, au temps où ils aspiraient à faire émerger une « Europe des esprits » à la fois hégélienne (la « fin de l'histoire ») et nietzschéenne (l'aristocratie de l'esprit), à constituer une avant-garde et à inspirer la politique d'un Briand ou d'un Stresemann, les intellectuels sont, depuis l'après-guerre, souvent en retrait par rapport à la construction communautaire et bien rares à « penser l'Europe ». Au temps de la guerre froide et de la décolonisation, le discours européen ne peut plus coïncider avec l'universalisme comme dans ces années 1920 où l'Europe avait une vocation « athénienne ». Au contraire, avec l'hégémonie culturelle du marxisme, le compagnonnage communiste et l'idéalisme tiers mondiste qu'incarne en 1961 *Les damnés de la terre* de Frantz Fanon[48], les lieux intellectuels

46 Voir B. Bruneteau, *Histoire de l'idée européenne au premier XXe siècle, à travers les textes*, Paris, Armand Colin, 2006, p. 111-149.

47 Y. Muet, *Le débat européen dans l'entre-deux-guerres*, *op. cit.*, p. 37.

48 Et dont la conclusion vibre d'une haine toute contenue pour une Europe qui « a acquis une telle vitesse, folle et désordonnée, qu'elle échappe aujourd'hui à tout con-

de l'engagement sont à l'échelle de la planète et de l'Humanité[49]. Forme réactualisée de la vieille critique de la civilisation occidentale, l'anti-européanisme des intellectuels de la génération Sartre « consiste à prendre appui, en se définissant par rapport à l'Europe, sur les civilisations d'autres continents. En donnant l'avantage, systématiquement et sans concession, à ces dernières, même lorsque ces partis pris sont assortis d'une dimension politique nouvelle »[50]. Cet anti-européanisme contribue à priver l'aventure communautaire de justifications culturelles, stérilisant même le nécessaire débat sur les formes et les méthodes de la construction politique. L'histoire et la philosophie sont en effet les deux disciplines les plus souvent convoquées pour nourrir l'idée européenne, par leur aptitude à saisir les sources et les filiations, à identifier une « figure » (*topos*), à dégager un horizon de sens (*telos*), une « essence » (*eidos*). L'Europe n'est-elle pas le lieu où apparaît la philosophie politique, celle de l'État de droit et de la paix perpétuelle[51] ? Or, aux prises avec la tentation « matérialiste », attentifs aux expériences lointaines de démocratie « réelle », des cohortes d'historiens et de philosophes abandonnent volontiers la défense du Marché commun aux « technocrates » anonymes et sans prestige qui, dans les contraintes du quotidien économique et juridique, inventent une méthode et bâtissent une philosophie de l'action. Pourtant, loin d'être responsable de la dilution de tout idéal, l'apparent pragmatisme des acteurs communautaires fonctionne à l'idéel. L'Europe-projet de ceux-ci s'abreuve en effet aux sources de l'humanisme et du rationalisme.

L'idée européenne qui domine toujours en 1960 au sein des acteurs communautaires s'inscrit en effet dans le droit fil d'un projet moderniste et volontariste issu de la tradition du XVIIIe siècle. L'Europe en constitue même sa plus grande concrétisation. Sa dimension moderniste se reflète dans la croyance des compagnons, des disciples et des héritiers de Jean Monnet dans les vertus de la rationalité économique et technique, échappant aux *a priori* de l'histoire, de l'idéologie et de la politique. Accordant toute priorité à l'efficacité, ce modernisme européiste se montre en effet méfiant envers les utopies, les affects, les identités, les valeurs inspirées du passé qui obstruent la mise en œuvre de cette

---

ducteur, à toute raison et qu'elle va dans un vertige effroyable vers des abîmes dont il vaut mieux le plus rapidement s'éloigner » (petite collection Maspero, p. 230).

49 On lira avec profit les « souvenirs d'un anti-européen » écrits à titre de prologue par Edgar Morin à son *Penser l'Europe* (Gallimard) en 1987.

50 A. Rezler, « L'anti-européanisme intellectuel », in *Relations internationales*, n° 8, 1976, p. 377.

51 « L'Europe et la philosophie politique », introduction à L'Europe, *Philosophie politique*, n° 1, 1991, p. 7-14.

rationalité[52]. La légitimité requise est donc moins le capital politique de l'élection que la compétence technicienne de ceux qui « inspirent » les chefs d'État ou de gouvernement, les « législateurs secrets » (Rousseau) qui guident les législateurs formels[53], les détenteurs du nouveau pouvoir temporel (les « producteurs » de Saint-Simon) et spirituel (les « savants » d'Auguste Comte) de la modernité, les « organisateurs » de James Burnham. La référence moderniste s'auto-entretient avec le succès économique de la CEE qui, en multipliant les possibilités de croissance, conditionne la modernisation en douceur de la société et permet l'accomplissement historique de la démocratie que l'Europe politique illustrera au terme du processus de « débordement » annoncé. Une simple méthode, devenue une véritable philosophie politique pour l'élite des 50 000 personnes qui fabriquait l'Europe[54]. Mais, si dans sa dimension moderniste, l'idée européenne n'emprunte pas à l'histoire, évitant le débat sur les valeurs et s'inscrivant prioritairement dans le présent de l'action, elle illustre, dans sa dimension volontariste, une ambition de piloter l'histoire. Ingénierie sociétale et institutionnelle (la « Communauté »), œuvre volontaire d'hommes décidés à empêcher la guerre, à réinventer la démocratie et à faire naître la prospérité (le discours de Robert Schuman du 9 mai 1950) au moyen de ces outils privilégiés que sont le droit et le marché, la « construction » européenne est le champ approprié d'une idéologie constructiviste qui apparaît comme le dernier avatar des théories du contrat. Nulle surprise alors si les juristes et les économistes, tout à la fois titulaires d'un savoir-faire et d'une légitimité, sont, dans les années 1960, les porteurs éminents de l'idée européenne et les vecteurs les plus crédibles de l'engagement.

Le concept de génération historico-sociale est heuristiquement utile pour expliquer l'apparition, le développement, le succès ou l'échec d'une idée politique nouvelle comme celle d'Europe unie. Il permet de préciser notamment les cheminements de cette conscience politique de l'Europe qui n'a rien d'instinctif et doit tout au contraire à un travail répondant aux attentes ou aux intérêts d'un groupe ou d'un réseau, résultant aussi d'une culture, d'une socialisation et d'une affiliation à une sensibilité politique. On ne doit toutefois pas négliger le fait que le paradigme générationnel a rempli, avant sa saisie par les historiens, une fonction idéologique spécifique en proposant un découpage vertical au découpage horizontal classique qui oppose nations, classes et partis.

52 G. Vattimo, « L'Europe ou la modernité », in A. Compagnon, J. Seebacher (dir.), *L'Esprit de l'Europe*, Paris, Flammarion, 1993.

53 J.-L. Chabot, *Aux origines intellectuelles de l'Union européenne*, Grenoble, Presses universitaires de Grenoble, 2005, p. 333.

54 D. Wolton, *La dernière utopie. Naissance de l'Europe démocratique*, Paris, Flammarion, 1993, p. 74.

Comme l'a remarquablement décrypté Michel Trebitsch, l'usage de la « génération » révèle un refus du politique qui se rejoue périodiquement au XXe siècle à partir d'une mystique manichéenne opposant nouveau et ancien[55]. L'« Europe » lui a été logiquement associée dans un discours déclinant une série de couples d'opposition : Jeune Europe/vieille nation, Fédération européenne nouvelle/État ancien, grand marché moderne/ protectionnisme archaïque, etc. La perspective européenne est ainsi vue en 1930 comme en 1960 comme un moyen de « rajeunir » et de refonder une politique jugée en crise. C'est en cela que les thématiques qui légitiment l'engagement européen au XXe siècle sont consubstantielles au discours général de la modernité.

55 M. Trebitsch, « Le front commun de la jeunesse intellectuelle. Le *Cahier de revendications* de décembre 1932 », *op. cit.*, p. 212-213.

Première partie

Avant 1900

Le fédéralisme centre-européen avant 1918, un mythe durable ?

Catherine HOREL

Directrice de recherche au CNRS (IRICE, Université de Paris I)

La richesse de sa pensée politique et surtout de sa réflexion sur le fédéralisme et le régionalisme me semble un des apports majeurs de l'Europe centrale en Europe[1]. Un premier moment de cristallisation de ces idées a été la révolution de 1848. Familiarisés depuis l'époque des Lumières avec la pensée occidentale, instruits par leurs voyages dans des États très différents, les acteurs de la révolution ont réfléchi au bouleversement européen né du Printemps des peuples et ont imaginé plusieurs solutions, sans forcément penser à détruire les cadres existants. Ces conceptions concernent soit la monarchie des Habsbourg dans son ensemble, soit un ou plusieurs de ses territoires, et s'étendent parfois au-delà de ses frontières. Elles ont en commun deux caractéristiques : résoudre la question des nationalités et s'imposer sur le plan international[2]. L'Europe de 1848 se trouve face à plusieurs schémas de dissolution ou de construction : le parlement de Francfort vise à l'unité allemande, probablement sous obédience prussienne, l'Italie tend également à s'unifier, les émigrés polonais poussent la France révolutionnaire à se lancer dans une campagne qui aurait pour but la reconstitution du royaume de Pologne, la monarchie autrichienne est donc menacée d'éclatement, d'autant plus que Tchèques et Hongrois emboîtent le pas au mouvement de contestation nationale et libérale. Le système mis en place par Metternich qui reposait sur la position prééminente de

---

1 C. Horel, *Cette Europe qu'on dit centrale. Des Habsbourg à l'intégration européenne (1815-2004)*, Paris, Beauchesne, 2009.

2 G. András, « Ungarische Föderationsprojekte während der Reformära und der Revolution », in M. Bernath, K. Nehring (dir.), *Friedenssicherung in Südosteuropa. Föderationsprojekte und Allianzen seit dem Beginn der nationalen Eigenstaatlichkeit*, Munich, 1985, p. 35 (Südosteuropa Studien 24).

l'Autriche dans le monde germanique et sur son caractère allemand[3] est contesté de l'intérieur par les libéraux et les nationalités, et de l'extérieur par les velléités d'unité allemande et italienne. Dans ce contexte, deux cas de figures se présentent : l'unité allemande se fait dans l'option étroite (*kleindeutsch*) correspondant *grosso modo* à l'Allemagne d'aujourd'hui, ou dans l'option maximale (*großdeutsch*), englobant les territoires allemands de l'empire d'Autriche (Autriche proprement dite et Bohême), ce qui a pour conséquence un détachement des *Kronländer* non germaniques de la monarchie et donc la création d'entités plus ou moins nationales à la place, mais le sort de la Pologne ne s'en trouve pas réglé pour autant. Constantin Frantz propose une Europe centrale entièrement intégrée. Il refuse l'option *kleindeutsch* centralisée et veut voir dans l'Allemagne future « un peuple de peuples » (« *ein Volk von Völkern* »). Il se montre étranger au principe de nationalité qui prend son essor à ce moment. Inaugurant une lignée qui ira jusqu'à Naumann, Frantz voit la mission allemande dans l'union du Rhin et du Danube.

L'Autrichien Julius Fröbel, député radical du parlement de Francfort, se situe dans la même optique et veut préserver, dans le futur ordonnancement de la région, le rôle de Vienne que sa vocation centre-européenne et allemande qualifiait selon lui pour devenir la capitale de l'unité allemande. Sinon Pest risquait de la supplanter, le centre de la région se déplaçant vers l'Est au détriment des Allemands. L'essentiel est d'empêcher la création d'un *Slawenreich* dominé par la Russie autocratique, vrai danger dans la région. Pour éloigner ce cauchemar, Fröbel comme beaucoup de ses contemporains et plus tard Naumann, préconise un *Staatenbund* composé de la grande Allemagne, de la Pologne, de la Hongrie et des « États sudslaves et valaques »[4].

Certains reprennent dans la foulée l'argumentation de Friedrich List en faveur d'un grand État centre-européen de soixante-dix millions d'habitants. Situation impensable pour les puissances que sont la France et la Grande-Bretagne, elle représente aussi un danger pour la Russie qui, malgré l'avantage qu'elle pourrait trouver à étendre son influence dans les Balkans, verrait surgir à l'Ouest un voisin allemand trop encombrant à son goût. On se résoudra donc, à mesure que la crise se déroule, entre l'automne 1848 et le printemps 1849, à préserver l'empire d'Autriche pour sauvegarder l'équilibre européen issu du congrès de Vienne. L'existence de l'Empire est une nécessité internationale, bien que sa cohésion interne ait montré sa fragilité[5]. Pour les conservateurs

---

3 J. Droz, *L'Europe centrale, évolution historique de l'idée de Mitteleuropa*, Paris, Payot, 1962, p. 63.

4 *Ibid.*, p. 13.

5 J. Kořalka, « Prag-Frankfurt im Frühjahr 1848 : Österreich zwischen Grossdeutschtum und Austroslawismus », in H. Lutz, H. Rumpler (dir.), *Österreich und die*

autrichiens, le maintien de l'unité de la monarchie peut passer par son affirmation en Allemagne et donc par son ambition à réaliser le projet d'intégration allemande sous sa direction. Les délégués du parlement de Francfort sont, au début, dans leur grande majorité, *grossdeutsch*, mais, au fur et à mesure que l'Autriche semble se raffermir grâce aux victoires de Radetzky et Windischgrätz, le dessein *kleindeutsch* prend forme sous domination prussienne. Un député autrichien, Franz Sommaruga, imagine alors la création de deux ensembles fédérés : d'un côté un État fédéral allemand (*Bundesstaat*) et de l'autre une confédération autrichienne (*Staatenbund*) composée des cinq pays historiques (Hongrie, Illyrie, Pays tchèques, Galicie, Lombardie-Vénétie)[6]. Mais l'Autriche est hostile par essence aux deux options avancées par le parlement de Francfort, *kleindeutsch* ou *grossdeutsch* sont pareillement combattues, y compris par les Slaves tandis que les Hongrois qui vont évoluer progressivement en 1848-1849 vers le séparatisme imaginent une alliance possible avec une Allemagne *kleindeutsch* par-dessus l'Autriche, voire sans elle dans le schéma *grossdeutsch.* Cet assemblage aurait pour résultat la naissance d'une gigantesque Europe centrale, allant du Rhin jusqu'au bas Danube. Le gouvernement hongrois l'envisagea également pendant un temps et dépêcha en mai à Francfort deux envoyés, László Szalay et Dénes Pázmándy, chargés de convaincre le Parlement de sceller avec la Hongrie une alliance défensive[7]. L'idée fut débattue dans la Paulskirche mais n'aboutit à aucune résolution présentée devant le gouvernement central. Dans le courant de l'été, lorsque la Hongrie doit s'engager dans la guerre contre les Croates puis à l'automne contre la cour de Vienne, les députés allemands rejettent définitivement le projet d'alliance ainsi qu'une aide éventuelle en faveur du gouvernement hongrois.

Ces deux années de troubles vont donner naissance à un foisonnement de propositions politiques inédit en Europe et il faudra attendre l'entre-deux-guerres pour voir de nouveau un tel débat. La réflexion se déploie autour de trois grands thèmes : la création d'États-nations, la monarchie constitutionnelle, le fédéralisme. La première forme est in-

---

deutsche Frage im 19. und 20. Jahrhundert. Probleme der politisch-staatlichen und soziokulturellen Differenzierung im deutschen Mitteleuropa, Vienne-Munich, R. Oldenbourg Verlag, 1982, p. 120.

6 J. Droz, *L'Europe centrale*, p. 76.

7 En réponse à ce projet, le jeune Croate Imbro Ignjatijevic Tkalac rédigea la brochure *Croaten, Serben und Magyaren, ihre Verhältnisse zueinander und zu Deutschland*, Vienne, 1848. Voir D. Roksandić, « 1848 – Revolution oder Rebellion in Ungarn », in K. Mack (dir.), *Revolutionen in Ostmitteleuropa 1789-1989. Schwerpunkt Ungarn*, Vienne-Munich, R. Oldenbourg Verlag, 1995, p. 78. G. András, « Das Bündnis zwischen Frankfurt und Pest-Buda und die österreichische Frage », in R. Jaworski, R. Luft (dir.), *1848/49 Revolutionen in Ostmitteleuropa*, Vienne-Munich, R. Oldenbourg Verlag, 1996, p. 257-278.

connue à cette date en Europe centrale : la monarchie autrichienne est un État dynastique multinational et son aspect constitutionnel est très limité. La troisième forme représenterait donc aux yeux des observateurs une solution semble-t-il idéale qui aurait pour avantage de préserver la dynastie, la capitale, la langue allemande, et donnerait satisfaction aux aspirations nationales. L'origine du fédéralisme centre-européen réside dans cet équilibre, certains de ses tenants puisant leur inspiration dans la constitution des États-Unis et la lecture de Tocqueville, d'autres dans l'admiration qu'ils éprouvent pour la Suisse. Mais leur contribution majeure sera d'adapter ces modèles à l'ensemble si particulier qu'est l'empire d'Autriche. Le principe de base se trouve dans le respect des droits historiques des nations. On en exclut donc *a priori* les peuples qui ne jouissent pas de ces droits, à savoir les Slovaques et les Slovènes. Mais fédéraliser la monarchie revient tout de même à rééquilibrer les nationalités entre elles et à briser la domination de l'élément germanique. On ne s'étonnera donc pas de voir les principaux théoriciens de cette nouvelle organisation politique venir de Bohême.

Le vrai père de l'austroslavisme est très certainement Josef Dobrovský qui, en 1791, formule sa variante dynastique. Puis l'idée est théorisée par le Slovène Jernej Kopitar qui lui donne son expression politique et patriotique. De retour en Bohême, l'austroslavisme est repris par le comte Leo Thun qui le conçoit comme un soutien des Slaves occidentaux et méridionaux à l'État[8], et précisé par František Palacký dont l'ouvrage de 1874, *Österreichs Staatsidee*, est le manifeste[9]. Les propositions fédérales sont en fait une réaction aux deux dangers principaux qui menacent la monarchie et, au-delà, la Bohême en 1848 : l'unité allemande et l'éclatement. Entre le désir d'unité à l'Ouest et les tendances séparatistes de la Hongrie à l'Est, seul le maintien de l'Empire paraît acceptable. Si les Polonais et les Hongrois rêvent de l'État-nation, les autres composantes de l'Empire, les Tchèques en premier lieu, sont favorables à sa préservation et à sa fédéralisation et donc hostiles à d'autres projets de type panslaviste. On trouvera cependant chez les uns et les autres des penseurs et acteurs de l'idée fédérale qu'ils présentent comme le seul moyen de sauver la monarchie[10], mais aussi comme une chance pour les Slaves de peser enfin de tout leur poids sur les décisions puisqu'ils sont en majorité dans l'Empire[11]. Si la monarchie résiste à la

8 L. Thun, *Der Föderalismus im österreichischen Parteikampfe*, Graz, 1875.

9 A. Moritsch (dir.), *Der Austroslavismus. Ein verfrühtes Konzept zur politischen Neugestaltung Mitteleuropas*, Vienne-Cologne-Weimar, Bölhau, 1996, p. 18.

10 J. Kořalka, « Prag-Frankfurt im Frühjahr 1848 : Österreich zwischen Grossdeutschtum und Austroslawismus », *op. cit.*, p. 134.

11 J. Kolejka, « Der Slawenkongress in Prag im Juni 1848 », in *1848/49 Revolutionen in Ostmitteleuropa*, *op. cit.*, p. 130.

secousse de 1848, elle le doit en partie à l'austroslavisme qui lui a permis de garder sa cohésion. En 1918, cette conception sera largement dépassée.

Le projet d'unité allemande heurte les Slaves et avant tout les Slovènes et les Tchèques. Les débats du congrès slave de Prague en juin 1848 constituent la première expression massive de l'austroslavisme. Tous les délégués des Slaves de la monarchie y affirment leur volonté de la préserver contre les ambitions *grossdeutsch* mais aussi contre le séparatisme hongrois. Le fédéralisme selon Palacký se présente comme une synthèse politique des nationalités de la monarchie en tant qu'entités culturelles et linguistiques. Il élabore une redistribution du territoire de la monarchie en huit grands espaces : Autriche allemande, Pays tchèques et Slovaquie, Pologne et Ruthénie (Ukraine), Illyrie (Slovénie-Dalmatie), Italie, Yougoslavie (Croatie et Voïvodine), Hongrie et Roumanie, correspondant chacun à une dominante nationale[12]. Mais on trouve des fédéralistes précurseurs également chez les Polonais, dans la foulée des idées slavophiles et de solidarité des Slaves du Nord au Sud[13]. Après les partages de la Pologne et la naissance du sentiment national chez les Lituaniens et Ukrainiens, les différents projets de reconstitution du royaume de Pologne prennent en compte l'autodétermination éventuelle de ces nationalités et envisagent le renouveau de l'union polono-lituanienne sur une base fédérale[14].

C'est au parlement de Kremsier (Kroměříž) que les fédéralistes vont pouvoir s'exprimer jusqu'à sa dissolution en vertu de l'octroi de la constitution du 4 mars 1849. Les Allemands de Bohême comprennent la nécessité de composer avec les Tchèques, les autres députés sont déçus et inquiets par les discussions de Francfort et certains redoutent en Autriche la permanence du double centralisme austro-hongrois. C'est finalement Palacký qui formule une synthèse avec ses huit entités dont la répartition servira de base aux projets fédéraux ultérieurs. La proposition émanant du parlement de Kremsier réussissait à formuler une solution à la question des nationalités (hormis pour la Hongrie qui est alors en plein processus de sécession), sans porter atteinte à la superstructure étatique et en aboutissant à un compromis entre Allemands et Tchèques qui ne sera plus jamais atteint par la suite. Le centralisme est certes préservé, mais des autonomies régionales sont créées : l'Autriche

---

12 R. Schlesinger, *Federalism in Central and Eastern Europe*, Londres, Kegan Paul & Trubner, 1945, p. 173.

13 S. Kieniewicz, « Vers un fédéralisme centre-européen au XIXe siècle », in G. Beaupetre (dir.), *L'Europe centrale. Réalité, mythe, enjeu*, Éditions de l'Université de Varsovie, 1991, p. 421-431.

14 P. Wandycz, « Tentatives et projets d'union régionale en Europe centrale », in *L'Europe centrale. Réalité, mythe, enjeu*, *op. cit.*, p. 435.

est divisée en quatorze provinces dotées de facultés de décision financière, politique et culturelle, et d'une diète ; les nationalités peuvent s'organiser de manière homogène sous la forme de cercles ayant chacun leur assemblée. Le célèbre paragraphe 21 du projet de constitution instaurait l'égalité des nationalités et le droit pour chacune de faire respecter ses institutions particulières. Mais la constitution octroyée par la cour le 4 mars 1849 fait fi de ces plans susceptibles d'assurer un développement harmonieux des nationalités et ne reconnaît plus que des peuples (*Volkstämme*) et annule la dimension du droit historique de certaines d'entre elles, notamment de la Hongrie. Ce sont les institutions centrales qui renaissent et le pouvoir des diètes locales est limité[15].

Après la dissolution du parlement de Kremsier, le principal lieu de réflexion sur le fédéralisme danubien tel que l'on commence à l'appeler alors (avant d'évoquer aussi son cousin balkanique) est Paris où se réunissent autour du prince Adam et des émigrés polonais des représentants hongrois, tchèques, croates et roumains. Selon Czartoryski, la meilleure solution à la « question d'Orient » consistait en l'établissement d'une fédération des peuples balkaniques qui devaient être soustraits aux visées des grandes puissances. Après son départ de Russie, il continue à s'intéresser aux questions balkaniques mais change radicalement d'optique et veut encourager l'œuvre réformatrice en Turquie afin de la renforcer et d'en faire un rempart contre les ambitions russes et autrichiennes dans la région. La Serbie occupait une place importante dans ce schéma car elle était considérée comme le noyau d'un futur État regroupant les Slaves du Sud[16]. Lorsque, au début de l'automne 1848, le comte László Teleki arrive à Paris en tant que représentant de la Hongrie, des discussions commencent entre lui et le prince Czartoryski au sujet d'une fédération ungaro-croate. Dans le même temps, des agents du prince se trouvaient en Hongrie auprès de Kossuth, d'une part, et de Jelačić en Croatie, de l'autre, afin d'amener les deux adversaires à une réconciliation qui devait servir de condition préalable à l'organisation d'un front commun de résistance contre une éventuelle intervention russe[17]. L'idée d'une entente ungaro-roumaine apparaît à son tour à la fin du mois d'octobre et au début de novembre. Au parlement de Francfort, où l'on discute alors encore d'une séparation des provinces non allemandes de l'Autriche, vont et viennent depuis le début de l'été des délégués en provenance des pays du bas Danube.

15 *Ibid.*, p. 89.

16 H. Batowski, « Un précurseur polonais de l'union balkanique – le prince Adam Czartoryski », in *Revue Internationale des études balkaniques*, vol. 3-4, 1936, p. 153.

17 P. Pilisi, « Einigungsbestrebungen in Südosteuropa in den Revolutionsjahren 1848/49 », in *Südost Forschungen*, n° 35, 1976, p. 103.

Deux éventualités sortent de ces discussions, correspondant à deux options politiques : le maintien de la monarchie, qui détermine un fédéralisme interne composé des cinq entités historiques (Bohême, Autriche, Hongrie, Illyrie, Pologne), ou bien sa dissolution, qui entraîne une vision plus large d'une fédération danubo-balkanique comprenant les principautés danubiennes de Moldavie et de Valachie dans le but de les soustraire aux appétits russes et de les libérer de la suzeraineté ottomane. Le projet de l'écrivain et homme politique italien Cesare Balbo présuppose la dislocation de l'empire ottoman et envisage le déplacement de l'axe danubien vers l'aval, ce qui aurait pour conséquence de recentrer la monarchie sur les Slaves du Sud et les Roumains[18]. Le plan roumain de Ion Brătianu – qui sera plus tard chef du parti national libéral, ministre et président du Conseil –, né à la faveur des mouvements révolutionnaires en Valachie, voit dans une alliance avec la Hongrie le moyen de se débarrasser de la tutelle ottomane et de la remplacer par une fédération régionale. Mais les discussions vont achopper sur le statut de la Transylvanie. La déclaration d'indépendance hongroise du 14 avril 1849 ne comportait aucune mention de la question des nationalités et n'évoquait pas davantage les plans de fédération des pays danubiens. C'est en réaction à ces « oublis » que le prince Czartoryski convoqua la « Conférence fédéraliste » qui se tint les 18 et 19 mai 1849 à l'hôtel Lambert, quartier général de l'émigration polonaise à Paris. Le « traité de Paris » qui en fut le résultat reconnaissait l'existence en Hongrie de deux groupes nationaux distincts des Magyars : d'une part, les Croates, les Serbes et les Roumains, d'autre part, les nationalités moins compactes territorialement et moins définies politiquement, Slovaques et Allemands. Les premiers formeraient une sorte d'union des peuples au sein de la couronne de Hongrie, où ils jouiraient d'une large autonomie politique et économique. Le second groupe serait gratifié d'une administration autonome. Le prince diffusa lui-même ses plans de réconciliation entre, d'un côté, les Magyars et les Roumains par l'intermédiaire des généraux polonais de l'armée hongroise, la *Honvéd* ; de l'autre, entre les Magyars et les Slaves du Sud en la personne de l'abbé croate A.T. Brlić, fut chargé de porter la bonne parole chez le ban Jelačić. Czartoryski les assurait tous de sa certitude que la diète hongroise s'apprêtait à reconnaître le principe d'égalité des nationalités[19]. Selon Teleki, le système aurait été complété, pour ne pas dire coiffé, par une « *Polonia restituta* », et à terme la Hongrie aurait également été en mesure d'élargir ces accords en vue de créer une fédération danubienne avec les Principautés

[18] G. Cioranescu, « Autour de quelques projets fédéralistes oubliés concernant le Bas Danube », in *Revue des études roumaines*, t. I, Paris, 1953, p. 179.

[19] E. Birke, *Frankreich und Ostmitteleuropa. Beiträge zur Politik und Geistesgeschichte*, Köln, Graz, Bölhau, 1960, p. 172.

roumaines, la Serbie et la Bulgarie[20]. Les Pays tchèques auraient pu venir se joindre à cette alliance, ce qui aurait signifié que l'Autriche choisisse l'option de la grande Allemagne. Sur ces bases danubiennes et austroslaves vont se développer tous les projets fédéraux jusqu'à la Première Guerre mondiale.

À la veille du Printemps des peuples, le dirigeant hongrois Lajos Kossuth n'a pas encore intégré les idées fédérales à son discours politique mais il est avéré qu'il connaissait au moins certaines d'entre elles, nées pour la plupart du redécoupage de l'Europe en 1815, et notamment celles de Giuseppe Mazzini qui envisageait déjà au début des années 1830 une transformation fédérale de l'empire autrichien. Du côté hongrois, le premier projet semble avoir été celui du baron Miklós Wesselényi, qui publie en 1843 à Leipzig *Szózat a magyar és a szláv nemzetiség ügyében*, traduit en allemand l'année suivante sous le titre *Eine Stimme über die ungarisch-slavische Nationalität*[21]. Il y développe une idéologie européenne fondée sur la nation à travers la formation d'États constitutionnels et défend l'existence de l'Europe centrale contre l'impérialisme de la Russie qui lui semble le danger majeur menaçant la région. Il ne prône pas la dissolution de l'empire des Habsbourg, mais bien sa transformation en monarchie constitutionnelle accordant à chaque nation historique les droits qui lui reviennent. Il imagine une alliance avec la Prusse et avec les royaumes balkaniques issus de l'effacement progressif de l'Empire ottoman : Grèce, puis Bulgarie, Serbie et Roumanie, et même la Bosnie, ce qui constitue une surprise car ce territoire sera rarement considéré dans les projets ultérieurs des fédéralistes danubo-balkaniques. Il va sans dire que la Hongrie retrouverait une existence autonome au sein de l'empire d'Autriche. Ce statut serait partagé par l'Autriche proprement dite, par la Lombardie, par la Bohême, par la Moravie et par la Galicie regroupées, et par la Croatie (réunie à la Dalmatie selon le souhait des nationalistes croates). Deux éléments sont à noter pour caractériser le plan de Wesselényi : il accorde peu de place à la question des nationalités en tant que telles[22]. Il montre ensuite la vocation allemande de la monarchie et, par extension, l'intérêt de la Hongrie à jouer la carte prussienne. Cette option se traduira durant les réunions du parlement de Francfort par un soutien des délégués hongrois à l'option de grande Allemagne sous domination autrichienne ou prus-

---

20 P. Pilisi, « Einigungsbestrebungen in Südosteuropa in den Revolutionsjahren 1848/49 », *op. cit.*, p. 104.

21 A. Gergely, « Ungarische Föderationsprojekte während der Reformära und der Revolution », *op. cit.*, p. 37.

22 Á. Deák, « Miklós Wesselényi on the Future of the Habsburg Empire and Hungary », in I. Romsics, B. Király (dir.), *Geopolitcs in the Danube Region*, Budapest, Central European University Press, 1999, p. 34.

sienne, mais permettant l'accès de la Hongrie à l'indépendance, placée sous la protection de la puissance germanique.

Avant 1848, Kossuth a puisé son inspiration à deux sources essentielles : la Révolution française et les États-Unis d'Amérique. Les idées exprimées par Kossuth avant la révolution, ainsi que par les autres membres de l'opposition hongroise, sont cependant peu marquées par le fédéralisme. La Hongrie essaie alors d'affirmer son autonomie face à l'Autriche, elle est tout entière préoccupée de constituer un État-nation et il est donc compréhensible qu'elle ne puisse encore concevoir un système fédéral ou confédéral avec des entités nationales tout aussi soumises qu'elle à l'absolutisme habsbourgeois, tsariste ou ottoman. En revanche elle commence à comprendre que l'exemple français ne peut être appliqué tel quel en Hongrie, composée de plusieurs minorités nationales, cependant fort inégales entre elles car si les réformistes hongrois et parmi eux Kossuth ont pu envisager dès 1842 de s'entendre avec les Croates, rares sont ceux qui prennent en compte le sentiment national roumain, serbe ou slovaque.

Comment concevoir que la lutte pour l'autonomie puis pour l'indépendance de la Hongrie conduise dans le même temps soit à la morceler au profit des groupes nationaux qui la constituent, soit à passer des alliances avec des entités, sinon des pays plus faibles qu'elle et donc incapables de proposer une alternative satisfaisante à l'Autriche, d'un côté, et à la Russie, de l'autre. Ce nœud de contradictions va caractériser l'attitude de Kossuth et des autres dirigeants de la révolution hongroise jusqu'en 1849 : certains sont rapidement séduits par l'idée confédérale dont ils vont faire la solution absolue ; d'autres l'acceptent tant bien que mal et la majorité la refuse. Kossuth précisait clairement : « La Hongrie pourrait certes former une fédération avec la Valachie, la Serbie, etc., mais la Hongrie ne peut constituer une fédération avec elle-même, avec ses propres citoyens. C'est absurde »[23].

Lajos Kossuth ne devint pas un adepte du fédéralisme après 1849, mais, confronté à la défaite et à l'échec de sa politique de réconciliation, il dut reformuler certaines de ses conceptions sur les nationalités. Malgré l'influence des partisans de la solution confédérale dans l'émigration, Kossuth ne modifia pas fondamentalement sa théorie de l'État-nation appliquée à la Hongrie. Il continua à affirmer que les nationalités doivent jouir de tous les droits souhaitables à l'intérieur de la communauté nationale, mais que tout ce qui va dans le sens du séparatisme menace l'intégrité de l'État. Au début des années 1850, sa réflexion fit néanmoins de plus en plus de place à une éventuelle solution fédérale. Il

[23] *Kossuth Lajos összes munkái* [Œuvres complètes de Lajos Kossuth], vol. 15, Budapest, 1955, p. 664.

devait passer le reste de sa vie à tenter de résoudre la contradiction entre la nécessité de reconstruire une Hongrie indépendante et multinationale et les impératifs de l'équilibre régional qui commandaient à la Hongrie de s'allier à ses voisins.

De son côté, Mazzini croyait depuis les années 1830 à une union fédérative menée par la Hongrie et faisait le lien entre l'unité italienne et la confédération danubienne[24]. Le projet le plus complet et le plus ambitieux fut adressé à Mazzini en 1851 sous la forme d'un « Exposé des principes de la future organisation politique de la Hongrie au regard de la solution de la question des nationalités », dans lequel Kossuth se prononce pour l'octroi aux minorités nationales des conditions nécessaires à la jouissance d'une vie collective en fonction des appartenances linguistiques et religieuses : cette organisation serait fondée sur une autonomie de gouvernement et des droits personnels et permettrait aux nationalités de créer leurs propres organisations. L'autodétermination devait être accordée aux Croates, afin de les empêcher de faire sécession ou de passer complètement sous souveraineté autrichienne, ainsi qu'aux populations de Transylvanie (Sicules, Saxons et Roumains). Par la suite, Kossuth inclut les Serbes de Voïvodine et du Banat dans son projet constitutionnel qu'il remania plusieurs fois entre 1851 et 1861 selon l'évolution de la situation politique en Hongrie, mais il ne s'engagea pas au-delà de ces propositions de réconciliation. Il sentait en effet que, si la Hongrie redevenait maîtresse de sa destinée, elle ne le suivrait pas dans cette voie et encore moins dans une démarche confédérale, ainsi ne voulut-il pas transiger sur trois points fondamentaux pour lui : la réconciliation ne peut avoir lieu qu'entre peuples égaux en droits ; elle ne saurait s'effectuer au prix d'une division territoriale ; enfin la protection des libertés doit être le préalable à tout système confédéral[25]. Les Italiens se tournent de plus en plus vers les Roumains et montrent un intérêt plus marqué pour les Slaves. Mazzini envisage même une confédération balkanique où le rôle moteur serait confié à la Grèce[26]. Dans son esprit, il y aurait ainsi eu deux ensembles, danubien et balkanique, destinés à satisfaire les mouvements autonomistes et à stabiliser l'ordre européen. Plus tard, il se prononce pour une large confédération où entreraient, outre la Hongrie, la Bohême et la Moravie, la Slovaquie et la Roumanie. Il applique d'ailleurs cette conception à l'Europe entière redessinée sur une base ethnique avec la création de vastes unités politiques – l'Italie unie, une confédération alpine (Savoie, Tyrol). Sur les ruines de

24 L. Pásztor, *La confederazione danubiana nel pensiero degli Italiani e degli Ungheresi nel Risorgimento*, Rome, Szerző, 1949, p. 7.

25 C. Horel, « Lajos Kossuth et les projets de confédération danubienne en 1848-1849 », in *Cahiers Balkaniques*, n° 30, 2000, p. 19-27.

26 L. Pásztor, *La confederazione danubiana*, *op. cit.*, p. 31.

l'Autriche seraient bâties deux grandes confédérations alliées – la Bohême, la Moravie, la Hongrie et la Roumanie, d'une part ; Slaves du Sud depuis le Monténégro jusqu'à la Croatie et Bulgarie, d'autre part. L'Allemagne, quant à elle, serait unie et confédérée. À cet ensemble viendraient s'adjoindre la Grèce et la Pologne reconstituée. La multiplication de systèmes confédérés (ibérique, scandinave) ferait disparaître les petits États victimes des appétits des grands[27]. Mazzini, tout comme nombre d'autres penseurs et politiciens de son temps, élargit son système à l'ensemble de l'Europe. Kossuth, pourtant largement récupéré par le régime communiste après 1945, est à l'opposé de cette pensée qui dépasse le cadre de la nation.

Kossuth s'impliqua par la suite dans de multiples pourparlers, en particulier avec des interlocuteurs serbes, français, italiens, mais il demeura intransigeant sur la question de l'indépendance de la Hongrie et de l'intégrité de son territoire. Il apposa cependant sa signature sur le projet de confédération danubienne élaboré par les exilés hongrois et l'entourage de Cavour en 1862 car il lui semblait le plus réaliste et prenait en compte les intérêts nationaux des divers pays devant l'intégrer[28].

L'échec de la révolution de 1848 et la reprise en main effectuée par l'empereur François-Joseph sous la forme du néo-absolutisme ne met pas fin à la réflexion. Bien au contraire, l'héritage de certains de ces plans va se prolonger au-delà de l'existence de l'Empire et il est frappant de voir des penseurs plus tardifs y faire référence : ainsi Oszkár Jászi reprend-il en 1918 les idées de Lajos Kossuth pour une fédéralisation de l'espace danubien. La filiation est très nette jusqu'en 1956. À chaque reprise, les cinq royaumes historiques resurgissent, quelle que soit la forme qu'ils ont adoptée dans l'intervalle. Avant de connaître un apogée dans l'entre-deux-guerres, la pensée fédéraliste, ou du moins régionaliste centre-européenne, s'enrichit de nouvelles composantes au cours de la Première Guerre mondiale. C'est d'Allemagne que viennent la plupart des initiatives, qui puisent leurs sources dans la pensée allemande sur l'Europe depuis le début du XIXe siècle : la plus célèbre est sans doute celle de Friedrich Naumann dont l'ouvrage paru en 1915 passe pour l'expression définitive de l'Europe centrale vue et dominée par l'Allemagne[29]. Mais l'héritage fédéraliste mitteleuropéen est sans doute le plus évident dans la pensée de Constantin Frantz, diplomate prussien qui refuse le projet national de Bismarck et juge l'Allemagne

---

27 M. Jászay, « Mazzini et les peuples danubiens », in *Revue d'histoire comparée*, t. XXV, n° 3, p. 84.

28 E. Palotás, « Südosteuropa in den Föderationsplänen der ungarischen Emigration nach 1849 », in *Friedenssicherung in Südosteuropa*, *op. cit.*, p. 48.

29 C. Frantz, *Der Föderalismus*, Mayence, 1879. Sur Naumann voir *infra*.

responsable des avancées de la Russie en Europe[30]. Frantz a beaucoup voyagé dans l'empire des Habsbourg. Il souhaite une transformation du *deutscher Bund* en *mitteleuropäischer Bund* et regrette que l'Autriche soit devenue une ennemie dans l'esprit des Allemands dont il veut voir la mission historique à l'Est et non pas à l'Ouest[31], ce qui est une attitude fréquente et assez logique pour un Prussien. Il envisage donc de dépasser le conflit récent entre l'Allemagne et l'Autriche par la réalisation d'une fédération centre-européenne augmentée de la Pologne reconstituée et d'un ensemble fédéré de l'espace baltique. Cet ensemble comprenant également la partie transleithane de la monarchie habsbourgeoise serait suffisamment puissant pour combattre les ambitions russes. La création de la petite Allemagne en 1871 et l'instauration en Autriche du système dualiste aboutit à ce que Frantz et d'autres avaient craint, c'est-à-dire à une victoire de deux projets nationaux centralisés : l'allemand dans le nouveau *Reich* et le hongrois en Transleithanie.

La réflexion est particulièrement féconde chez les Slaves du Sud qui parviennent à publier à Vienne en 1861-1862 un quotidien, *Ost und West* qui revendique une participation des Slaves du Sud à une redéfinition fédérale de la monarchie mais surtout repense leur lien avec la Hongrie[32]. Édité par Tkalac, le journal est très ouvertement austroslaviste. Il fait de fréquentes références aux idées de Palacký et prend exemple sur les Tchèques pour formuler une version sudslave de l'austroslavisme. Mais le malentendu réside dans le fait que les Croates veulent auparavant voir réaliser une partie de leur programme national qui consiste en la réunification de la Dalmatie à la Croatie-Slavonie. La rédaction du journal souhaite ardemment que l'on ramène les Hongrois à la raison afin d'aboutir à un accord entre les diètes hongroise, transylvaine et croate. Mais le *Reichsrat* est aussi accusé de vouloir maintenir le centralisme contre lequel les diètes résistent à juste titre. Il en va ainsi de la responsabilité des Allemands d'Autriche de reconnaître que le centralisme ne leur a rien apporté jusque-là et que la consolidation de l'Autriche comme grande puissance doit primer sur orgueil national allemand[33]. Il s'agirait concrètement de transformer la Hongrie en *Bundesstaat*, ce que le journal considère comme déjà partiellement fait

30 R. Schnur, « Mitteleuropa in preußischer Sicht : Constantin Frantz », in *Mitteleuropa. Spuren der Vergangenheit – Perspektiven der Zukunft, Veröffentlichungen der Universität* Innsbruck, n° 160, 1987, p. 37.

31 C. Frantz, *Der Föderalismus*, *op. cit.*, p. 314.

32 H. Haselsteiner, « Eidgenössisches Modell für Pannonien : ein serbisches Konzept zur Nationalitätenfrage in Ungarn », in U. Burz, M. Derndarsky, W. Drobesch (dir.), *Brennpunkt Mitteleuropa. Festschrift für Helmut Rumpler zum 65. Geburtstag*, Klagenfurt, 2000, p. 433.

33 *Ost und West*, n° 51, 7 mai 1861.

au travers de l'union personnelle avec la Croatie, puis de donner leur autonomie aux Serbes, Roumains et Slovaques. En mai 1862, la rédaction prend connaissance du projet de confédération danubienne émanant des partisans de Kossuth et publié prématurément par Ignác Helfy dans le journal milanais *Alleanza* et ne peut que constater le caractère irréconciliable des deux conceptions de la Hongrie qui s'affrontent alors[34].

Dans l'intervalle, l'évolution fédéraliste de la monarchie subit un coup d'arrêt avec la publication de la Patente de février qui signifie un retour au centralisme et la prédominance de l'élément allemand. Elle mécontente tout le monde ou presque : Hongrois et Tchèques refusent d'envoyer des délégués au nouveau *Reichsrat*. Sur le long terme, ce sont les centralistes qui vont l'emporter. En Cisleithanie, ces derniers sont convaincus que l'idéal libéral va se substituer à l'idéal national et que le progrès ainsi que le constitutionnalisme vont faire taire les revendications nationales. Les fédéralistes autrichiens sont encore très actifs dans les années 1870. Ils se réunissent en congrès où, cependant, la diversité des projets et la désunion entre Autrichiens et Slaves se manifeste, ce qui empêche toute action commune. Un nouveau quotidien appelé lui aussi *Ost und West* qui paraît en 1872-1873, relance la croisade fédéraliste mais déplore régulièrement que certains ne poursuivent en fait que des buts nationaux[35]. Le comte Thun préconise l'organisation d'un parti fédéral transnational limité dans un premier temps à la Cisleithanie et dont l'objectif serait de revenir aux dispositions du Diplôme d'octobre. Plus tard, avec l'ascension du Parti jeune-tchèque et la crispation des Allemands, le fédéralisme de Thun et de ses partisans sera rejeté.

Le retour au Diplôme d'octobre est également l'exigence préalable formulée par Palacký dans son livre *Österreichs Staatsidee* paru en 1874. Il s'oppose au dualisme tel qu'il a été mis en place en 1867, mais revient également sur ses propres idées exprimées en 1848 et renonce au fédéralisme fondé sur des bases ethniques dont il a reconnu depuis l'infaisabilité en raison du caractère imbriqué des nations de l'Empire. Il propose en échange le concept des « individualités historico-politiques » à partir duquel son gendre Rieger va développer la théorie du droit d'État de la Bohême qui revendique une existence similaire à celle obtenue par la Hongrie. Mais ce qui peut fonctionner en Hongrie ne saurait s'imposer en Bohême où l'instauration d'un véritable *Landespatriotismus* suppose que les deux composantes, allemande et tchèque, partagent le même projet politique[36]. Or les Allemands y sont hostiles puisque leur situation privilégiée ne justifie pas un tel combat. En Hongrie, c'est le

34 *Ost und West*, n° 5, 31 mai 1862 (entre-temps, le journal est devenu hebdomadaire).

35 *Ost und West*, n° 69, 23 août 1872.

36 J. Droz, *L'Europe centrale*, *op. cit.*, p. 149.

projet centraliste et national qui l'emporte et la loi sur les nationalités ne reconnaît, sur le modèle autrichien, que des individus et non des groupes nationaux dotés d'une existence juridique.

Si le fédéralisme habsbourgeois est une idée dont les origines sont incontestablement tchèques, il a néanmoins essaimé vers le sud de la monarchie au point de représenter rapidement un fondement de l'idée illyrienne puis yougoslave de regroupement des Slaves du Sud. Conçue par les Croates, l'union des Slaves du Sud doit se réaliser au sein de l'Empire et son extension au-delà des frontières jusque vers la Bulgarie est une invention, pour ne pas dire un dévoiement dans l'esprit de certains Croates de leur plan de départ. Il est certain que l'union fédérative du royaume reconstitué de Croatie-Slavonie-Dalmatie aurait profité aux Croates qui se réclament de leur droit d'État, tandis que le projet yougoslave repris par les Serbes des deux côtés de la frontière, et qui deviendra réalité après 1918, sert incontestablement les intérêts serbes. L'autonomie serbe au sein d'un ensemble majoritairement croate inscrit dans la monarchie des Habsbourg pose problème en raison du statut des populations serbes de Voïvodine et de la frontière militaire. Tant que la Serbie ne sera pas devenue souveraine et qu'elle aura consolidé son régime et ses ambitions dans la région, les Serbes de la monarchie ne manifestent pas la volonté de la quitter pour aller rejoindre un ensemble étatique différent qui pourrait satisfaire leur désir d'indépendance. La situation change avec l'ancrage international de la Serbie et surtout à partir de 1903 avec son orientation hostile à l'empire d'Autriche. La fidélité traditionnelle des Serbes envers les Habsbourg est remise en question de l'intérieur par un mécontentement croissant à l'égard de la Hongrie et de Vienne par lesquelles ils se sentent délaissés, et de l'extérieur avec l'irrédentisme développé dans leur direction par Belgrade. La création d'une entité croate n'est plus souhaitable tant à l'intérieur de la monarchie, puisque Vienne et Budapest s'y opposent, qu'à l'extérieur puisque la Serbie y voit un projet concurrent[37]. La situation des Slaves du Sud se complique encore à propos de la Bosnie-Herzégovine, territoire que les Serbes et les Croates revendiquent en invoquant l'histoire.

L'échec du trialisme avec les Tchèques qui est patent après le refus de François-Joseph de se faire couronner à Prague en 1871 fait naître des projets d'un trialisme tourné cette fois vers les Slaves du Sud. Mais nombreux sont ceux qui rejettent cette idée car, si elle peut satisfaire une partie des revendications nationales, elle laisse de côté les autres nationalités. Elle n'est donc pas un fédéralisme mais un avatar du dualisme austro-hongrois qui existe déjà et dont le fonctionnement est probléma-

[37] M. Gross, « Föderationspläne bei den Kroaten : Habsburgermonarchie oder Jugoslawien ? », in *Friedenssicherung in Südosteuropa*, *op. cit.*, p. 100.

tique. L'option trialiste est toutefois retenue par une partie de la classe politique croate qui réduit ses ambitions yougoslaves à la reconstitution du royaume triunitaire avec l'adjonction de la Slovénie, et à l'élargissement de l'autonomie garantie par la *Nagodba*. Ce pragmatisme a des conséquences sur le soutien des Serbes au projet puisqu'ils ont toutes les raisons de préférer le projet serbe d'union de tous les Slaves du Sud formulé à Belgrade. Le pivot serbe est de surcroît habilement utilisé par les Hongrois soit pour agiter à Vienne l'épouvantail panslaviste, soit pour contrecarrer les entreprises de négociation entreprises par Zagreb en poussant les Serbes à la surenchère. Le trialisme devient la politique officielle du parti national croate de Mgr Strossmayer à partir de 1884, mais le paysage politique croate demeure profondément divisé entre loyalistes, fédéralistes et nationalistes.

Le contenu du projet fédéraliste ne fait pas l'unanimité : les uns veulent une réalisation minimale sous la forme du trialisme tandis que les autres l'envisagent dans l'acception yougoslave. Les nationalistes du Parti du droit admettent rapidement l'option trialiste et s'unissent avec le parti national en 1895, mais le fond de leur projet vise à créer une grande Croatie, à l'intérieur de la monarchie. Mais son étendue pose problème sur le plan intérieur par sa taille, et sur le plan extérieur par la revendication d'une partie de la Bosnie et de l'Herzégovine[38], qui devient une des bases de l'idée trialiste après 1908[39], programme qui reçoit l'attention de l'héritier du trône, l'archiduc François-Ferdinand. Mirjana Gross pense toutefois que le malentendu était bien réel entre des Croates qui ambitionnaient, sous couvert de fédéralisme, de créer un État-nation croate et l'archiduc qui utilisait le trialisme comme un épouvantail face aux Hongrois qu'il détestait et qui berçait les Croates de promesses afin de les détourner du yougoslavisme[40]. Je partage cette analyse et la sincérité de François-Ferdinand me paraît plus que douteuse. Sa mort tragique et surtout les conséquences de l'attentat de Sarajevo du 28 juin 1914 ont donné naissance à un mythe encore tenace sur le prétendu sauvetage de l'empire des Habsbourg par l'héritier du trône dont les convictions ultracatholiques et la foncière hostilité à la Hongrie rendaient tout projet aléatoire. Faire de lui un fédéraliste me semble erroné et la solution trialiste était, comme on l'a dit plus haut, des plus improbables puisqu'elle n'aurait fait qu'ajouter un étage au système dualiste et aurait, à n'en pas douter, exacerbé les tensions dans les autres *Kronländer*, à

---

38 *Ibid.*, p. 111.

39 Ivo Pilar (sous le pseudonyme de L. von Südland), *Die Südslawische Frage und der Weltkrieg. Übersichtliche Darstellung des Gesamt-Problems*, Vienne, Manz, 1918, p. 687.

40 M. Gross, « Föderationspläne bei den Kroaten : Habsburgermonarchie oder Jugoslawien ? », *op. cit.*, p. 112.

commencer par les Pays tchèques et la Galicie. La construction envisagée par Ivo Pilar relève de l'illusion quand il préconise non pas la destruction du dualisme, mais l'attribution de l'entité nouvellement créée aux deux États cis- et transleithan. L'ensemble prendrait le nom complexe de « territoire commun unitaire des royaumes de Croatie, Slavonie, Dalmatie et herzégovino-bosnien » (*einheitliche gemeinsame Gebiet der Königreiche Kroatien, Slawonien, Dalmatien und Herzegbosnien*) et la Hongrie garderait le *corpus separatum* de Fiume pour garantir son accès à la mer[41]. Or il s'agit en fait de créer un État satisfaisant uniquement les Croates. En somme, chacun interprète à sa façon le trialisme qui n'est en définitive qu'un instrument et non une option politique sérieusement envisageable.

Le groupe du Belvédère réuni autour de François-Ferdinand réfléchit sur l'avenir et la préservation de la monarchie. Si l'héritier du trône n'a sans doute jamais réellement voulu fédéraliser l'empire[42], il souhaitait néanmoins dépasser le dualisme et s'est attaché à consulter ceux qui prônaient une telle réforme. Les différentes solutions trouvées au début du siècle tels que le compromis morave de 1905 ou celui concernant la Bucovine en 1910 ont pu accréditer la thèse d'un François-Ferdinand fédéraliste[43]. On reste cependant sceptique quant à la réalisation d'une fédération des deux côtés de la Leitha car la résistance et le pouvoir des Hongrois n'aurait pas manqué de provoquer une crise majeure, voire un nouveau séparatisme ce dont François-Joseph ne voulait à aucun prix et que son successeur Charles préféra également éviter. Prêter à François-Ferdinand des intentions hypothétiques relève de la mystification, en revanche les membres du groupe du Belvédère étaient pour la plupart des réformateurs et des fédéralistes convaincus.

Concernant le fédéralisme, le plus célèbre d'entre eux est très certainement le Roumain Aurel C. Popovici qui propose dans son livre *Die vereinigten Staaten von Groß-Österreich* une fédéralisation de la monarchie dont le but essentiel du côté transleithan est de mettre fin à la domination sans partage des Hongrois et ceci est très certainement la raison qui a séduit François-Ferdinand. Les Roumains étaient d'ailleurs très présents dans son entourage, et hormis Popovici, l'héritier du trône recevait également des hommes politiques et des intellectuels qu'il

41 *Ibid.*, p. 751.

42 P. Broucek, « Reformpläne aus dem Beraterkreis Erzherzog Franz Ferdinands und Kaiser Karls », in R.G. Plaschka, H. Haselsteiner, A. Suppan (dir.), *Mitteleuropa Konzeptionen in der ersten Hälfte des 20. Jahrhunderts*, Vienne, Verlag der Österreichischen Akademie der Wissenschaften, 1995, p. 113 (Centraleuropa-Studien, Bd. 1).

43 A. Wandruszka, « Finis Austriae ? Reformpläne und Untergangsahnungen in der Habsburger Monarchie », in *Der österreichisch-ungarische Ausgleich 1867. Seine Grundlagen und Auswirkungen*, Munich, T. Oldenbourg Verlag, 1968, p. 20.

encourageait à négocier avec le gouvernement hongrois[44]. Le groupe, animé par la *Militärkanzlei* de l'archiduc comportait également des représentants allemands, le Hongrois József Kristóffy et le Slovaque Milan Hodža[45]. Ce sont toutefois les Roumains qui semblent avoir eu l'ascendant. Comme on l'a vu, la Transylvanie constitue le cœur du problème territorial et, malgré les tentatives répétées des uns et des autres pour arriver à une position acceptable, les projets fédéraux achoppent toujours sur la définition du royaume de Hongrie que les Magyars refusent de voir fédéraliser. L'autonomie de la Transylvanie, État charnière et pont entre l'Ouest et l'Est à plusieurs niveaux, ne peut être admise que dans une fédération dominée par la Hongrie[46] ; il s'agirait d'autre part d'un statut territorial et non national, ne permettant pas aux Roumains une expression autonome.

Le fédéralisme apparaît donc comme la seule solution devant la menace d'une destruction inévitable de l'Empire à plus ou moins long terme sous l'effet du travail de sape des forces centrifuges représentées par l'action des nationalités. Cette véritable renaissance permettrait à l'Empire de retrouver sa vocation civilisatrice en Europe centrale et orientale alors qu'il est déconsidéré et attardé par rapport à l'Occident[47]. Les piliers de cette nouvelle organisation sont la dynastie, l'armée, l'égalité et la justice entre les peuples. Les *Kronländer* doivent devenir des États-nations égaux entre eux au sein de la fédération sur le modèle suisse. Dans cet esprit, l'Empire ne doit pas être une confédération (*Staatenbund*) mais un État fédéral (*Bundesstaat*) dont les principes sont : un gouvernement (*Reichsregierung*), un parlement et une justice tous organisés au niveau central de la fédération[48]. Le nouvel ensemble se composerait de quinze États, ce qui est le maximum jamais envisagé dans les plans de fédéralisation, et s'éloigne des projets ayant pour base les seules entités historiques : Autriche allemande, Bohême allemande, Moravie allemande, Bohême, Galicie occidentale, Galicie orientale, Transylvanie, Croatie, Carniole, Slovaquie, Voïvodine, Hongrie, Pays sicule, Trentin, Istrie[49]. La séparation de la Galicie permettrait de donner

---

44 S. Mihailescu, *Transilvania in lupta de idei. Controverse in Austro-Ungaria privind statutul Transilvaniei* [La Transylvanie dans le miroir des idées. Controverses austro-hongroises sur le statut de la Transylvanie], vol. 2-3, Bucarest, 1996, p. 79.

45 P. Broucek, « Reformpläne aus dem Beraterkreis Erzherzog Franz Ferdinands und Kaiser Karls », *op. cit.*, p. 114.

46 G. Gyarmati, « Conceptual Changes on Central European Integration in Hungarian Political Thinking, 1920-1948 », in *Geopolitcs in the Danube Region, op. cit.*, p. 209.

47 A. Popovici, *Die vereinigten Staaten von Groß-Österreich*, Leipzig, 1906, p. 20. [« Das Habsburgerreich kann noch eine große, eine glänzende Zukunft vor sich haben, wenn es einen Beruf will und ihn richtig erfasst. »]

48 *Ibid.*, p. 266.

49 *Ibid.*, p. 308.

satisfaction aux Ruthènes, la Carniole représente la Slovénie, la Dalmatie est intégrée à la Croatie ce qui répond aux exigences croates concernant la réunification du royaume tri-unitaire. Mais le projet introduit également une fragmentation considérable de territoires déjà minuscules comme le Trentin et ne résout pas partout les problèmes nationaux sinon en en créant de nouveaux : on peut comprendre la volonté de dissocier les territoires dominés par les Allemands et les Hongrois, or leur atomisation ne fait que les frustrer sans contenter les autres groupes nationaux. L'intégration délibérée de territoires très imbriqués comme la Bucovine (en Galicie orientale) et le Banat (en Transylvanie) vient encore compliquer l'édifice.

Après la conclusion du compromis de 1867, la plupart des hommes politiques hongrois se sont désintéressés du fédéralisme et ont été pratiquement étrangers aux discussions qui ont eu lieu autour de François-Ferdinand et du groupe du Belvédère. L'autonomie de la Hongrie acquise au sein du système dualiste résolvait pour un temps le problème ; la majorité des émigrés approuvaient même sinon le projet dualiste, du moins l'aspect centralisé et national du régime hongrois. Les émigrés restent fidèles aux idées de Kossuth sur l'inaliénabilité du territoire et voient d'un mauvais œil les revendications des nationalités qui s'affirment toujours plus fort à la fin du siècle. Le fédéralisme réapparaît en revanche au début du siècle chez les nouveaux penseurs de la société hongroise qui voient dans la question des nationalités l'une des principales difficultés auxquelles la Hongrie est confrontée et qui, faute de solution, obère son avenir. Après la mort de Kossuth en 1894, c'est Oszkár Jászi qui va reprendre à son compte la réflexion fédérale, mais sur un tout autre mode[50]. Faisant référence aux projets danubiens des années 1860, Jászi conçoit une fédéralisation de la Hongrie qui va bien au-delà de ce que Kossuth envisageait. D'une certaine façon, Jászi contribue malgré lui à créer le mythe d'un Kossuth fédéraliste, ce que, selon moi, il n'a jamais été. Le « patriotisme danubien » formulé par Jászi au lendemain de la Première Guerre mondiale envisage tout d'abord un maintien du royaume de Hongrie dans son intégrité territoriale tout en accordant aux nationalités le maximum d'autonomie[51]. Plus tolérant que Kossuth, il n'accepte cependant pas non plus une séparation de la Transylvanie. L'éclatement de l'empire austro-hongrois et le démembrement de la Hongrie en vertu du traité de Trianon semblent mettre un point

50 A. Pók, « A progresszió stációi. Jászi Oszkár Kossuth képe » [Les stations du progrès. L'image de Kossuth chez Oszkár Jászi], in *Magyar Évszázadok. Tanulmányok Kosáry Domokos 90. születésnapjára*, Budapest, 2003, p. 172-173.

51 P. Hanák, *Jászi Oszkár dunai patriotizmusa* [Le patriotisme danubien d'Oszkár Jászi], Budapest, 1985.

final à la discussion, mais il n'en est rien et l'entre-deux-guerres va être paradoxalement l'âge d'or du fédéralisme.

La réflexion sur le fédéralisme durant la Première Guerre mondiale tourne essentiellement autour du débat sur la place de l'Allemagne et ses ambitions résumées dans le livre de Friedrich Naumann et que semblent justifier en 1915 les succès des puissances centrales dans les Balkans. Les écrits de Naumann sont repris et amplifiés par de nombreux auteurs qui imaginent déjà le nouvel ordre européen issu de la guerre et font du *Zweibund* entre l'Allemagne et l'Autriche-Hongrie l'amorce d'un véritable ensemble fédéral qui aurait la vertu d'assurer une hégémonie économique et politique tout en satisfaisant les exigences nationales. On retrouve l'idée déjà évoquée maintes fois de la mission orientale de l'Allemagne. Les militaires reprennent à leur compte les plans des économistes et des hommes d'affaires pour concevoir un « bloc mitteleuropéen » qui fera long feu cependant à l'épreuve des armes à partir de la rupture du front en Serbie[52]. Dans l'immédiat il est surtout question d'union douanière dont le but est de faciliter la poursuite de la guerre[53]. En outre, l'alliance du futur *Bund* avec des partenaires balkaniques voire au-delà jusqu'au Proche-Orient et à l'Asie est envisagée, les Balkans étant de toute façon le premier objectif à atteindre sur les plans politique, militaire et économique[54]. Mais l'Autriche-Hongrie ne montre pas d'enthousiasme devant la folie des grandeurs germanique : le nouvel empereur Charles de même que le président du Conseil hongrois István Tisza ne veulent pas d'une domination allemande sur la région et voient dans ces plans une mise sous tutelle de la monarchie, un asservissement de leurs populations aux intérêts économiques allemands, et une concurrence inacceptable dans les Balkans que l'Autriche-Hongrie considère depuis des siècles comme son arrière-cour[55].

L'un des problèmes surgis à la faveur de la guerre est le sort de la Pologne. Les puissances centrales en ont fait un enjeu face à la Russie. Elles finissent cependant par reconnaître le droit à la renaissance du pays mais chacun des deux partenaires voudrait en faire un vassal. L'Allemagne ne peut accepter que la Pologne entre dans une éventuelle association avec l'Autriche-Hongrie avec à sa tête un roi qui serait un

---

52 A. Mitrovic, « Die Zentralmächte, Mitteleuropa und der Balkan. Ideen und ihren Verwirklichung während des Weltkrieges 1914-1918 », in *Mitteleuropa Konzeptionen*, *op. cit.*, p. 43.

53 W. Mommsen, « Die Mitteleuropaidee und die Mitteleuropaplanungen im Deutschen Reich vor und während des Ersten Weltkrieges », *op. cit.*, p. 14.

54 A. Mitrovic, « Die Zentralmächte, Mitteleuropa und der Balkan. Ideen und ihren Verwirklichung während des Weltkrieges 1914-1918 », *op. cit.*, p. 45.

55 *Ibid.*, p. 52.

archiduc de la maison Habsbourg[56]. Même dans les plans émanant des pangermanistes, la Pologne retrouve une existence étatique.

Alors que la guerre s'achemine vers une issue défavorable aux puissances centrales, des voix commencent à s'élever non plus seulement pour tenter de détacher l'Autriche-Hongrie de l'Allemagne, mais pour la sauver de la défaite totale et d'un éventuel éclatement. On retrouve alors les défenseurs du fédéralisme en première ligne, à l'intérieur comme à l'extérieur ; ainsi certains Français sont-ils hostiles à l'Allemagne mais beaucoup plus tolérants vis-à-vis d'une Autriche dont ils croient à la vocation balkanique. Joseph Reinach propose ainsi d'établir des États-Unis d'Orient qu'il conçoit concrètement comme une « confédération du Danube » inspirée par les modèles de la Confédération germanique, de la Suisse et du dualisme austro-hongrois[57]. Constatant les ravages de l'hégémonie allemande et hongroise, il veut fédérer l'ensemble pour donner à chacun son existence propre et reprend en partie les idées de confédération danubienne des émigrés hongrois des années 1860 sauf que, dans son esprit, l'Autriche fait partie de cette construction alors qu'elle était exclue des projets hongrois. Mais Reinach se garde bien d'aborder certains problèmes qui sont pourtant cruciaux comme le statut de la Bosnie-Herzégovine dont il envisage l'indépendance ou l'attribution à la Croatie ou à la Serbie[58], la première option étant une des rares occurrences à l'époque d'une possibilité de souveraineté pour ce territoire. Comme dans la plupart des projets de l'époque, la Pologne renaît mais Reinach ne précise pas si elle doit intégrer la confédération ou adopter une voie indépendante, réservant son opinion devant la situation chaotique de la Russie. Il penche, semble-t-il, pour une adhésion à la confédération en raison de la situation favorable faite aux Polonais dans l'empire des Habsbourg[59]. Enfin, la tutelle des Habsbourg, seule capable de préserver cet ensemble, doit être maintenue. L'empereur Charles va effectivement tenter de sauver au moins la Cisleithanie dans les derniers jours de la guerre en proposant à « ses peuples » la fédéralisation de la partie autrichienne de la monarchie, mais les nationalités ont d'ores et déjà entamé leur chemin vers l'indépendance. Sa conviction fédérale était surtout dictée par la nécessité suite à l'échec des pourparlers de paix séparée. L'instauration du fédéralisme sans contrainte venue d'en

---

[56] W. Mommsen, « Die Mitteleuropaidee und die Mitteleuropaplanungen im Deutschen Reich vor und während des Ersten Weltkrieges », *op. cit.*, p. 16-17.

[57] J. Reinach, « Le problème des États-Unis d'Orient », in *Revue politique internationale*, n° 31, janvier-février 1918, p. 14.

[58] *Ibid.*, p. 15.

[59] *Ibid.*, p. 17.

haut s'avère, comme l'avait deviné le prêtre et futur chancelier autrichien Ignaz Seipel, impensable[60].

Les propositions continuent toutefois à fleurir dans les ultimes moments de la guerre et également dans les premiers mois qui suivent l'éclatement de la double monarchie, en grande partie en raison de l'inconnue concernant l'avenir de l'Autriche dont la classe politique affirme la nature allemande et la vocation à rejoindre la république de Weimar. Pour les Autrichiens qui défendent l'idée *grossdeutsch*, l'adhésion de l'Autriche à une hypothétique confédération danubienne est impossible et son existence indépendante ne paraît pas envisageable, ainsi que le pensaient certains chez les Alliés[61]. En revanche, on pourrait reconstituer un petit dualisme avec les Hongrois qui ne peuvent plus se permettre d'être intransigeants sur le respect de leur intégrité territoriale[62]. Cette option aurait l'oreille du comte Károlyi et de la France qui tente alors de construire sa barrière contre l'Allemagne et envisage sérieusement une confédération centre-européenne. Mais on ne peut compter sur une adhésion de l'Autriche qui ne voudra pas entrer dans une structure hostile à l'Allemagne qu'elle espérait alors rejoindre. La difficulté peut être contournée en imaginant une alliance entre la grande Allemagne et la confédération danubienne[63], ce qui reviendrait en définitive aux ambitions mitteleuropéennes antérieures à la guerre. L'idée est reprise dans les années 1920 en Autriche et en Allemagne dans un esprit pacifiste qui condamne l'expansionnisme de l'Allemagne de Bismarck et veut créer un système d'alliances centre-européen pour remettre de l'ordre en Europe centrale et en finir avec l'atomisation et les conflits nés des traités de paix. Pour certains auteurs, c'est une question de continuité historique, tous ces États ont été à un moment ou à un autre de l'histoire unis dans un « tout naturel » (« *natürliches Ganze* »)[64]. L'Allemagne ne saurait être écartée de ces projets : les minorités allemandes présentes partout dans la région pourraient constituer une force centrifuge pour une confédération qui serait construite contre l'Allemagne et donc menacerait la paix[65]. Cet argument est clairement dirigé contre la Petite Entente et les tentatives françaises de l'élargir aux autres pays de l'ancien empire afin d'isoler l'Allemagne. Que ce soit la république de

---

60 I. Seipel, *Nation und Staat*, Vienne-Leipzig, 1916, p. 135.

61 L. Kerekes, *Von St Germain bis Genf. Österreich und seine Nachbarn 1918-1922*, Vienne-Cologne-Graz, Bölhau, 1979, p. 33.

62 G. Stolper, *Donaukonföderation oder Grossdeutschland*, Berlin, Engelrnann, 1919, p. 15.

63 *Ibid.*, p. 50.

64 H. Kanner, *Der mitteleuropäische Staatenbund. Ein Vorschlag zum Frieden*, Vienne-Leipzig, Braumüller, 1925, p. 8.

65 *Ibid.*, p. 10.

Weimar ou plus tard le régime hitlérien, l'Allemagne ne se laisse pas réduire à l'option *kleindeutsch* sans accès à son traditionnel hinterland centre-européen et balkanique.

L'union fédérative est également évoquée par la République hongroise des Conseils dans le but de mettre fin aux combats qui se déroulent en Slovaquie : Béla Kun propose de créer une république fédérative comprenant la Hongrie, la Ruthénie subcarpatique, la province du Burgenland que la conférence de la paix veut attribuer à l'Autriche, et la Slovaquie. Il renonce par là au principe de l'intégrité territoriale de la Hongrie royale. Mais les tentatives pour implanter la révolution bolchevique en Slovaquie échouent et annihilent le projet fédéraliste. La réflexion la plus intéressante émane des proches de Mihály Károlyi et surtout d'Oszkár Jászi, éphémère ministre chargé des nationalités dans le gouvernement issu de la révolution d'octobre 1918. Dans son livre sur les États-Unis du Danube, Jászi introduit la notion de fédéralisme démocratique qu'il présente comme la solution aux problèmes issus de la guerre. Le système était en effet dépourvu de ces deux composantes, il n'était pas démocratique et pas fédéralisé. La démocratisation de la région semble à Jászi le remède à la question des égoïsmes nationaux, un thème que l'on retrouve chez les communistes qui voient dans le nationalisme un résidu bourgeois[66].

Les États-Unis danubiens se constituent autour de la base formée par la Hongrie et la Croatie, mais dans une acception foncièrement différente de l'ancienne union personnelle. Le nouveau système doit également permettre la création d'une entité slovaque et serbe à l'intérieur des États membres[67]. En définitive, il s'agit davantage d'une fédéralisation du royaume de Hongrie que d'un projet allant au-delà des anciennes frontières, à l'opposé donc des idées de Kossuth, bien que la postérité ait voulu lier les deux visions. L'alliance danubienne (*dunai szövetség*) de Jászi n'est pas une confédération mais un ensemble composé à l'origine de cinq entités (dans sa première version, l'ouvrage prenait en compte le maintien de la monarchie) : Autriche, Hongrie, Illyrie (Croatie), Pologne, Pays tchèques[68]. Dans cette optique effectivement, la Hongrie préservait son intégrité territoriale héritée du royaume de Saint Étienne. Ce n'est que dans la seconde édition que Jászi introduit le fédéralisme en Hongrie proprement dite alors qu'il ne le jugeait pas nécessaire, conformé-

---

66 O. Jászi, *Magyarország jövöje és a Dunai egyesült államok* [L'avenir de la Hongrie et les États-Unis du Danube], Budapest, 1918, p. 59.

67 *Ibid.*, p. 63-65.

68 G. Litván, L. Szarka, « Fél évszázad a Duna-völgyi összefogásért » [Un demi-siècle pour l'union du bassin danubien], *in Duna-völgyi barátságok és viták. Jászi Oszkár közép-európai dossziéja*, [Amitiés danubiennes et débats. Le dossier centre-européen d'Oszkár Jászi], Budapest, 1991, p. 10.

ment à la pensée de Kossuth, quelques mois auparavant. Il a dans l'intervalle pris pleinement conscience du potentiel centrifuge des mouvements nationaux. Concrètement, la Hongrie doit abandonner sa position de force acquise pendant l'ère du dualisme mais elle est appelée à jouer un rôle pivot dans la nouvelle construction car elle doit assurer le lien entre les entités fédérales et il est prévu qu'elle conclue des alliances avec les pays voisins. Au-delà, ses relations avec les Balkans, l'Entente et l'Allemagne doivent être consolidées. À cet égard, Jászi envisage également une possible fédéralisation des Balkans, les deux fédérations se complétant[69]. Émigré à partir de mai 1919, Jászi ne va pas cesser de prêcher pour l'union danubienne, notamment aux États-Unis où il vit les trente dernières années de sa vie.

En effet, ce n'est pas seulement la France qui a envisagé de fédérer l'Europe centrale, mais on trouve également ce type de propositions dans l'entourage du président Woodrow Wilson, ce qui ne saurait étonner vu la structure fédérale des États-Unis d'Amérique qui est moins étrangère aux références géopolitiques américaines que françaises. Le président américain avait chargé un groupe d'experts dirigé par le colonel Edward House et connu sous le nom générique de *Inquiry* de penser le futur de la monarchie des Habsbourg[70]. Parmi les nombreuses études fournies par ce groupe, l'une s'attachait à la fédéralisation de l'empire austro-hongrois mais fut abandonnée dès lors que l'Empire cessa d'exister. Elle prévoyait la constitution de six entités qui auraient eu chacune un caractère national spécifique et l'on revenait ainsi à un schéma combinant le droit d'État et les critères ethnolinguistiques mais chaque État comprenait un nombre plus ou moins important de minorités auxquelles le plan garantissait une existence : Hongrie, Autriche, Yougoslavie, Transylvanie, Bohême, Pologne-Ruthénie[71]. Il est clair qu'en mai 1918 les Américains ne prenaient pas en compte deux facteurs essentiels : l'intégrité territoriale de la Hongrie ; le quasi consensus sur la reconstitution de la Pologne. Par ailleurs, les principaux dirigeants de ces mouvements, à commencer par les Tchèques, étaient désormais hostiles au fédéralisme comme le montre leur réaction au manifeste de Charles du 16 octobre ; le futur président tchécoslovaque Thomas G. Masaryk considérait – et

---

69 *Ibid.*, p. 69.

70 L. Riga, J. Kennedy, « The "Inquiry" and the Mapping of East Central Europe in 1919 : Mitteleuropa as Middle America ? », in *Ab Imperio*, n°4, 2006, p. 271-300.

71 M. Ádám, « Plan for the Rearrangement of Central Europe, 1918 », in F. Glatz (dir.), *Hungarians and their neighbours in modern times 1867-1950*, New York, Columbia University Press, 1995, p. 77.

maintiendra plus tard cette opinion avec une grande conséquence[72] – que le projet fédéraliste était utopique de même que l'union paneuropéenne prônée par Richard Coudenhove-Kalergi[73]. Les seules constructions proches du fédéralisme sont après 1918, l'Autriche où les *Länder* préservent leur tradition d'autonomie vis-à-vis de Vienne, et le royaume des Serbes, Croates et Slovènes qui se veut l'union de trois nations mais dont le système étatique est finalement centralisé et dominé par les Serbes, ce dont Croates et Slovènes se rendent rapidement compte, ce qui donne naissance à des rancœurs qui vont miner la première Yougoslavie. La Pologne restaurée issue de la conférence de la paix puis de la guerre avec l'Union soviétique ne reproduit pas l'ancienne structure polono-lituanienne et les conceptions d'une Pologne resserrée et homogène de Roman Dmowski se heurte à celles du maréchal Piłsudski qui reprend la tradition jagellone d'une Pologne multinationale mais qui n'est en aucun cas un État fédéral. Le fédéralisme a connu un grand succès en Pologne entre 1918 et 1920 car on envisageait alors un futur brillant rappelant les beaux jours et l'extension maximale du royaume polono-lituanien[74]. Mais les fédéralistes polonais sous-estiment la force nouvelle des nationalismes ukrainien et lituanien et leur antibolchevisme les fait accorder peu d'attention à l'Allemagne. Dans le contexte de l'après-guerre, il est évident que la solution fédérale vise avant tout à remédier à la « misère des petits États d'Europe centrale » qui en perdant leur tutelle habsbourgeoise sont effectivement devenus indépendants mais fragiles dans l'équilibre géopolitique du continent.

La place de l'Allemagne en Europe centrale ou par rapport à elle avait déjà posé problème en 1848, mais l'échec de l'unité avait différé sa discussion : elle s'impose durant la Première Guerre mondiale et joue ensuite un rôle dans les conceptions nationales-socialistes de l'Europe. Dans la réflexion politique, deux attitudes prévaudront, celle qui consiste à vouloir une unité régionale contre l'Allemagne ou du moins pour réduire son emprise, face à celle qui veut coopérer avec elle : les deux options seront irréconciliables dans l'entre-deux-guerres mais susciteront un débat intense auquel prendront part non seulement les élites locales, mais également les Occidentaux. L'Autriche est très clairement la clé de cette configuration[75]. La crise politique et économique des

---

72 Th. G. Masaryk, *La nouvelle Europe*. Préface de Jacques Rupnik. Texte établi (traduction revue, texte modernisé, notes) par Alain Soubigou, Paris, L'Harmattan, 2002, p. 80-81.

73 V. Mastny, « The Historical Experience of Federalism in East Central Europe », in *East European Politics and Societies*, vol. 14, n° 1, hiver 2000, p. 74-75.

74 *Ibid.*, p. 81.

75 Ormos M., « Sur les causes de l'échec du pacte danubien 1934-1935 », in *Acta Historica Academiae Scientiarum Hungaricae*, 14, 1968, p. 22.

années 1930 va pousser les puissances européennes à chercher une solution dans une union régionale de l'Europe centrale, les plans français, notamment ceux d'André Tardieu et de Louis Barthou s'inscrivent dans cette dynamique. Mais l'Europe centrale elle-même n'est pas à court de propositions : du plan de l'agrarien roumain Maniu de 1929 aux écrits de l'expert économique hongrois de Genève Elemér Hantos, les projets abondent. L'époque est propice à la réflexion sur l'identité nationale et régionale.

Au sein de l'Union paneuropéenne Coudenhove-Kalergi voit ainsi l'avenir de l'Autriche, et de l'Europe centrale tout entière, dans la Paneurope[76]. Il est amené à ce constat au début des années 1930 devant l'impossibilité de voir la Petite Entente s'élargir et les difficultés croissantes posées dans la région par les ambitions allemandes et italiennes. Il oppose donc le projet mitteleuropéen au projet d'Europe centrale voulu par la France mais qu'il critique implicitement puisqu'il entreprend d'en écarter l'Allemagne ce qui selon lui est illusoire. En effet, les plans d'union régionale proposés par beaucoup d'Autrichiens à cette époque continuent à envisager l'Anschluss dans un avenir plus ou moins proche[77], et la tentative de 1931 pour aboutir à une union douanière a été combattue pour cette raison. Du côté allemand toutefois, les fédéralistes sont également à l'œuvre et certains pacifistes sont ouvertement opposés à l'expansionnisme d'avant-guerre, la réalisation d'une fédération danubienne leur semble devoir résoudre la question des minorités, qui ne sont pas seulement allemandes[78].

La situation de déséquilibre créée par les traités de paix qui renvoient dos à dos vainqueurs et vaincus en générant dans de nombreux pays des problèmes de minorités nationales, donne rapidement naissance à une réflexion confédérale. Puisque les approches politiques apparaissent pour le moins difficiles, tous sont d'accord pour commencer par un rapprochement économique[79]. Mais toute négociation qui n'associerait pas l'Allemagne et l'Italie ne peut aboutir même sur le simple plan économique, compte tenu des intérêts surtout allemands dans la région. Pareillement l'ajout de la Pologne apparaît bientôt tout aussi incontournable puisqu'elle est l'un des principaux partenaires commerciaux de la zone[80].

---

76 R.N. Coudenhove-Kalergi, *La lutte pour l'Europe*, Vienne, Éditions paneuropéennes, 1931, p. 58-59.

77 J.C. Barolin, K. Schechner, *Für und wider die Donauföderation*, Vienne-Leipzig, Braumüller, 1926, p. 33.

78 G. Wirsing, *Zwischeneuropa und die deutsche Zukunft*, Jena, Diederichs, 1932 p. 312.

79 M. Matitch, *Projet d'union danubienne. Le point de vue yougoslave*, Paris, 1933 p. 176.

80 E. Hantos, « Mémorandum sur la crise économique dans les pays danubiens », p. 24.

Du déséquilibre à la fédération

Visions belges de l'avenir européen (1830-1870)

Arnaud PETERS

Doctorant à l'Université catholique de Louvain et
Attaché au Centre d'histoire des sciences et des techniques
(Université de Liège)

L'intérêt de revisiter le XIXe siècle en matière d'idée européenne en général, de fédéralisme en particulier, paraît évident[1]. Dans le cadre belge, de récents travaux démontrent l'apport d'une démarche de « retour aux sources » visant à mieux connaître l'idée d'Europe avant sa réalisation[2]. À ce sujet, se posent à l'historien plusieurs questions majeures qui concernent principalement le fondement, la signification et la portée de ces visions d'un continent à unir.

Dans la jeune Belgique, une génération méconnue de publicistes – qui a participé à la création de l'État belge et s'exprime *grosso modo* entre 1830 et 1870 – pose un regard original sur ce qu'elle appelle au fil du temps les « petits États du Centre de l'Europe », les « États secondaires », ou encore les « Moyennes Puissances », etc. Ces publicistes en postulent la solidarité politique et réfléchissent à son nécessaire renforcement en recourant souvent au concept de fédération[3].

---

1 M. Dumoulin, « La Belgique et la construction européenne : un essai de bilan historiographique », in M. Dumoulin, G. Duchenne, A. Van Laer (dir.), *La Belgique, les petits États et la construction européenne. Actes du Colloque de clôture de la VIIe Chaire Glaverbel d'études européennes 2001-2002 (Louvain-la-Neuve, les 24, 25 et 26 avril 2002)*, Bruxelles, PIE Peter Lang, 2003, p. 16-17 (Actes de la Chaire Glaverbel d'études européennes, n° 3).

2 Voir principalement, G. Duchenne, *Esquisses d'une Europe nouvelle. L'européisme dans la Belgique de l'entre-deux-guerres (1919-1939)*, Bruxelles, PIE Peter Lang, 2008 (Euroclio. Études et documents, n° 40).

3 Les considérations présentées dans cet article se nourrissent de deux recherches antérieures de l'auteur : A. Peters, « Lucien Jottrand et l'Europe médiane, les conceptions européennes de deux Belges », Mémoire de Licence en Histoire, Université de Liège, 2001 ; A. Peters, « Belgique et Piémont (1830-1858). Deux États secondaires

S'exprimant dans un État fragilisé par son statut international – une neutralité imposée mais menacée par ses voisins –, ils présentent les traits d'une Europe du déséquilibre entre grandes et petites puissances. En ce sens, les projets d'union apparaissent comme une réponse à la question de l'intégrité belge. Au demeurant, ils contribuent à la définition de l'idée d'Europe au temps des nationalités. Par leur précocité, d'une part, leur ambition de l'autre, ils méritent une mise en perspective historique. S'ils prennent différentes formes, ces propos illustrent la récurrence d'une pensée européenne propre à certains Belges du XIXe siècle, au moins jusque 1870.

I. Les rêves de fédération démocratique entretenus par les radicaux belges (1830-1848)

Avant 1848, des rangs, somme toute clairsemés, du radicalisme belge émanent de timides esquisses de fédération. Elles visent l'intégration de la Belgique dans un ensemble plus vaste et, par conséquent, plus solide. Si ce groupe politique et son influence sont bien connus, la vision européenne de ses membres est presque passée inaperçue[4]. Assez rapidement après la Révolution de 1830 et la création de l'État belge, auxquelles ils ont participé de près ou de loin, de premiers questionnements sur l'avenir de la Belgique émergent chez ces déçus de la formule monarchique. Le contexte des menaces pesant sur l'intégrité du nouvel État en conditionne l'expression. Ainsi, au moment de la délicate négociation du traité des XXIV articles, une première initiative particulièrement significative est signée Adolphe Bartels[5]. Il se lance, en 1838, sous prétexte d'une atteinte à la liberté religieuse – l'arrestation de l'Archevêque de Cologne par le Roi de Prusse – dans une propagande pour la constitution d'une « fédération belge-rhénane ». Dans une série d'articles parus dans

---

en définition au cœur du système européen », Mémoire de DEA en Histoire, représentations et sociétés, Université catholique de Louvain, 2005.

4 Sur les radicaux belges (parfois appelés « démocrates » ou « républicains »), plusieurs études de référence existent : W. Thibaut, *Les républicains belges (1787-1914)*, Bruxelles, La Renaissance du Livre, 1961 ; E. Witte, « De Belgische radicalen : brugfiguren in de democratische beweging (1830-1850) », in *Tijdschrift voor geschiedenis*, t. I, 1979, p. 11-45 ; J. Bartier *et al.*, *1848, les utopismes sociaux : utopie et action a la veille des journées de février*, Paris, SEDES-CDU, 1981 ; J. Bartier, *Libéralisme et socialisme au XIXe siècle. Études rassemblées par G. Cambier*, Bruxelles, Éditions de l'Université libre de Bruxelles, 1981 ; etc.

5 Sur Adolphe Bartels (1802-1862), voir : N. Wallez, *1838, La Belgique et les régions rhénanes. Une campagne « annexionniste » en 1838*, Bruxelles-Paris, G. Van Oest, 1918 (*Les Cahiers belges*, n° 14) ; A. Bolland, *Le procès de la Révolution belge : Adolphe Bartels*, Namur, Presses universitaires, 1977 ; etc.

l'*Éclaireur* de Namur, il investit la Belgique, au nom de sa constitution modèle, d'une mission européenne en faveur de la Liberté[6].

Pour faire face aux risques d'invasions française ou prussienne, il prône la création d'

> une ceinture de peuples libres, voilà le véritable rempart de la France [...] La fédération Belge-Rhénane reconstituerait sur une base homogène cette barrière contre l'ambition française, que le Congrès de Vienne s'était flatté de construire en organisant le Royaume des Pays-Bas, union contre nature qui devait se terminer par le plus éclatant divorce[7].

La stratégie qu'il promeut est celle de l'insurrection suite à laquelle la Prusse ne pourrait plus qu'accepter la nouvelle union. Il voit un profond motif d'encouragement dans les « sympathies que nourrissent à notre égard les populations rhénanes »[8]. À travers ce plaidoyer, aux relents nationalistes, c'est bien une expansion belge vers le Rhin qu'imagine l'auteur au moment où, sur le plan économique, elle est déjà une réalité[9].

Si cette initiative fut vouée à l'échec, elle s'inscrivait dans la même logique que quelques projets défendus par les diplomaties européennes. À la fin des guerres de l'Empire, en 1813, un *memorandum* du cabinet anglais évoqua l'intérêt de former à partir de ces ensembles un État intermédiaire solide[10]. Le même projet aurait été discuté dans des correspondances diplomatiques entre Bruxelles et Paris aux lendemains de la Révolution de 1830.

Quelques semaines après son échec, Bartels appelait, dans *Le Belge*, à soutenir un mouvement populaire contre la cession du Limbourg et du Luxembourg[11]. Ces appels à la lutte armée contre le « morcellement » de la Belgique lui valurent un séjour en prison.

---

6 « Quoiqu'on dise ou qu'on pense de notre État naissant, et des abus irréparables de l'administration publique, il n'en est pas moins vrai que notre constitution est un modèle que l'Europe entière peut nous envier. Ricanement à part, qu'on nous cite dans le monde entier un pays plus libre que le nôtre. Sans clubs, sans intrigues, sans émissaires, nous exerçons ainsi en Europe la double propagande de la liberté civile et religieuse », in A. Bartels, *De la fédération Belge-rhénane*, Bruxelles, 1848, p. 7.

7 *Ibid.*, p. 10.

8 *Ibid.*, p. 9.

9 J.-C. Boogman, « Achtergronden en algemene tendenties van het buitenlands beleid van Nederland en Belgïe in het midden van de XIXe eeuw », in *Bijdragen en Mededeligen van het Historisch Genootschap*, t. LXXVI, 1962, p. 61.

10 R. de Briey, *Sens de la guerre*, Bruxelles, Charles Dessart, 1946, p. 115. Il s'agit d'une réédition, l'ouvrage ayant été écrit juste après la Première Guerre mondiale.

11 L'épisode est raconté dans C. Poplimont, *La Belgique depuis 1830*, Bruxelles, Imprimerie Labroue, 1848, p. 569-570.

À un moment, il reçut le soutien de Louis de Potter[12], l'un des héros du libéralisme belge puis du gouvernement provisoire[13]. Le même de Potter défend, en mars 1838, l'idée d'un rapprochement avec la Hollande dans le cadre, là encore, d'une fédération républicaine. S'y joindraient plus tard, espérait-il, les provinces rhénanes, le Luxembourg et même certains territoires du nord-est de la France. Ce projet imprécis de « pacte fédéral », soutenu par l'un des chantres de l'indépendance belge, fut la cause de sa disgrâce auprès des démocrates belges.

La perception d'une ipséité à valoriser par ces petits États n'est pas l'apanage exclusif des démocrates belges. Au hasard des crises qui menacent l'intégrité belge, d'autres voix s'élèvent pour prôner également le principe de l'union. En 1840, le danger français s'exprime par une politique commerciale agressive visant à empêcher l'expansion du Zollverein et à conclure une union douanière avec la Belgique[14]. Par ailleurs, dans le cadre de la crise d'Orient, la France s'isole des autres puissances. En Belgique, ces craintes face au comportement du puissant voisin débouchent sur une levée de boucliers de la presse[15]. Dans *De la Belgique en cas de guerre*, Joseph Grandgagnage[16], juriste et homme de lettres, examine l'attitude à adopter par le royaume de Belgique au cas où la guerre se déclarerait. Il entrevoit « Une combinaison, fondée sur la neutralité [...] Il s'agit d'une alliance entre tous les États secondaires, alliance qui aurait pour objet une déclaration commune de neutralité mutuellement garantie »[17]. L'auteur évoque la Belgique, la Hollande et quelques États allemands du Rhin. Bien que le concept de fédération soit abandonné au profit de l'alliance défensive, la réflexion sous-jacente semble similaire.

Dans les années 1840, Bruxelles accueille de nombreux exilés d'Europe et devient un lieu de rencontre pour la démocratie européenne.

---

12 Sur Louis de Potter (1786-1859), voir : E. Van Turenhoudt, *Louis de Potter, Un philosophe au pouvoir*, Bruxelles, Charles Dessart, 1946.

13 À propos de ce soutien, voir Bibliothèque Royale – Correspondance De Potter : Lettre de Jottrand, 22 mai 1839.

14 G. Mölken, *La Belgique dans ses rapports avec la France et l'Allemagne relativement à l'adoption des droits différentiels par le Zollverein (traduction de l'allemand)*, Bruxelles, 1846.

15 Les tensions ne seront apaisées qu'à la signature d'un traité commercial entre les deux pays le 16 juillet 1842. Sur ces questions, voir : H.-T. Deschamps, *La Belgique devant la France de Juillet, l'opinion et l'attitude française de 1839 à 1848*, Paris, Les Belles Lettres, 1948.

16 Sur François-Joseph Grandgagnage (1797-1877), voir B. Douxchamps-Lefèvre, « J. Grandgagnage », in *Nouvelle Biographie nationale*, t. 2, Bruxelles, Académie royale des sciences, des lettres et des beaux-arts de Belgique, 1990, p. 208-210.

17 J. Grandgagnage, *De la Belgique en cas de guerre*, Bruxelles, Librairie polytechnique, 1840, p. 11.

Au cœur de ces réseaux de démocrates, le principe d'une fédération se fortifie et prend une dimension plus internationale. Les échanges féconds entre radicaux belges et exilés polonais, italiens ou socialistes français doivent être mentionnés car ils contribuent à préciser les réflexions belges sur l'avenir européen[18].

D'ambitieux projets de fédération réapparaissent ainsi dès 1846 dans le journal radical le *Débat Social, organe de la démocratie*[19]. Bartels y reparle de fédération belge-rhénane mais d'autres, poussés par l'élan libéral, vont plus loin. Parmi eux, Lucien Jottrand[20] se profile comme le leader d'un mouvement républicain international qui se coordonne. En septembre 1847, le *Congrès économique international* de Bruxelles, où les interventions de Jottrand sont remarquées, réunit de nombreux libéraux européens. À la fin du même mois est fondée l'*Association Démocratique ayant pour but l'union et la fraternité de tous les peuples* dont Jottrand prend la présidence. Son vice-président est un certain Karl Marx[21]. Cet organe de coordination, qui recueillit l'affiliation de sociétés démocratiques belges et étrangères, apparaît alors comme le quartier général de la démocratie européenne[22]. À sa tête, Jottrand mena une importante action de propagande en faveur d'une fédération d'États en

---

18 Sur les relations entre radicaux belges et proscrits, polonais, il existe une étude très précieuse : I. Godderis, « Pour la liberté polonaise ou belge ? Radicaux belges et proscrits polonais, 1830-1870 », in *Slavica Gandensia*, t. 34, Gand, 2007, p. 53-82. Sur les contacts avec les exilés italiens, de nombreuses études peuvent être consultées. Elles sont mentionnées dans A. Peters, « Belgique et Piémont (1830-1858) », *op. cit.*, p. 179 et suiv. Le séjour à Bruxelles, en 1845, du fouriériste Victor Considérant, auteur *Des Congrès européens*, en 1839, et *De la politique générale et du rôle de la France en Europe*, en 1840, est exemplaire et bien connu : voir E. Discailles, « Le socialiste français Victor Considérant en Belgique », in *Bulletin de l'Académie royale de Belgique*, 1895, p. 705-748 ; plusieurs articles du *Débat Social* évoquent ce sujet en novembre 1845.

19 Le *Débat Social* est fondé le 1er juillet 1844 par Lucien Jottrand, les frères Alexandre (1810-1850) et Félix (1809-1898) Delhasse et Adolphe Bartels, à une époque, où la question sociale apparaît au premier plan. Ce journal est décrit comme « [...] la feuille la plus importante du radicalisme belge au cours des années quarante. », in R. Demoulin, « De la presse radicale aux premiers organes ouvriers », in *La Presse Ouvrière 1819-1850*, *Bibliothèque de la Révolution de 1848*, t. XXIII, 1966, p. 196. Le journal disparaît en novembre 1849.

20 Sur Lucien Jottrand (1804-1877) voir A. Peters, *Lucien Jottrand et l'Europe médiane*, *op. cit.*

21 Les deux hommes se brouillent à plusieurs reprises avant l'expulsion de Marx en février 1848 : T. Basyn, « Karl Marx à Bruxelles », in *Revue Générale*, novembre 1927, p. 584-602 ; E. De Maesschalck, *Karl Marx in Brussel (1845-1848)*, s.l., 1983.

22 On y retrouve des Anglais (mouvement Chartiste, *Fraternel democrats*, ...), des socialistes français, quelques Hollandais, de nombreux libéraux anti-prussiens, etc. Voir F. Sartorius, « L'Association Démocratique », in *Socialisme*, t. 135, 1976, p. 1-19 et t. 136, p. 1-17.

Europe. Elle est bien connue depuis une étude de 1968[23]. Le 28 octobre 1847, l'Association démocratique adopte un programme en douze points qui définit les principes de base d'un régime démocratique. Le dernier de ces points porte sur l'avènement, *in fine*, d'une « Fédération de l'Europe fondée sur la communauté du principe générateur de la souveraineté du peuple et de ses conséquences générales, sur leur garantie réciproque entre les diverses familles de la nation européenne ; sur une liberté absolue du commerce et sur une entière égalité des rapports »[24].

Sur le théâtre belge, Jottrand se profile comme le « chef du gouvernement républicain à organiser à Bruxelles »[25]. Il n'a pourtant, contrairement à certains de ses amis politiques, ni cautionné ni soutenu la tentative d'invasion belge de mars 1848. Entrée dans l'histoire sous le nom d'Affaire de Risquons-Tout, elle visait l'instauration d'une république[26]. Après les premiers échecs révolutionnaires, ses efforts se concentrent sur un projet de fédération entre la Belgique, la Hollande et les États rhénans. On sait que ce projet belge reçut quelque soutien en Hollande et, plus encore, dans les États rhénans[27].

Après 1848, le radicalisme belge est discrédité et l'essentiel de ses membres met fin à l'action politique. Ce groupe désagrégé ne sera plus le porteur d'une vision singulière de l'avenir européen. Appartenant au même contexte du Printemps des Peuples, d'autres germes d'européisme peuvent être identifiés. Ceux-ci sont alimentés par le mouvement pacifiste d'origine anglo-américaine, qui se profile – via, entre autres, le concept d'États-Unis d'Europe – comme le porte-voix d'un embryon de mouvement européen[28]. La contribution belge dans ce domaine est assez

---

23 H. Strijpens, « Lucien Jottrand, republikein, flamingant en propagandist van de federatieve staten van Europa », Thèse de doctorat, Université de Gand, 1968.

24 Voir *ibid.*, p. 88.

25 « Lettre du Baron Wilmar à M. d'Hoffschmidt », in A. De Ridder, *La crise de la neutralité belge en 1848*, Bruxelles, Académie royale des sciences, des lettres et des beaux-arts de Belgique, 1928, p. 257 (Commission royale d'histoire. Publications in octavo, 37).

26 Jottrand s'était prononcé pour une république belge dans un article du 1er mars 1848, dans le *Débat Social* : *La crise et les moyens d'en sortir*. Sur cette affaire de Risquons-Tout : L. Maes, *L'affaire de Risquons-Tout*, Mouscron, Éditions du Terroir, 1935.

27 Dans l'atmosphère très mouvementée de 1848, alors que le roi Frédéric Guillaume IV est très violemment critiqué, plusieurs villes rhénanes adressent des messages de sympathie et d'admiration à la Belgique. R. de Briey évoque même l'envoi d'une délégation rhénane à Bruxelles dont le but était de créer un « empire belgo-rhénan sous le sceptre de Léopold Ier » (R. de Briey, *Sens de la Guerre*, *op. cit.*, p. 135).

28 P. Renouvin, « L'idée d'États-Unis d'Europe pendant la crise de 1848 », in *Actes du Congrès historique du centenaire de la Révolution de 1848*, Paris, PUF, 1948, p. 31-45.

méconnue. En septembre 1848, un Congrès des Amis de la Paix universelle est organisé à Bruxelles[29]. Il s'agit d'une première sur le continent européen. Un second Congrès des sociétés anglo-américaines des Amis de la Paix aura lieu, en 1849, à Paris. L'avocat belge Louis Bara[30] y présente un mémoire, qui sera couronné, intitulé *La Science de la Paix*[31]. Une profonde réforme de la justice internationale permettant la création d'une confédération européenne y est envisagée. Cette confédération est considérée comme le plus sûr des gages de paix[32]. Mais, le déséquilibre trop marqué entre les puissances rend impossible la construction de cette confédération :

> L'idée d'union parfaite implique l'idée d'égalité des membres unis, et de nos jours, la plus grande dissemblance existe entre les diverses nations : les unes sont d'une puissance immense, habituées à dominer, gonflées d'orgueil ; d'autres sont faibles et sans autre puissance que le droit, trop souvent primé par la force[33].

Bara prône, dès lors, une refonte utopique de la carte de l'Europe : morcellement des grandes puissances et regroupement des petits États dans des confédérations intermédiaires.

II. Pour l'union des États secondaires (1850-1870)

Le début des années 1850, surtout après l'avènement du Second Empire, ravive en Belgique le spectre d'une invasion française[34]. En 1852, une polémique éclate suite à la sortie d'un pamphlet annexionniste, *Les limites de la France* – œuvre du Français Le Masson – qui développe la thèse des frontières naturelles. Les auteurs belges y répondent vigoureu-

---

29 Preuve de la perméabilité des réseaux, on trouve, dans le comité d'organisation de ce Congrès, certains radicaux influents : l'Inspecteur général des prisons Édouard Ducpétiaux (1804-1868) et l'ingénieur et économiste Adolphe Lehardy de Beaulieu (1814-1894). Voir *Congrès des amis de la paix universelle, réuni à Bruxelles, en 1848, séances des 20, 21 et 22 septembre*, Bruxelles, 1849.

30 Sur Louis Bara (1821-1857), voir N. Lubelski-Bernard, « Louis Bara », in *Biographie nationale*, t. 43, Bruxelles, Académie royale des sciences, des lettres et des beaux-arts de Belgique, 1983-1984, p. 33-40 ; G.B. Devos, *La science supranationale de Louis Bara*, Courtrai-Bruxelles, Vermaut, 1953.

31 L. Bara, *La science de la paix : programme : Mémoire couronné, à Paris, en 1849 par le Congrès des sociétés Anglo-américaines des amis de la* paix, Paris, Sandoz, 1872, 251 p.

32 « Partout où une confédération s'est établie, une première paix a régné entre les divers peuples dont elle était composée », in *ibid.*, p. 132.

33 *Ibid.*, p. 133.

34 M. Huisman, « Le problème de la sécurité de la Belgique et des Pays-Bas à l'avènement du Second Empire », in *Revue de l'Université Libre de Bruxelles*, t. 3, février-mars 1928, p. 1-39.

sement. Charles Potvin[35], par exemple, dans son *Appel à l'Europe, Réponse aux limites de la France*, exhorte les Puissances à garantir militairement l'existence de la Belgique. Plus intéressant encore, il affirme que la lutte qui s'annonce va peut-être permettre la réalisation d'un ambitieux projet : « Si elle peut aboutir à former un grand État fédératif, composé de la Belgique, de la Hollande, et s'il est possible, des provinces rhénanes, la Belgique et ses frères du Nord et de l'Est auront beaucoup gagné »[36].

On le voit, la fédération tripartite, envisagée plus tôt, est épinglée comme solution au problème de la sécurité belge. Mais les craintes liées à l'impérialisme français et, plus globalement, l'évolution géopolitique de l'Europe vont générer de nouvelles aspirations, plus audacieuses, chez les auteurs belges. C'est encore Lucien Jottrand, qui a quitté la scène politique, qui les exprime le plus explicitement. Dans un ouvrage de 1852, il se livre, lui aussi, à un réquisitoire contre une France chargée de tous les maux[37]. Quelques mois plus tard, il effectue un voyage *D'Anvers à Gênes par les pays rhénans, la Suisse et le Piémont*. Il en publiera un récit dans lequel il développe une nouvelle vision de l'avenir de l'Europe. Elle est à la fois atypique mais aussi ancrée dans sa génération.

Dans ce livre, il développe la thématique des États tampons situés entre les blocs germanique et français, véritable lieu commun d'une certaine littérature belge[38]. De ces États d'entre-deux – Pays-Bas, Belgique, Pays rhénans, Suisse et Piémont –, Jottrand décrit le rôle séculaire de médiation entre ces deux blocs antagonistes et de civilisation :

> Notre Belgique n'est que le premier anneau d'une chaîne de petits pays que la Providence, bien avant les traités politiques, a tendue, de l'Océan à la Méditerranée, entre des pays plus grands, condamnés, dirait-on, à une rivalité éternelle [...] La mission de la chaîne consiste principalement à séparer les forces matérielles et purement brutales qui se menacent et se provoquent sans cesse, et à infiltrer peu à peu dans ces masses l'intelligence politique qui leur fait encore défaut[39].

---

35 Sur Charles Potvin (1818-1912), voir G. Vanwelkenhuyzen, « Charles Potvin », in *Biographie nationale*, t. 34, Bruxelles, Académie royale des sciences, des lettres et des beaux-arts de Belgique, 1968, p. 664-670.

36 C. Potvin, *Appel à l'Europe, Réponse aux limites de la France*, Bruxelles, p. 71.

37 L. Jottrand, *Londres au point de vue belge*, Bruxelles-Gand-Leipzig, C. Muquardt, 1852.

38 Entre autres exemples du XIXe siècle : L. Trasenster, *La Belgique et l'Europe ou la frontière du Rhin*, Liège, 1860 ; L. Arendt, *Les petits États dans la situation actuelle de l'Europe*, Bruxelles, 1862 ; etc.

39 L. Jottrand, *D'Anvers à Gênes, par les Pays rhénans, la Suisse et le Piémont*, Bruxelles, 1854, p. V et 10.

La solidarité historique qui unit les États de cette chaîne est longuement évoquée. Mais les évolutions politiques récentes sont également déterminantes de cette pensée. En effet, l'union qu'il propose apparaît comme une réponse à la théorie des frontières naturelles. Par ailleurs, suite aux réformes menées en Suisse et au Piémont, entre 1847 et 1849, l'Europe du Centre est devenue le phare des libertés européennes. L'Angleterre et les États-Unis apparaissent comme ses alliés naturels. À ce sujet, évoquant la réalisation d'un tronçon de chemin de fer au Piémont, Jottrand s'émerveille :

> Alors seront complétés tous les instruments matériels nécessaires à la grande politique anglo-saxonne, qui soutient, dans nos temps modernes, cette ligue immémoriale et providentielle de petits peuples, dont nous avons déterminé la mission en commençant ces « études » [...] d'Anvers à Gênes, l'Océan et la Méditerranée seront désormais en communication[40].

L'indispensable stabilité de l'Europe passe par la réalisation d'une « Europe de la chaîne » dans laquelle la place de la Belgique serait valorisée. À propos de la forme à donner à cet ensemble, l'auteur évoque la constitution d'une « fédération des peuples du centre ». Sa vocation est de préfigurer l'union future de l'ensemble de l'Europe. Lorsqu'il s'agit de préciser les modalités de ce projet fédéraliste, Jottrand reste très vague, se contentant d'espérer l'importation des « institutions américaines » ou encore un « système fédératif sincère ». Dans son œuvre littéraire, Jottrand n'a donc guère donné de contenu théorique à la fédération qu'il appelle de ses vœux. L'approfondissement théorique fut sans doute plus tardif mais n'apparaît pas dans les sources. À cet égard, son amitié avec le théoricien français Pierre-Joseph Proudhon, avec qui il s'accorde « sur les mouvements de l'histoire et l'avenir de l'Europe »[41] doit être évoquée. Il est évident que leurs discussions les menèrent au fédéralisme que Proudhon théorise dans son œuvre majeure de 1863, *Du Principe Fédératif*[42].

Les questionnements de Jottrand illustrent la position délicate des petites puissances européennes dans la première moitié des années 1850. Jottrand dépasse ce constat en plaidant pour la fédération. À cet égard, il est intéressant de constater que la politique extérieure de la Belgique manifeste, à travers plusieurs exemples, un souci de rapprochement interétatique. Il se concrétise, en 1851, par la signature d'un traité

---

40 *Ibid.*, p. 338.

41 « Lettre de Proudhon à Jottrand, 23 octobre 1864 », in *Correspondance de Pierre-Joseph Proudhon (1809-1865)*, Paris, Langlois, 1875, t. 14, p. 209.

42 Après plusieurs séjours de courte durée, Proudhon s'établit à Bruxelles en 1858. J. Bartier, « Proudhon et ses amis belges », in *Libéralisme et socialisme au XIXe siècle*, *op. cit.*, p. 22.

commercial avec le Piémont-Sardaigne, ou encore en 1852, par la discussion d'un projet d'alliance défensive avec la Hollande[43].

Mieux encore, dans la situation qui précède la guerre de Crimée, des diplomates américains tâchent de convaincre plusieurs gouvernements européens de l'intérêt de constituer une *Ligue des Neutres*. Henri De Brouckère, envoyé extraordinaire du gouvernement belge en Italie, en 1852, fut le témoin de cette initiative américaine[44].

À l'aube de 1855, cette solidarité de fait est toutefois menacée : des rumeurs annoncent, en effet, la participation du Piémont, puissance secondaire, à l'alliance franco-anglaise en Crimée[45]. Dans ce contexte, Gustave de Molinari[46], autre ami belge de Proudhon, réagit en exhortant les puissances secondaires à la prise de conscience et à l'action. Après un premier long séjour en France, cet économiste né à Liège revient en Belgique au début des années 1850 et fondera *L'Économiste belge* (1855). À travers plusieurs articles d'avril 1855, il s'y prononce, aux fins de promouvoir la paix, en faveur d'un droit d'intervention dans les conflits et d'une affirmation des petits États : « La paix du monde serait beaucoup plus efficacement sauvegardée si les États secondaires prenaient une part plus active à la politique générale, s'ils s'entendaient pour tenir une conduite conforme à leurs intérêts dans les crises qui affligent périodiquement l'Europe »[47].

Les Puissances ayant échoué, c'est désormais aux États secondaires que revient la mission de construire la paix en Europe[48].

---

43 Sur les relations belgo-piémontaises entre 1850 et 1855, voir A. Peters, « Belgique et Piémont (1830-1858) », *op. cit.*, p. 69-75 ; Sur le projet d'alliance avec la Hollande, à laquelle serait associée l'Angleterre, voir Huisman, « Le problème de la sécurité de la Belgique », *op. cit.*, p. 505.

44 L'épisode est raconté dans V.E. Giuntella, « L'intervento piemontese in crimea e la neutralità del Belgio », in *Rassegna storica del Risorgimento*, t. XXXIX, 1952, p. 593.

45 Ces rumeurs mettent en émoi les puissances mineures d'Europe. Certains journalistes ou publicistes belges souhaiteraient que le Piémont, État proche de la Belgique à bien des égards, se lie avec d'autres pays neutres qui assureraient la paix en Europe.

46 Sur Gustave De Molinari (1819-1912), voir l'article biographique rédigé par son successeur, Y. Guyot, dans le *Journal des Économistes*, t. XXXIII, février 1912, p. 177-192.

47 « Du rôle politique des États secondaires », in *L'Économiste belge*, 5 avril 1855.

48 *Ibid.* : « Supposons maintenant que les États secondaires, qui ont abandonné jusqu'à présent aux grandes puissances la direction exclusive de la politique générale de l'Europe ; Supposons que les États secondaires qui jouent dans la grande communauté d'intérêts des peuples civilisés, le rôle des petits actionnaires que l'on exclut de toute participation au gouvernement de certaines compagnies industrielles, en arguant de l'insuffisance de leur apport, supposons, dis-je, que les États secondaires cessent d'être exclus de la direction supérieure de cette grande communauté, et voyons ce qui en résultera ».

Molinari va plus loin, il propose que « ces États se confédèrent pour agir conformément à l'intérêt commun ». Comme Jottrand, il voit dans cette confédération la première étape vers la construction d'une grande fédération européenne. Dans l'ensemble à constituer, Molinari ajoute le Royaume de Naples[49].

En 1860, après l'annexion de Nice et de la Savoie, de nouveaux encouragements à l'annexion sont lancés dans la presse française. G. de Molinari relancera à cette occasion son projet en réclamant « l'admission des États secondaires dans la direction générale des affaires de la communauté européenne »[50].

Après 1860, de Molinari poursuit sa carrière en France où il devient le chef de file de l'école des économistes libéraux. Il y produira une œuvre importante sur les principes du libre-échange et de l'union douanière considérés comme les meilleures garanties de relations internationales pacifiques.

Dans les années 1860, l'affirmation de la Prusse et les menaces d'un conflit avec la France fragilisent à nouveau les petits États voisins[51]. Dans ce contexte, Émile Banning[52], cheville ouvrière pendant près de 50 ans du département des Affaires étrangère, va proposer une réflexion très aboutie sur l'insertion et la vocation de la Belgique en Europe. Après des études à Liège et Berlin, il entre en 1863 au ministère des Affaires étrangères en qualité d'archiviste et rédige une série de mémoires. En 1866, il consacre une étude aux *Traités de 1815 et la Belgique* qui résume sa pensée[53]. À nouveau, le contexte de crise nourrit le propos. Après la victoire de Sadowa, on prête à Bismarck l'intention de proposer à Napoléon III l'annexion de la Belgique.

Dans cette étude, Banning s'attache d'abord à définir la nation belge en insistant sur le principe de la volonté nationale et son caractère très ancien. Pour lui, une famille belge existe dont les membres peuplent une vaste région qui va, *grosso modo*, de l'Escaut au Rhin. Relançant le combat de Bartels, l'auteur se prononce pour la rectification des traités signés à Vienne en 1815 dans le sens de l'indépendance des « six cantons belges » appartenant à la Prusse[54]. Les pays rhénans formeraient un

---

49 « Du rôle politique des États secondaires », in *L'Économiste belge*, 20 avril 1855.

50 « Des moyens de pacifier l'Europe », in *L'Économiste belge*, 5 août 1855.

51 C.A. Tamse, *Nederland en Belgïe in Europa (1859-1871). De zelfstandigheidspolitiek van twee kleine staten*, La Haye, Nijhoff, 1973.

52 Sur Émile Banning (1836-1898), voir : M. Walraet, *Émile Banning. Un grand belge (1836-1898)*, Bruxelles, Office de publicité, 1945.

53 É. Banning, *Les Traités de 1815 et la Belgique*, Bruxelles, G. Van Oest, 1919.

54 *Ibid.*, p. 64 : « La France a rendu depuis longtemps les dix cantons belges qu'elle obtint en 1814 ; la Prusse gardera-t-elle indéfiniment les siens ? Les intérêts de l'Europe et ceux de la Prusse elle-même exigent que dans sa nouvelle position cette

État indépendant qui s'intégrerait toutefois dans le système de neutralité belge. Cette revendication, justifiée par l'histoire, constitue la base de tout son projet européen. Aussi ancienne que la nation belge, la neutralité belge, glorifiée, apparaît comme une « garantie de paix pour l'Europe »[55].

Au-delà de ce projet d'expansion belge teinté de nostalgie lotharingienne, Banning appelle à la constitution d'« un groupe puissant d'États secondaires [...] entre les populations romanes et les populations germaniques » qui « tout en opérant le rapprochement et la fusion des races » deviendrait « le plus solide boulevard de la paix européenne »[56]. Belgique, Suisse, et Rhénanie sont les pierres angulaires de cette construction conçue comme le premier pas vers « [...] cette Confédération européenne que de grands génies politiques ont entrevue ou du moins espérée et qui peut-être n'est pas seulement un rêve philosophique »[57].

La fonction de Banning, architecte de la politique extérieure belge, renforce la portée de ces propos sur l'intérêt d'une union des puissances secondaires.

III. L'Europe comme refuge, la fédération comme palliatif : fondements de ces visions « nationalistes »

Ces propositions sur l'avenir européen, qui fleurissent entre 1830 et 1870, sont restées lettres mortes. Pour autant, elles participent à coup sûr d'un questionnement global sur l'équilibre et l'avenir européens. À ce titre, l'intérêt d'une étude comparative, s'étendant aux autres États secondaires, semble fondamental. Des auteurs suisses et hollandais rejoignent, en effet, les Belges sur le constat de la fragilité de leur position et même sur la volonté d'association[58]. En filigrane, un regard, une sensibilité propre aux petits États, s'expriment assurément. À cet égard,

---

dernière puissance occupe le moins de territoire possible sur la rive gauche du Rhin. Les six cantons belges, dont la majorité des habitants n'a pas oublié ses vieilles attaches, offrent sous ce rapport à la diplomatie européenne les éléments d'une rectification des traités de 1815, que la raison et l'histoire s'accorderaient à justifier ».

55 *Ibid.*, p. 24.

56 *Ibid.*, p. 70-71.

57 *Ibid.*, p. 25.

58 Voir par exemple : *Gedenschirften van den graaf Van der Duyn Van Maasdam en van den baron Van der Cappelen*, Amsterdam, 1853 ; T.M.C. Asser, *Het bestuur der buitelandse betrekkingen volgens het Nederlandsche staatsregt*, Amsterdam, 1860 ; E.W.F. Wittewaall van Stoetwegen, *Over de mogendheden van de zoogenaamden tweeden en derden rang*, Utrecht, 1864 ; P. Duprat, « La conjuration contre les petits États en Europe », in *Revue moderne*, t. XXXIX, 1866, p. 400-432 ; J. Huber-Saladin, *Les petits États et la neutralité continentale dans la situation actuelle de l'Europe*, Paris, 1866 ; etc.

1870 apparaît comme un tournant, symbolisé par le conflit franco-prussien et ses conséquences. À la géopolitique de l'instabilité qui est celle du concert européen en place depuis 1815, succède alors une logique d'alliances par laquelle les Puissances acceptent, *de facto*, l'existence d'États secondaires.

Le panorama de quarante ans de visions de l'Europe révèle parallèlement (mais non paradoxalement !) un ancrage dans le terreau du sentiment national belge. La volonté nationale, l'idée de la grandeur d'une Belgique à l'existence et à la neutralité séculaires, le culte de la constitution et des institutions libérales, la fierté liée au développement industriel, etc. en sont autant de manifestations constitutives. Le sentiment national est bien au cœur d'une démarche souvent gallophobe et expansionniste. Mais cet engagement national incite certains à rêver d'association[59]. Une lecture du phénomène montrant le dépassement de l'antagonisme nationalisme-européisme semble à ce sujet très convaincante[60]. Cette étude démontre, en effet, que les élans nationalistes belges ont engendré des discours européens.

Une mission civilisatrice s'impose à la Belgique pour rompre avec l'insécurité. Ce rêve sera forcément européen. Mais quelle est l'Europe rêvée par ces Belges ? L'association ou la fédération sont envisagées comme palliatifs à la crise des relations internationales au sein du refuge Europe. Pragmatiquement, on pense qu'elle se fera en deux temps. L'épithète fédéraliste est mobilisée, surtout avant 1848. Les démocrates recourent systématiquement à ce vocable qui semble surtout « fédérateur ». Il représente un idéal : celui de l'opposition à la centralisation et de l'union efficace de républiques démocratiques. Mais de théoriciens, il n'est jamais question. À partir de 1850, au moment où le groupe des États secondaires s'agrandit, le terme de fédération est, d'ailleurs, progressivement délaissé au profit de l'union ou de l'alliance.

IV. Un siècle plus tard : l'héritage de ces visions d'Europe

La question de l'héritage de cette pensée européenne originale trouve une réponse symptomatique au XXe siècle quand naît, au sein des milieux nationalistes belges, la volonté de réhabiliter ces textes, considérés comme pionniers, de Bartels, Jottrand ou Banning.

Dans la foulée du Premier conflit mondial, Renaud de Briey et Pierre Nothomb, figures bien connues du nationalisme belge, s'illustrent par

[59] On peut considérer les projets de 1847-1848 comme une exception dans la mesure où ils échappent davantage à la logique des nationalités.

[60] J.-B. Duroselle, *L'idée d'Europe dans l'Histoire*, Paris, Denoël, 1965, p. 211-212.

cette démarche[61]. Le premier, dans *Sens de la Guerre*, rend hommage à Bartels, Banning et, dans une moindre mesure, Jottrand. Le second édite l'œuvre de Banning *Les traités de 1815 et la Belgique*, tant pour la sauver de l'oubli que pour en démontrer l'actualité. L'auteur de la théorie de l'*Europe naturelle* apprécie également l'œuvre d'un Jottrand qu'il contribue à faire revivre dans les milieux nationalistes belges[62]. Ce dernier sera surtout mis à l'honneur par François Drion du Chapois. En 1949, dans *L'Europe médiane vue par Lucien Jottrand*, il introduit et publie les œuvres principales de l'ancien démocrate qui sont considérées comme « un monument dédié à la patrie »[63]. À propos de *D'Anvers à Gênes*, il estime que « La grande théorie de l'Europe médiane s'y trouve développée »[64].

Dans *La Vocation européenne des Belges*, Drion présentera, en s'appuyant sur l'héritage de Jottrand, sa grande théorie de l'Europe médiane[65]. Cette dernière apparaît, d'abord, comme une réalité géographique nourrie des vieux rêves bourguignons et lotharingiens. Elle correspond à un vaste système fluvial reliant la mer du Nord à la Méditerranée (Escaut, Meuse, Rhin, Rhône et Pô). Son histoire est marquée par des efforts de construction européenne mais aussi par des agressions constantes dont les auteurs sont la France et l'Allemagne. Au cœur de cet ensemble providentiel, puisqu'elle conserve les traits fondamentaux de la civilisation européenne, la Belgique doit contribuer à la construction européenne qui préoccupe l'après-guerre.

Au-delà des différences majeures qui distinguent les textes du Siècle des Nationalités de ceux du XXe siècle, le clin d'œil de l'histoire est frappant : des penseurs de droite, chantres du conservatisme, font d'une frange de radicaux du XIXe siècle, farouches défenseurs de la démocratie, leurs inspirateurs. Mais finalement ce qui rapproche ces deux générations, c'est un dévouement total aux destinées de la Belgique[66].

---

61 Sur l'européanisme de ces deux nationalistes belges, voir G. Duchenne, *Esquisses d'une Europe nouvelle*, *op. cit.*, p. 136 et suiv. ; voir également le numéro spécial : « Pierre Nothomb et le nationalisme belge », in *Cahiers de l'Académie luxembourgeoise*, t. 8, Arlon, 1980.

62 P. Nothomb, « L'Europe naturelle », in *Revue générale Belge*, mars 1952, p. 695-705 ; P. Nothomb, *L'Europe naturelle*, Paris, Éditions universitaires, 1960.

63 F. Drion du Chapois, *L'Europe médiane vue par Lucien Jottrand, extraits des œuvres de Jottrand introduits et commentés par Drion du Chapois*, Bruxelles, Éditions universitaires, s.d. [1949].

64 *Ibid.*, p. 38.

65 F. Drion du Chapois, *La vocation européenne des Belges*, Bruxelles, Éditions universitaires, 1958. Sur cet auteur : A. Peters, *Lucien Jottrand et l'Europe médiane*, *op. cit.*

66 J.-B. Snoy et d'Oppuers, « Le baron Drion du Chapois : l'homme et ses idées », in *Publication du Centre européen d'études burgondo-médianes*, t. 27, 1987, p. 6.

L'objectif d'une Europe unie et pacifiée les motive tout autant que la perspective d'un rôle central pour la Belgique dans celle-ci.

Pour conclure, sous l'angle de l'étude des identités, qu'elles soient régionale, nationale ou européenne, et du fédéralisme, une transition majeure semble distinguer la génération de 1830 des générations du siècle suivant. Pour la première, l'Europe et sa fédération apparaissent comme une solution à la question de la sécurité de la Belgique. Les secondes envisagent davantage l'Europe et le fédéralisme comme une solution à la question de l'identité de la Belgique. Une figure comme celle de Jules Destrée illustre bien cette évolution encore perceptible aujourd'hui[67].

[67] G. Duchenne « La pensée européenne du socialiste Jules Destrée : un internationalisme européen », in *Annales d'études européennes de l'Université catholique de Louvain*, vol. 5, Bruxelles, Bruylant, 2001, p. 21-45.

SECONDE PARTIE

AUTOUR DE 1930

L'idée européenne en Hongrie entre les deux guerres

Gergely FEJÉRDY

Maître de conférences à l'Université catholique Pázmány Péter et professeur invité au Département des études internationales à l'Université Corvinus (Budapest)

À la suite de la Première Guerre mondiale et de la dissolution de l'Empire austro-hongrois, le Royaume de Hongrie est devenu souverain du point de vue du droit international, mais a perdu deux tiers de son territoire historique. Les frontières établies par les traités de paix dans la région d'Europe centrale et orientale ont fait immédiatement surgir des problèmes économiques, ethniques et de sécurité. Elles n'étaient donc pas acceptables pour des Hongrois, très mal préparés à cet évènement. Entre les deux guerres, l'élite politique et intellectuelle hongroise s'est donc donné comme tâche principale : de promouvoir, sous n'importe quelle forme, la révision des décisions prises à Versailles ; de trouver un *modus vivendi* ; et d'analyser les causes de ce nouvel ordre dans le bassin du Danube. C'est principalement en réponse à ces questions que se sont développées en Hongrie les réflexions sur une Europe unie, dans les années 1920 et 1930.

La grande majorité de l'élite hongroise considérait le traité signé en 1920 dans le Grand Trianon de Versailles comme fondamentalement injuste, et demandait avec insistance sa révision. Elle insistait sur le « privilège historique » des Hongrois, leur supériorité culturelle, leur aptitude particulière en matière d'administration, leur mission civilisatrice dans le bassin du Danube et mettait en avant la « théorie de l'État de Saint Étienne », c'est-à-dire la tolérance, depuis toujours, de la Hongrie vis-à-vis des minorités ethniques[1]. Cette approche a créé des illusions et des espérances infondées dans de très larges cercles de la société hongroise. Mais surtout, elle a fait obstacle à la mise en œuvre

---

[1] I. Romsics, *Helyünk és sorsunk a Duna medencében,* [Notre place et notre sort dans le Bassin du Danube], Budapest, Osiris, 1996, p. 334-335.

concrète des idées de coopération régionale ou européenne qui surgissaient parallèlement. Celles-ci existaient déjà avant la Première Guerre mondiale : il suffit de citer les noms de Miklós Wesselényi, Lajos Kossuth, Mihály Táncsis, László Teleki, József Eötvös, ou Oszkár Jászi. Après 1920, dans le contexte de la création de la SDN, elles ont trouvé un écho de plus en plus fort en Hongrie.

Les hommes politiques et intellectuels hongrois étaient tout à la fois séduits par les idées fédéralistes et les projets d'alliance régionale. Dès 1919, il était question d'une alliance étroite entre la Roumanie et la Hongrie, avec l'espoir d'un soutien italien. Ce plan prévoyait même entre les deux États une « union personnelle » à laquelle il était prévu d'adjoindre la Pologne. Ce projet prévoyait, sur le modèle de la Monarchie austro-hongroise, un unique souverain pour les États concernés, et la conduite en commun de la politique étrangère, de l'armée, du système monétaire, et des douanes. Y figurait la Transylvanie comme un troisième État indépendant en union avec la Hongrie et la Roumanie. Si parallèlement, l'idée d'une étroite collaboration entre les Hongrois, les Slovaques et les Polonais avait aussi été évoquée, les négociations ont très vite échoué[2]. À l'origine de ces idées, on retrouve des hommes politiques, très influents à cette époque, originaires de Transylvanie, tels que le comte Bethlen István (1874-1946) et le comte Pál Teleki (1879-1941), tous les deux plus tard Premier ministre de Hongrie[3]. L'objectif principal était naturellement, sous une forme ou sous une autre, la révision des frontières ainsi que la résolution des problèmes ethniques de l'Europe centrale, mais la sécurité et l'économie y jouaient également un grand rôle. Durant la période de l'entre-deux-guerres, Bethlen comme beaucoup d'autres hommes politiques hongrois considéraient l'expansion russe et allemande vers le Bassin du Danube comme un danger réel pour l'équilibre européen, et naturellement pour la Hongrie.

La signature du traité de paix, les deux *putschs* du roi Charles Ier d'Autriche[4] et la création de la Petite Entente ont très vite montré qu'une coopération étroite dans la région, incluant la Hongrie, n'était pas réalisable au lendemain de la Grande Guerre. La rivalité entre les nou-

---

2 *Ibid.*, p. 142-158.

3 I. Romsics, *Bethlen István*, Budapest, Osiris, 1999, p. 130-135 et p. 138-140, voir également du même auteur, « Regionalizmus és Európa-eszme a 19-20. századi magyar politikai gondolkodásban », [Régionalisme et idée européenne dans la pensée politique hongroise aux XIXe et XXe siècles], in *Tanulmány kötet a 60 éves Gebei Sándor tiszteletére, Acta Academiae Pedagogicae Agriensis Sectio Historiae*, t. XXXIV, 2007, p. 328.

4 Cf. M. Ormos, *« Soha amíg élek ! » – Az utolsó koronás Habsburg puccskíséreletei 1921-ben*, [Jamais tant que je vis ! Les tentatives de putsch du dernier Habsbourg couronné en 1921], Pécs, Pannónia Könyvek, 1990.

veaux États souverains, motivée généralement par le nationalisme, a pris en effet le dessus sur la rationalité de toute coopération économique et politique[5]. À partir de 1920, les marges de manœuvre de la Hongrie sont extrêmement restreintes sur la scène internationale. Après la ratification des traités de paix, le pays a ainsi été placé sous le contrôle militaire des grandes puissances jusqu'en 1927 ; et à partir de 1924, sous le contrôle financier de la Société des Nations (SDN), pour lui permettre de bénéficier d'emprunts internationaux. Au milieu des années 1920, pour certains milieux hongrois, une coopération étroite entre les pays européens apparaissait donc comme la seule issue à l'ensemble des difficultés politiques et économiques que traversait la Hongrie.

Les réflexions hongroises prévoyaient principalement la création d'une communauté économique au niveau régional. La complémentarité des productions industrielles et agricoles, le réseau ferré et enfin l'artère commerciale naturelle constituée par le Danube des anciens territoires de l'empire des Habsbourg constituaient la base de ces idées[6]. Parmi les penseurs de cette union économique de l'Europe centrale, Elemér Hantos (1881-1942)[7] a sans doute été le plus réputé. Ancien sous-secrétaire d'État au Commerce en 1916, il a fait des études de droit à l'université de Budapest, de Leipzig, de Paris, de Cambridge et d'Oxford. Avocat, il s'est ensuite intéressé aux problèmes monétaires qui lui ont permis plus tard de participer activement au travail de la SDN. Il est notamment devenu rapporteur de la Commission économique de cette organisation internationale en 1924.

C'est en 1923, dans les pages du *Neue Freie Presse* de Vienne, que Hantos a présenté pour la première fois ses idées relatives à une union économique en Europe centrale[8]. Il a continué à faire connaître ses idées plus tard, dans une série de publications[9] et d'interventions[10], à travers

---

5 É. Bóka, *Európai egységgondolat fejlődéstörténete*, [L'évolution de l'idée de l'unité de l'Europe], Budapest, Napvilág, 2001. p. 160.

6 Voir notamment : C. Horel, « La pensée fédéraliste en Hongrie », in M. Petricioli et D. Cherubini (dir.), *Pour la paix en Europe, Institutions et société civile dans l'entre-deux-guerres*, Bruxelles, PIE Peter Lang, 2007, p. 213.

7 Cf. L. Pallai, « Hantos Elemér, a közép-európai Coudenhove-Kalergi » [Elemér Hantos, le Coudenhouve-Kalergi de l'Europe-centrale], in L. Püski *et al.* (ed.), *Politika, gazdaság, és társadalom a XX. századi magyar történelemben*, vol. 2, Debrecen, KLTE Történelmi Intézet Új-és Legújabbkori Magyar Történelmi Tanszéke, 2000, p. 321-328 ; I. Németh, « Európa tervek és magán Európa-szervezetek az 1920-as években » [Projets européens et organisations européennes privées dans les années 1920], in *Világtörténet*, Budapest, MTA, 2003, p. 120-126.

8 I. Németh, *Európa-tervek, 1300-1945*, [Projets européens, 1300-1945], Budapest ELTE Eötvös Kiadó, 2001, p. 216.

9 Voici quelques œuvres de Hantos sur le sujet en allemand : *Das Geldproblem in Mitteleuropa*, Jena, Gustav Fischer Verlag, 1925, 161 p. ; *Die Handelspolitik in Mit-*

les associations et institutions économiques européennes dont il était membre[11]. À la suite de ces initiatives, entre autres, la *Mitteleuropaische Wirtschafstagung* de Vienne a été créée en 1925. D'après Hantos, dans les années 1920, les pays issus de l'Empire austro-hongrois étaient capables de créer une unité indépendante de l'économie mondiale grâce à leurs richesses naturelles, leur passé commun et leur expérience de production. Cela passait par l'harmonisation de la politique monétaire commerciale et de transport puis, comme seconde étape, l'union douanière et la coopération économique globale. D'après Hantos, ce projet pouvait être construit sur la base d'une Petite Entente réformée, en la vidant de sa signification politique et en la dotant d'un Conseil économique permettant ensuite de l'élargir à la Hongrie et à l'Autriche. Il pensait que le plan « Europe Danubienne » pourrait être réalisé malgré l'hostilité entre les États de cette région, en raison de la base constituée par l'héritage intellectuel et culturel commun. Contrairement à beaucoup de ses compatriotes, comme par exemple l'économiste professeur d'université Tivadar Raith (1893-1958)[12], ou le journaliste partisan d'une union douanière József Csetényi (1875-1956)[13], Hantos ne posait pas comme condition à la création de cette unité de l'Europe centrale

---

teleuropa, Jena, Gustav Fischer Verlag, 1925 ; *Der Weg zum neuen Mitteleuropa – Die wirtschaftliche Neugestaltung*, Berlin, Mitteleuropa Verlag, 1933 ; *Die Neuordnung des Donauraumes*, Berlin, Wien, Carl Heymanns Verlag et Oesterreichischer Wirtschaftsverlag, 1935. Hantos a également publié en français : « Le Régionalisme Économique en Europe », in *Conférence Permanente des Hautes Études Internationales, Les Politiques Économiques et la Paix, Mémoire Hongroise*, n° 1, Présenté à la Conférence par la Commission Hongroise de Coordination des Hautes Études Internationales, Paris, Institut International de Coopération Intellectuelle Société des Nations, 1939, 59 p. ; « L'Économie Mondiale et la Société des Nations », in A. Bonnet (dir.), *Bibliothèque Internationale d'Économie Politique*, Paris, Marcel Giard, 1930, 381 p. ; « La Monnaie, ses systèmes et ses phénomènes en Europe centrale : Allemagne, Autriche, Hongrie, Pologne, Roumanie, Tchécoslovaquie, Yougoslavie », in A. Bonnet (dir.), *Bibliothèque Internationale d'Économie Politique*, Paris, Marcel Giard, 1927, 256 p. ; « L'Europe centrale : une Nouvelle Organisation économique », in *Les Questions du Temps Présent*, Paris, Libraire Félix Alcan, 1932, 243 p.

10 Hantos était également très lié, entre autres, au *Centre d'études de l'Europe centrale* à Genève. Il y a tenu de nombreux colloques.

11 Hantos était membre à la fois de l'IEE (Institut d'économie européen) et de l'UDE (Union douanière européenne) qui regroupaient des économistes européens de grandes influence et réputation, voir notamment : G. Duchenne, *Esquisses d'une Europe Nouvelle*, Bruxelles, PIE Peter Lang, 2008, p. 568-569 (Euroclio. Études et documents, n° 40).

12 Cf. T. Raith, « Keleteurópa ismeretlen föld », [Europe de l'Est terre inconnue], in T.I. Berend (ed.), *Helyünk Európában, Nézetek és koncepciók a 20. századi Magyarországon*, [Notre place en Europe, pensées et conceptions en Hongrie du XXe siècle], vol. 1, Budapest, Magvető, 1990, p. 133-149.

13 J. Csetényi, « Revizió és közgazdaság » [Revision et l'économie], in T.I. Berend (ed.), *Helyünk Európában*, *op. cit.*, p. 150-154.

que la direction en soit confiée à la Hongrie. Il n'était toutefois pas seul à défendre cette position. Le 24 juin 1926, une section hongroise de l'Union paneuropéenne de Richard Nikolaus Coudenhove-Kalergi voit le jour. Ses membres soutenaient les idées d'Hantos. Le fondateur de cette section, Antal Rainprecht (1882-1946), député d'opposition et par ailleurs économiste, défendait l'idée d'une union européenne reposant sur trois piliers, dont l'union douanière et économique[14] Hantos lui-même a rejoint le groupe hongrois de l'Union paneuropéenne et est devenu membre de la direction.

L'équipe dirigeante de la section se composait de personnalités importantes de la société hongroise. Aussi relève-t-on, par exemple, les noms de l'ancien ministre des Affaires étrangères et des finances Gusztáv Gratz (1875-1946), de l'ancien ministre des Finances et président de l'Union nationale des grands industriels (GYOSZ) Lóránt Hegedűs (1872-1943), du président de la Chambre de commerce et d'industrie de Budapest Antal Székács (1863-?), de l'ancien ministre du Commerce et représentant de la Hongrie auprès de l'Union interparlementaire József Szterényi (1861-1941)[15]. On trouve par ailleurs parmi les membres de Paneurope de nombreux députés, comme Tibor Eckardt (1888-1972), chef de la délégation hongroise auprès de la SDN entre 1934 et 1935, ainsi que des journalistes et juristes célèbres tel que Pál Auer (1885-1978), qui d'ailleurs a tenu plus tard la présidence de cette organisation et qui disposait d'un réseau international très important notamment en raison de son appartenance à la franc-maçonnerie[16]. Étaient également membres de l'Union paneuropéenne des artistes célèbres, écrivains comme Zsigmond Móricz (1879-1942), ou Ferenc Móra (1879-1934), ou encore compositeurs tel que Béla Bartók. La section a d'abord été présidée par György Lukács (1865-1950), ancien ministre de la Culture, député du parti du gouvernement, et délégué hongrois de l'Union des ligues de la SDN, puisque le comte Albert Apponyi (1846-1933), délégué commissaire de la Hongrie auprès de la SDN, avait refusé cette charge. Le gouvernement hongrois ne témoignait pas beaucoup d'enthousiasme à l'égard d'un mouvement paneuropéen qui séduisait généralement les cercles d'opposition. Le Premier ministre Bethlen,

---

14 Les trois piliers étaient les suivants : 1. Justice européenne élue et système d'accords de garantie en lien avec les accords de Locarno, 2. Union douanière et communauté économique européenne, 3. Accord européen sur la question des minorités. Cf. H. Kis, « Páneurópai-szekció Magyarországon (1926-1932) I » [La section de Paneurope en Hongrie (1926-1932)], in *Valóság*, 2003, n° 4, p. 50.

15 Cf. H. Kis, « Páneurópai-szekció Magyarországon (1926-1932) II », in *Valóság*, 2003, n° 5, p. 65.

16 Les personnes ayant des convictions politiques libérales civiques ou démocratiques et membres de l'Union Paneurope en Hongrie étaient des francs-maçons. Cf. *ibid.*, p. 62.

en septembre 1926, a ainsi déclaré qu'avant la réparation de l'injustice du traité de Trianon, il était « sans intérêt » pour la Hongrie de coopérer avec les responsables de cette injustice dans le cadre de Paneurope. Il a également précisé que la priorité était de se battre pour le droit et la vérité, et que le travail pour la liberté et la renaissance de l'Europe passerait seulement dans un second temps[17].

Dans les années 1920, les cercles gouvernementaux hongrois considéraient les objectifs du mouvement paneuropéen, et plus généralement tous les projets visant à une unité partielle ou entière de l'Europe, comme utopiques et irréalistes, tant que la révision des traités de Versailles n'aurait pas eu lieu. Ainsi, toutes les idées à ce sujet sont restées sans écho dans les sphères politiques. Pourtant, plusieurs projets ont été imaginés en Hongrie durant cette période[18]. En 1924, l'écrivain Nándor Újhelyi (1888-1933) a par exemple publié une étude dans laquelle il esquisse des États-Unis d'Europe sur le modèle d'une société anonyme[19]. Un autre écrivain, beaucoup plus connu en Hongrie, Dezső Szabó (1879-1945), travaillait de son côté sur l'idée d'une confédération régionale de la mer du Nord jusqu'à la Méditerranée, s'insérant entre les zones linguistiques germanophone et russophone, sur la base d'une coopération Hongrie-Roumanie-Pologne incluant la Grèce et la Turquie[20]. Le principal objectif de ce projet était la sécurité et la création d'une politique étrangère commune. Szabó imaginait notamment un organe composé des chefs de la diplomatie des États membres. Dans ce projet, la coopération économique passait, non par une union douanière, mais simplement par l'harmonisation des productions nationales et des échanges commerciaux. Dans sa réflexion, Szabó encourageait le développement sans obstacle de l'art et des sciences nationales. Par ailleurs, il souhaitait que dans les écoles des États membres, et en particulier dans les universités, l'histoire, la langue et l'ethnographie de chacun soient enseignées. Pour élaborer les détails et les formes concrètes de cette coopération, il propose d'établir une assemblée consultative à Budapest.

---

17 E. Kövics, *Az európai egység kérdése és Németország (1919-1933)*, [L'unité européenne et l'Allemagne], Budapest, Akadémia, 1992, p. 114.

18 Voir notamment : W. Borodzej, *Option Europa, Deutsche, polnische und ungarische Europapläne des 19. und 20. Jahrhunderts*, vol. 1-3, Göttingen, Vandenhoeck & Ruprecht GmbH, 2005.

19 N. Újhelyi, *Európai Egyesült Államok Részvénytársaság*, [Société anonyme des États-Unis de l'Europe], Budapest, 1924.

20 D. Szabó, « Magyaraország helye Európában : Keleteurópa », [La place de la Hongrie en Europe : l'Europe de l'Est], in D. Szabó, *Az egész látóhatár. Tanulmányok*, [L'horizon entier. Études], vol. 1, Budapest, Magyar Élet, 1939, p. 211-236. Voir également : T.I. Berend (ed.), *op. cit.*, p. 337-356.

Dans ces projets, la question de la révision, qui était l'alpha et l'oméga de la politique hongroise de l'époque, n'avait que peu de place, et dans une logique totalement différente de celle du discours officiel. L'objectif principal de la diplomatie du gouvernement hongrois dirigé par Bethlen était de briser la Petite Entente et de trouver sur la scène internationale des partenaires susceptibles d'être utiles pour remédier aux torts causés par les traités de paix. C'est ainsi qu'un accord d'amitié a été signé en 1927 avec l'Italie de Mussolini, tandis que le gouvernement menait une tactique habile à l'égard de l'Allemagne, de la France et des pays voisins. Bethlen mettait la question de la révision au premier plan, mais il était tout à fait conscient que l'« éparpillement » de l'Europe centrale la rendait vulnérable, et qu'une sorte de coopération entre les nations de cette région était absolument nécessaire[21]. Cela a été particulièrement souligné par la crise économique de 1929.

Les vagues du *krach* de la bourse de New York ont très vite atteint la Hongrie. Les graves difficultés économiques du pays ont encouragé Budapest à poursuivre sa politique de balancier entre l'Allemagne et la France, espérant ainsi obtenir l'ouverture de marchés pour ses produits et des emprunts. Le gouvernement hongrois ne s'est ainsi pas opposé aux projets français concernant une intégration européenne ou une coopération régionale. La Hongrie a accueilli avec beaucoup d'intérêt le plan fédéraliste annoncé en septembre 1929 à l'assemblée générale de la SDN[22]. En particulier, les membres de la section du mouvement paneuropéen ont lancé une propagande très forte pour soutenir ce projet. Quant aux cercles officiels hongrois, ils considéraient ce plan comme acceptable à une triple condition : s'il mettait l'accent sur une coopération économique dans le cadre de la SDN ; s'il apportait une solution à la question des minorités ; s'il rendait possible la révision, au moins à long terme, des traités de paix. Budapest soutenait par ailleurs l'idée que la Turquie puisse participer à une telle initiative[23]. Le fait – contre toute attente – que le plan Briand du 17 mai 1930 mette les questions politiques au premier plan, a suscité une grande déception en Hongrie. Dans sa réponse au mémorandum, datée du 14 juillet 1930, Budapest n'a pas refusé ce projet[24], mais s'est montrée assez sceptique quant à sa réalisa-

[21] I. Romsics, *Bethlen*, *op. cit.*, p. 262.

[22] M. Ormos, « La réception du projet européen de Briand en Hongrie », in A. Fleury (dir.), *Le plan Briand d'Union fédérale européenne*, Berne, Peter Lang, 1998, p. 455-457. Voir également : L. Pallai, « La réception du projet Briand en Hongrie », in J.-L. Fray et T. Gorlilovics (dir.), *Regards croisés. Recherches en Lettres et en Histoire, France et Hongrie*, Debrecen, 2003, p. 253-261.

[23] Magyar Országos Levéltár, [Archives nationales hongroises] (MOL), K, 107, (1929-1938), 47/2, (a-c), vol. 59, n° 2355/1930, Genève, le 24 septembre 1930, f127.

[24] *Ibid.*, (1930-1937), VII/1, vol. 181, f45.

tion. Tout en envoyant des délégués à Genève à la session de la Commission d'études pour l'Union européenne, et en faisant des déclarations favorables au sujet de l'unité européenne, le gouvernement hongrois a considéré sans issue ce projet dès l'été 1930.

Malgré l'échec évident du plan Briand, au tout début des années 1930, les graves difficultés de l'économie poussaient les cercles officiels hongrois à s'intéresser malgré tout aux possibilités de coopération étroite en Europe centrale. Plusieurs diplomates hongrois percevaient notamment l'urgence de trouver un compromis entre la Hongrie et la Petite Entente, pour permettre la réalisation d'un projet de coopération dans la région qui serait l'intérêt de long terme de Budapest. Le délégué hongrois auprès de la SDN, Pál Hevessy (1883-1991), frère du prix Nobel György Hevessy, a ainsi proposé à l'été 1930 un plan en 13 points à ce sujet[25].

Budapest accueillait également avec intérêt les projets d'une alliance économique régionale d'Eduard Benes, qui tentait d'empêcher un éventuel *Anschluss* et d'apporter une solution aux problèmes économiques des pays danubiens. Le plan Tardieu annoncé au printemps 1932 à Genève a été accueilli tout aussi positivement par le gouvernement dirigé à cette date par le comte francophile Gyula Károlyi[26]. Les dispositions de ce projet rencontraient en bien des points les vues d'un certain nombre d'experts hongrois, notamment ceux appartenant au groupe d'économistes formé autour d'Elemér Hantos, partisan de l'octroi de préférences commerciales et tarifaires entre les États de la zone danubienne. La question de la coopération économique entre les pays d'Europe centrale occupait en effet les réflexions de beaucoup de personnalités. Le président de la section hongroise du mouvement paneuropéen, Pál Auer, a organisé avec Elemér Hantos et Gusztáv Grátz, en février 1932, une conférence internationale sur la coopération économique dans le bassin du Danube à Budapest. Cette conférence a créé le Comité pour le rapprochement économique des pays danubiens. À partir de 1932, une revue intitulée *Vallée du Danube* a parallèlement vu jour, dont le premier rédacteur en chef était Mátyás Frühwirth (1889-1949), président de la Société de l'esperanto en Hongrie et député. Dans cette

25 *Ibid.*, (1929-1938), 47/2, (a-c), vol. 59, 64/pol., Genève, le 30 juin 1930, signé Hevessy, f143-153.

26 Cf. les travaux de C. Horel : « La Hongrie et le plan Tardieu », in *Revue d'Europe centrale* V/2, Strasbourg, 1997, p. 73-85 ; *Cette Europe qu'on dit centrale. Des Habsbourg à l'intégration européenne 1815-2004*, Paris, Beauchesne, 2009, p. 98-104.

revue, les partisans d'une coopération en Europe centrale ont pu trouver une tribune[27].

Dans la foulée du refus du plan Tardieu par la Petite Entente, la question d'une coopération économique régionale disparut de l'ordre du jour des cercles officiels de Hongrie et la politique révisionniste prit à nouveau le dessus. Dans cet objectif, le nouveau chef du gouvernement entré en fonctions en octobre 1932, Gyula Gömbös (1886-1936), et son ministre des Affaires étrangères Kálmán Kánya (1869-1945) privilégiaient la politique classique des alliances. C'est ainsi qu'un accord tripartite fut signé en 1934 entre l'Italie, l'Autriche et la Hongrie. Suggéré par Bethlen, cet accord témoignait du fait que peu à peu la Hongrie glissait vers la sphère d'influence d'une Allemagne qui, à cette date, était déjà dirigée par Hitler. Budapest a en effet continué de pratiquer une politique de courte vue, uniquement menée en fonction de ses intérêts territoriaux et commerciaux. Ses responsables avaient conscience du péril, mais ne pouvaient ou ne voulaient pas tourner le dos à la révision. Pour la Hongrie, le préalable de toute négociation sur une intégration quelconque de l'Europe devait impérativement être le rétablissement des frontières aussi proches que possible de celles de l'État de Saint Étienne. Ce principe a été refusé par les pays de la Petite Entente, et n'a jamais été vraiment soutenu par les puissances occidentales. Les projets fédéralistes et les idées de coopérations étroites ont donc progressivement été enterrés, ou au moins considérés par la grande majorité en Hongrie comme complètement idéalistes, voir dangereux.

Pál Auer, le président de la section hongroise de Paneurope, a par exemple été invité à cesser toute activité au sein de cette organisation[28]. Devant cette mise en demeure, les partisans d'une idée de l'unité européenne se sont peu à peu dispersés, mais ont continué à diffuser leurs réflexions, principalement par l'écrit. C'est surtout la nouvelle génération qui a souligné avec insistance l'européanité de la Hongrie et a clamé la nécessité pour Budapest, dans son propre intérêt, de trouver un *modus vivendi*, voire de coopérer sans condition, avec les peuples voisins. Il suffit de citer les noms du géographe András Rónai (1906-1991)[29], du

---

27 La revue *Vallée du Danube*, entre 1933 et 1937, ne traite que rarement la question d'une coopération régionale européenne. Après 1937, avec la menace de plus en plus sensible d'une Allemagne dirigée par Hitler, les articles promouvant les idées d'une unité régionale et même continentale se multiplient à nouveau dans ce périodique.

28 H. Kis, « Páneurópai-szekció Magyarországon (1926-1932) II », *op. cit.*, p. 79, ou voir également : E. Bóka, « Auer Pál európai föderalizmusa », [Le fédéralisme européen de Pál Auer], in G. Egry et I. Feitl (ed.), *A Kárpát-medence népeinek együttélése a 19-20. században*, [La cohabitation des peuples du bassin des Carpates aux XIXe et XXe siècles], Budapest, Napvilág, 2005, p. 404.

29 A. Rónai, « A dunai megegyezés lehetőségei », [Les possibilités de compromis danubiens], in *Apollo*, III, vol. VII, n° 2, 1937, p. 127-130.

poète Gyula Illyés (1902-1983)[30], plus tard de grande réputation, du journaliste Bertalan Hatvany (1900-1980)[31], ou encore du célèbre écrivain László Németh (1901-1975). Dans l'un des ses livres paru en 1932 sous le titre *Tejtestvérek* (Les frères de lait)[32], ce dernier souligne qu'aucune place particulière n'était due aux Hongrois dans la région danubienne. Dans une étude sur la question de l'Europe et de la Hongrie en 1935, où il traite la problématique de la crise de la culture européenne, il déclare par ailleurs que la Hongrie ne pourrait se relever sans abandonner sa politique irrédentiste et sans coopérer avec les autre États de l'Europe centrale[33].

Un autre célèbre écrivain hongrois, Sándor Márai (1900-1989), s'interroge sur le rôle et la responsabilité des hommes de lettres dans l'unification de l'Europe, plus particulièrement dans *Kabala* et *Napnyugati őrjárat*, publiés tous deux en 1936. Il écrit notamment : « Un jour ce sont tout de même les écrivains qui feront une Europe de trente pays, les écrivains, les aventuriers de l'âme scrupuleuse, malgré tous les financiers. Ce sera difficile ! ». Lui-même adhère à la Société dite *La Fontaine* fondée en 1920 en Hongrie, et composée d'écrivains qui veulent promouvoir la coopération intellectuelle entre les différentes nations d'Europe[34]. Cette question de l'unité du Vieux Continent lui est restée chère tout au long de sa vie[35].

À la fin des années 1930, devant le risque croissant d'une nouvelle guerre mondiale, des voix de plus en plus nombreuses, notamment d'intellectuels et d'hommes politiques, se sont élevées pour mettre en avant l'idée d'une coopération européenne étroite dans la région d'Europe centrale. Pour éviter le pire, la priorité devait être accordée à cette idée, et non à la politique révisionniste. Oszkár Jászi (1875-1957), professeur d'université aux États-Unis, ancien homme politique hongrois émigré et

---

30 I. Gál, « Egy óra Illyés Gyulával » [Une heure avec Gyula Illyés], in T.I. Berend (ed.), *Helyünk Európában*, *op. cit.*, p. 384-387.

31 B. Hatvany, « Dunamenti Európa », [Europe danubienne], in *Szép Szó*, 1937/16, p. 97-104.

32 L. Németh, « Tejtesvérek » [*Frères de lait*], in *Tanú*, 1er novembre 1932, p. 128-130.

33 L. Németh, « Magyarság és Európa » [Les Hongrois et l'Europe], in L. Németh, *Sorskérdések*, [Des questions de destin], Budapest, Magvető, 1989, p. 322, 327, 329.

34 Cf. la thèse de M. Keczán, « Mind kantál aki sorsot örökölt », Márai Sándor emigrációbeli rádiós publicisztikája (1951-1956), [Tous ceux qui ont hérité du destin chantent », Les interventions à la radio de Sándor Marai émigré (1951-1956)], soutenue en 2005 à l'Université de Debrecen.

35 Cf. S. Márai, *Röpirat a nemzetnevelés ügyébe*n [Pétition pour éduquer la Nation] Budapest-Bratislava, Kalligram, 2004, 134 p.

fédéraliste de longue date[36] a ainsi écrit en 1934 une étude sur la nécessité indispensable de l'unité européenne sous forme d'une confédération pour empêcher la destruction du Vieux Contient.

En 1937, un groupement nommé *Márciusi Front* (Front de mars) se forme, composé essentiellement d'intellectuels, partisans de la transformation démocratique de la Hongrie et de la coopération étroite des peuples danubiens. Parmi eux se trouve István Bibó (1911-1979), juriste, ancien étudiant de l'université de Genève, fonctionnaire pour quelques mois à la SDN, devenu après la Seconde Guerre mondiale l'un des plus grands théoriciens hongrois des questions sociales, de philosophie politique et également de l'idée européenne[37].

Ce n'est pas seulement dans les sphères intellectuelles que les réflexions se multiplient sur la nécessité d'une coopération dans la région d'Europe centrale. Parmi les hommes politiques influents du régime Horthy, comme par exemple Pál Teleki[38], ou István Bethlen[39], on trouve aussi des personnalités qui encouragent une avancée de la politique dans cette direction. Ces réflexions alarmistes sont toutefois arrivées trop tard[40] et la Hongrie a été contrainte de subir les conséquences de ses choix à la fois compréhensibles, mais aussi trop limités aux torts subis par les traités de Trianon.

Pour conclure, on peut souligner que l'idée européenne dans la Hongrie des années 1920 et 1930 est fortement liée à la recherche d'une issue à la situation particulièrement difficile de ce pays depuis la Grande Guerre. Durant cette période, l'élite hongroise, élevée et formée dans la monarchie austro-hongroise, n'est pas hostile à une coopération étroite, voire à une sorte de confédération entre pays européens, mais ne peut pas faire abstraction de la disparition des frontières historiques du Royaume de Hongrie. Peu nombreux sont donc ceux qui placent l'idée d'une fédération ou d'une coopération européenne avant la priorité de la

---

36 En 1934, après ses voyages en Europe occidentale, Márai écrit ses réflexions dans son roman « *Napnyugati őrjárat* ». S. Márai, *Napnyugati őrjárat, egy utazás regénye*, [Patrouille en Occident, romain d'un voyage], Budapest, Helikon, 2004, 155 p.

37 Cf. I. Bibó, *A magyar demokrácia válsága, A keleti-európai kisállamok nyomorúsága*, Budapest 1946 – en français I. Bibó, *Misère des petits États d'Europe de l'Est*, Paris, Albin Michel, 1993, ou l'Harmattan 1986.

38 Voir par exemple : Babloncy (ed.), *Teleki válogatott irásai*, [Écrits sélectionnés de Teleki], Budapest, Osiris, 2000, p. 122-152.

39 István Bethlen a notamment développé ses idées sur le sujet dans la revue *Vallée du Danube*, 1937, n° 4-5, p. 2, ou plus tard dans ses mémoires en 1940 puis en 1944.

40 László Németh a notamment souligné dès 1938 que la Hongrie avait gâché la possibilité de jouer un rôle important et exemplaire concernant une unité européenne. Cf. N. Bárdi, « Németh László », in I. Romsics (ed.), *Trianon és Magyar politikai gondolkodás 1920-1953*, [Trianon et la pensée politique hongroise 1920-1953] Budapest, Osiris, 1998, p. 175-191.

révision des traités de paix. Seules quelques personnalités sont favorables à une union des pays danubiens sans revendiquer à tout prix le rétablissement des anciennes frontières : principalement le milieu économique, quelques personnalités en lien avec la SDN et appartenant à un réseau international par leurs études, par leurs convictions, leurs métiers ou leurs famille, quelques aristocrates souvent originaires de Transylvanie, ou encore des hommes politiques et de lettres opposés au régime de Horthy. On trouve également parmi les écrivains hongrois des partisans de l'idée d'une unité européenne. Ces derniers ont d'ailleurs joué un rôle dans la diffusion plus large des réflexions à ce sujet dans la société hongroise. Malgré tout, les cercles s'intéressant vraiment aux idées européennes restaient assez restreints. Les événements historiques, en particulier l'occupation allemande puis soviétique du pays, et le décès avant la fin des années 1940 de la grande majorité des protagonistes hongrois de ce sujet, ont fait qu'après 1945 très peu de personnalités connues pouvaient encore jouer d'une manière ou d'une autre un rôle déterminant dans la construction européenne lancée après la Seconde Guerre mondiale. On peut dire toutefois que dans les milieux d'émigration politique et dans la Hongrie communiste (dans les cercles intellectuels opposés au régime), les réflexions au sujet de l'idée européenne formulée durant les années 1920 et 1930 ont survécu et se sont développées jusqu'à nos jours.

"Les boutiquiers idéalistes"

Federalism in the Netherlands in the Interwar Period

Anne-Isabelle RICHARD

Max Weber Fellow à l'Institut universitaire européen de Florence

French diplomats described the Vereeniging ter Bevordering van de oprichting der Vereenigde Staaten van Europa (Society for the promotion of the establishment of the United States of Europe, VSE) as "idealistic shopkeepers".[1] Compared to some of the organisations that made up the widely supported and multifaceted French European movement, the Dutch VSE might indeed have a parochial and dilettantish feel. Nonetheless, in a country that was not predisposed to European initiatives, these "shopkeepers" managed to attract a considerable membership, set up branches across the country and connect to Europeanist organisations elsewhere within just a few months.

The VSE was the only organisation to advocate federalism in the Netherlands in the interwar period and as such represented the idealistic strand of the Dutch European movement. The other organisations that supported European cooperation in the Netherlands were much more elitist and pragmatic. They mainly supported initiatives that would stimulate trade. The VSE was different. Economic arrangements were subordinate to the political aim of creating a Central European Government which would secure European peace.

In the Dutch political climate of the interwar period, this was quite a bold aim. The Dutch foreign ministry considered European cooperation to be exclusivist, as pitting one continent or empire against another, as damaging the League of Nations and as hampering global free trade by leading to a continental customs union. Following this official view, several authors writing about the interwar period claimed that a Dutch

---

1 Ministère des Affaires étrangères, Paris, (MAE), Série Y Internationale, 657, Légation française aux Pays-Bas, Dépêche No. 149, 20-3-1933.

European movement did not exist or was so insignificant that it did not merit attention.[2] This however disregards significant initiatives by prominent individuals from banking, shipping and industrial circles, as well as by grass-roots organisations such as the VSE.

This article, for the first time, explores one of the organisations that made up the Dutch European movement in the interwar period. Focussing on the VSE and its federalism, it distinguishes between the branches of the European movement, situating them in the Dutch foreign policy landscape. Moreover, this article highlights connections to Europe-wide organisations. By drawing attention to the VSE from the interwar period, it puts the post-1945 European movement in the Netherlands in a new perspective, demonstrating it was not a new phenomenon but that the roots of that movement lay in the interwar period and thus further back than the existing literature suggests.

I. Dutch Foreign Policy Landscape

The Netherlands has long cultivated an internationalist image. In the interwar period this internationalism did not entail European cooperation. Instead, the government and a large part of the population saw the League of Nations as the proper platform for international consultation, with international law, free trade, the gold standard and colonial ties as the pillars of Dutch foreign policy and even national identity.[3]

In the literature about Dutch foreign policy, reference is still made to the three foreign policy traditions captured by Voorhoeve as *Peace, Profits and Principles*.[4] Having followed a policy of strict neutrality

---

2 Only two articles explicitly address interwar European cooperation in the Netherlands. They focus on the official Dutch reaction to European cooperation plans. H.A.M. Klemann, "Gedanken zur europäischen Integration in den Niederlanden während des Interbellums", in J. Bosmans (ed.), *Europagedanke, Europabewegung und Europapolitik in den Niederlanden und Deutschland seit dem ersten Weltkrieg*, Münster, Lit Verlag, 1996, p. 79-99 and H.A.M. Klemann, "The Dutch Reaction to the Briand Plan", in A. Fleury and L. Jilek (dir.), *Le plan Briand d'Union Fédérale Européenne. Perspectives Nationales et Transnationales, avec Documents*, Bern, Peter Lang, 1998, p. 147-169. Similarly, Annemarie van Heerikhuizen neglects the interwar Europeanist activities of several of her parliamentarians. A. van Heerikhuizen, *Pioniers van een Verenigd Europa: Bovennationaal Denken in het Nederlandse Parlement 1946-1951*, Amsterdam, Dissertation Universiteit van Amsterdam 1998, p. 39.

3 M. Bloembergen, *Colonial spectacles. The Netherlands and the Dutch East Indies at the World Exhibitions, 1880-1931*, Singapore, Singapore University Press 2006, p. 21.

4 J.J.C. Voorhoeve, *Peace, Profits and Principles. A Study of Dutch Foreign Policy*, The Hague, Martinus Nijhoff, 1979, referenced by for example P. Malcontent, F. Baudet, "The Dutchman's Burden"? Nederland en de Internationale Rechtsorde in de Twintigste Eeuw", in B. de Graaff, D. Hellema, B. van der Zwan (ed.), *De Neder-*

since the 19th century, the Netherlands counted on its strategic importance to the great powers as a means of defence. Because of its position on the continent and the importance of its trade none of the great powers would allow another power to take over the Netherlands, or at least so the argument ran. In the last resort, however, the Dutch relied on the British to protect them in case of an emergency, especially in Asia. Therefore Van Diepen describes this neutrality as a pseudo-neutrality, premised on Britain.[5] As a result, policies that might antagonise Britain, such as European cooperation, were regarded sceptically.

The second determining factor for Dutch foreign policy was (maritime) trade. From 1862 onwards the Netherlands had been a free trade nation with an open door policy in the Dutch East Indies. The gold standard and free trade became dogmas. Foreshadowing the third tradition, Griffiths points to a certain "Dutch twist": a preoccupation with moral and ethical questions in economic affairs. Especially the protestant defenders of the gold standard argued that its maintenance was a matter of good faith.[6] This dogma prevented the Dutch from devaluating alongside the British or Belgians and thus easing the consequences of the crisis.[7] Free trade was equally sacrosanct. Hendrik Colijn, the pragmatic protestant leader and future prime minister, commented in 1917 that "for the Dutchmen [...] free trade is not a question of sound logic, it is a holy dogma."[8] Where Trentmann sees the British Free Trade Nation "unravelling" from the end of World War I, the Dutch Free Trade Nation was still very much alive at that point in time.[9] Despite the rise in tariffs across Europe after World War I, the belief in the salutary effects of free trade remained unshaken. Some, like the Director of Economic Affairs

landse Buitenlandse Politiek in de Twintigste Eeuw, Amsterdam, Boom, 2003, p. 69-104.

5 R. van Diepen, *Voor Volkenbond en Vrede. Nederland en het Streven naar een Nieuwe Wereldorde 1919-1946*, Amsterdam, Bert Bakker, 1999.

6 R.T. Griffiths (ed.), *The Netherlands and the Gold Standard 1931-1936*, NEHA SERIES III, Amsterdam, 1987, p. 23.

7 J.L. van Zanden, *De Dans om de Gouden Standaard. Economisch Beleid in de Depressie van de Jaren Dertig*, Oratie Vrije Universiteit Amsterdam, 1988.

8 Historisch Documentatiecentrum Nederlands Protestantisme (HDNP), Amsterdam, Archief Colijn, No. 54 doos 4, letter H. Colijn – H. Deterding 15-7-1917.

9 F. Trentmann, *Free Trade Nation. Commerce, Consumption, and Civil Society in Modern Britain*, Oxford, Oxford University Press, 2008, E.S.A. Bloemen, "Tussen Vrijhandel en Protectie. Colijn en de Internationale Economische Congressen, 1927-1933", in J. de Bruijn, H.J. Langeveld, *Colijn. Bouwstenen voor een Biografie*, Kampen, Kok, 1994, p. 235-259, R.T. Griffiths, "'Free Traders' in a Protectionist World: the Foreign Policy of the Netherlands 1930-1950 (with particular reference to Europe)", in S. Groenveld, M. Wintle (eds.) *Britain and the Netherlands, State and trade, Government and the Economy in Britain and the Netherlands since the Middle Ages*, Zutphen, Walburg Pers, 1988, p. 152-168.

at the Foreign Ministry, J.A. Nederbragt, hoped that leading by example would convince other countries to also embrace free trade.[10] Others continued to put their faith in the multilateralism of the League of Nations, where Colijn presided over several committees of the World Economic Conferences in Geneva (1927) and London (1933). Despite earlier patchwork measures, the unravelling of the Dutch Free Trade Nation began only when Dutch agriculture, which World War I had shown to be a vital sector of the economy, became threatened in its existence.[11]

A fear of cartelisation and tariff walls around Europe, aimed against the United States, was one of the reasons why the Dutch were less than enthusiastic when Briand made his proposal for a European Union in 1929.[12] Proposals that furthered free trade, without necessarily an explicitly European dimension, such as the Tariff Truce Conference of 1930 and cooperation with Belgium as tried at Ouchy and the Scandinavian countries in the so-called Oslo-group, met with much more enthusiasm.[13]

Voorhoeve's last characterisation of Dutch foreign policy were principles.[14] As the country of Grotius, the Dutch portrayed themselves as the great propagators of international law. This was, however, a very pragmatic choice. It was in the interest of this small country which did not have the means to defend itself and which thrived on trade to promote international law as a dispute-solving mechanism.

The League of Nations played an important role in this third tradition. After initial hesitations over the unpopular Treaty of Versailles and over how to reconcile neutrality with League membership, the enthusiasm for the League grew in the Netherlands, both in the popular and in the official sphere as the membership of the Dutch League of Nations Union, the *Vereeniging voor Volkenbond en Vrede*, showed.

Despite the provision in the League Covenant for regional cooperation (article 21), initiatives for European cooperation were easily ac-

---

10 H.A.M. Klemann, "Een handelsnatie in de Twintigste Eeuw", in B. de Graaff, D. Hellema, B. van der Zwan, *De Nederlandse Buitenlandse Politiek in de Twintigste Eeuw*, Boom, Amsterdam, 2003, p. 105-129, p. 113.

11 R.W.J.M. Bos, "De Depressie der Jaren Dertig: Aspecten van Nederland als een Kleine Open Volkshuishouding in het bijzonder met Betrekking tot de Uitvoer van Levensmiddelen naar Engeland", in P.W. Klein, G.J. Borger, *De Jaren Dertig: Aspecten van Crisis en Werkloosheid*, Amsterdam, Meulenhoff Educatief, 1979, p. 22-37.

12 *International Conciliation*, The Netherlands, 30 June 1930, p. 659-662.

13 G. van Roon, *Small States in Years of Depression. The Oslo Alliance 1930-1940*, Assen, Van Gorcum, 1989.

14 For a further analysis of this tradition see: P. Malcontent, F. Baudet, "The Dutchman's Burden?".

cused of compromising the League.[15] Given the predominance of European states in the League the first question that was raised was, what would be left of the League if the European states would found their own "club"? Or to put it differently: what would a European organisation add to the work of the League dominated as it was by Europe? Another objection that was often raised was that instead of leading to more understanding between nations, European cooperation would tear the League apart by leading to bloc formation and pitting groups of states against each other.

While the foreign policy climate in the Netherlands was thus more international and global than European, a significant number of prominent businessmen from banking, shipping and industrial circles, as well as politicians from across the political spectrum nonetheless explored the possibilities of European cooperation. They were concerned about trade flows in a world where more trade barriers were appearing daily. They were thus mainly inspired by pragmatic (economic) concerns which necessitated concerted action by governments. If (political) cooperation among European governments could contribute to this goal, either directly or by creating a more conducive climate, they would support it. This rationale for Europeanism also explains why most Dutch Europeanist organisations blossomed later, between 1929-1933, than in for example France where Chabot sees the years 1924-1931 as the apogee of Europeanism.[16] Examples of these prominent individuals include the banker, director of the *Nederlandsche Handelmaatschappij*, Daniel Crena de Iongh and the shipping magnate, director of the *Scheepvaartvereeniging Zuid*, Auguste Plate. They were probably the most active public figures in the field of European cooperation, corresponding tirelessly about the topic and participating in organisations such as *L'Entente Douanière Européenne* (EDE) or *Paneuropa Nederland*. Others involved in these organisations included the industrialist Anton Philips, the social democrat future Prime Minister Willem Drees and even the President of the Dutch National Bank L.J.A. Trip.

Among more high-profile advocates of European cooperation the awareness and the concern that European cooperation might adversely affect the relationship of the Netherlands with its colonial possessions was particularly strong. They also almost invariably had personal experience of the East Indies, be it that they had worked there as administrators, served in the military or had run the *Javaasche Bank* as was the case for both Trip and Th. Ligthart, the president of *Paneuropa Neder-*

---

15 See also M. MacMillan, *Peacemakers. The Paris Conference of 1919 and its Attempt to End War*, London, 2001, p. 105-6.

16 J.-L. Chabot, *Aux Origines intellectuelles de l'Union européenne. L'Idée d'Europe Unie de 1919 à 1939*, Grenoble, Presses universitaires de Grenoble, 2005.

land. While their opinions on the future development of the Indies ranged from the conservative *Vaderlandsche Club* via technocratic engineers to the progressive *De Stuw*, they were all convinced of the ties that bound the Indies and the Netherlands together. Moreover, as Taselaar has shown, the Dutch elite in general by and large overlapped with the Dutch colonial elite.[17] Experience in the Indies meant that in their assessment of European cooperation, these public figures always considered the consequences for the Indies. Consequently, rather than focusing on its European neighbours, they adopted a global perspective in which the Dutch position had to be determined and with which a certain type of European cooperation aimed at free trade could be compatible.

This economically inspired, pragmatic elite was however but one side of the Dutch European movement. The other side were the idealistic shopkeepers of the VSE. These were grassroots activists who were much less pragmatic and often came to Europeanism from (the more radical flanks of) the peace movement and supported further reaching projects than the more elite members. For grassroots activists, political cooperation and preventing a future European war had priority. For them a European federation was the best way of attaining this end.

II. The Vereeniging ter Bevordering van de Oprichting der Vereenigde Staaten van Europa

The VSE, founded in 1925, was the first Dutch "Europe" society of the interwar period.[18] The activities of the VSE were initially short-lived and between 1927 and 1932 there was little activity. However, from 1932, with more funding, the society managed to set up a nation-wide network of branches. The society drew its membership from the (upper) middle classes.[19] They published several brochures, which were translated into English, French, German and Esperanto. They established links to other organisations such as the *Nooit-Meer-Oorlog-Federatie* (NMOF), the overarching federation of (more radical) Dutch pacifist organisations.[20]

17 A.P. Taselaar, *De Nederlandse Koloniale Lobby. Ondernemers en de Indische Politiek, 1914-1940*, Leiden, CNWS, 1998.

18 The first Dutch European society was the European Federation (*Europeesche Statenbond*) set up in 1914 following an appeal by Nico van Suchtelen, see: N. van Suchtelen, *Het Eenige Redmiddel. Een Europeesche Statenbond*, Amsterdam, Wereldbibliotheek, 1914.

19 International Institute of Social History, Amsterdam (IISH), Müller, 16.63, Ledenlijst 17-4-1926. Initially there were about seventy members.

20 IISH, Müller, 16.64, Letter Mulder – Müller, 16-5-1926. The NMOF had approximately 80.000 members in 1930. H. Doré, *Het Vredesstreven in Nederland 1894-1960: een Bundel Studies*, Nijmegen, Studiecentrum voor Vredesvraagstukken, 1985.

In 1926 the VSE sent a declaration of principles to national newspapers which remained the manifesto of the reconstituted society in 1932. The VSE conceived of their efforts for the USE as working for a higher European civilisation and for an increase of Europe's influence in the world. Inspired by ideas about European decline that circulated widely at the time, the VSE argued that Europe still had a certain power in the world at large, but if she wanted this influence to continue, she would have to "swing matters around". This would also benefit the rest of the world since European cooperation and free trade were prerequisites for world peace.[21]

The VSE was quite sceptical with regard to the League and their critique fed into their ideas for a Central European Government. The problem with the League, according to the VSE, was that there was a contradiction at its heart: on the one hand it was supposed to be the world's policeman, on the other it had no power over governments.[22] The cardinal flaw of the League was that it respected the sovereignty of nations.[23] Without a unified Europe the League could not achieve significant progress toward world peace. A Central European Government with power over national governments was necessary. This European Government alone would have armed forces, leaving national governments with only a police force. However, this government, should not be all-powerful, but "would have to observe the principle of subsidiarity in all matters."[24] While the VSE did not use the term, their federalist inspiration is clear from their project.

Economic arrangements were subordinate to the political aim of creating a Central European Government. In line with received Dutch opinion, they opposed quotas and tariff walls, which were "a cancer to our modern trade life", leading to poverty, more international tension

---

21 IISH, Müller, 16.63, "Korte uiteenzetting van het beginsel der vereeniging ter bevordering der oprichting van de Vereenigde Staten van Europa".

22 "Letter to the Secretary-General of the League of Nations", *Europa!*, 1, 4, October 1932.

23 "Genève", *Europa!* 1, 1, July 1932; J.A. van Sijn, "Opgang of ondergang. Europeesche aaneensluiting of ontbinding van Europa", *Europa!* 1, 3, September 1932; "Letter to the Secretary-General of the League of Nations", *Europa!*, 1, 4, October 1932; T. Mulder, "De Vereenigde Staten van Europa", *Europa!* 1, 5, November 1932; T. Mulder, "De Vereenigde Staten van Europa", *Europa!* 1, 6, December 1932.

24 IISH, Müller, 16.63, "Korte uiteenzetting van het beginsel der vereeniging ter bevordering der oprichting van de Vereenigde Staten van Europa". Subsidiarity was an important concept in Dutch politics. It was used to safeguard the various distinct pillars in Dutch society of the time. The catholic term "subsidiarity", was the equivalent of the protestant "Sovereignty in one's own circle".

and ultimately to war. Instead they argued for a right to free trade.[25] In the monetary sphere the gold standard would link the European national currencies. Regarding colonial ties the VSE had a very unusual position for a Dutch organisation, they argued that in order to achieve a more equitable situation among the European states, the Central European Government should administer the colonies.[26]

III. New Beginnings

Despite the rather elaborate plans they devised for the USE, the VSE was initially a fairly short-lived initiative. After the death of its president, H.J. Müller, in 1927, little was heard of the society until 1932.[27] In 1932 the society was re-founded, by largely the same people who had been involved in 1927, including Taco Mulder, an accountant from Haarlem who became president. Mulder was described by the French legation in the Netherlands as: "capable, but very pretentious, ambitious and quarrelsome".[28] A Dutch description, while a little more positive, by and large confirms the French views, calling Mulder "very self-assured" and leaving little space for others.[29] The treasurer was A. Funke, the owner of a department store who was described by the French as "a very honest trader, of unquestionable morals, and also quite wealthy".[30] However, the crucial new development of the reconstituted society was that it had the financial support of J.H. Schultz van Haegen, who became secretary. The French Legation in the Netherlands was not very positive about him, reporting that "he had the most dubious morals and

25 IISH, Müller, 16.63, "Korte uiteenzetting van het beginsel der vereeniging ter bevordering der oprichting van de Vereenigde Staten van Europa". See also: T. Mulder, "De plaats van de Vereenigde Staten van Europa in de Samenleving", *Europa!* 1, 1 July 1932; J.H. Ros, "De Vereenigde Staten van Europa bezien vanuit christelijk standpunt", *Europa!*, 1, 3 September 1932.

26 "Korte uiteenzetting van het beginsel der vereeniging ter bevordering der oprichting van de Vereenigde Staten van Europa", IISH, Müller, 16.63.

27 The French legation in the Netherlands reported to the French foreign ministry in 1933 that the society had been founded in 1928. MAE, Série Y Internationale, 657, Légation française aux Pays-Bas, Dépêche No. 149, 20-3-1933. This is incorrect. The re-founded society refers to October 1925 as its original founding date. Taco Mulder however showed some intermittent activity during the years 1927-1932. See: T. Mulder, "Letter to the editor", *De Avondpost*, 22 February 1928, and *De Nieuwe Koers* 12, 4, April 1929.

28 MAE, Série Y Internationale, 657, 20-3-1933, Légation française aux Pays-Bas, Dépêche No. 149, 20-3-1933.

29 IISH, Melchers 16.83 81, 1933-2, Letter G.W. Melchers – M.D. Dijt 4-2-33.

30 MAE, Série Y Internationale, 657, Légation française aux Pays Bas, Dépêche No. 149, 20-3-1933.

[that] his reputation was appalling."[31] Despite these mixed evaluations, the VSE succeeded in setting up a nationwide network of branches.[32] Within a few months, by the end of 1932, the organisation had around 800 members across the Netherlands and the organisation continued to grow.[33] The VSE were also active on the international level, cooperating with the *Bloc d'Action Européenne* and with the *Union Jeune Europe*, which had branches in Belgium, France, Switzerland and Germany.[34]

While the reconstituted society adopted the Declaration of Principles of 1926, the VSE of 1932 was more ambitious than its precursor. In a rather surprising move by the normally sceptical ministry of foreign affairs, a royal charter was granted to the VSE on 26 July 1932.[35] The VSE was received by the Foreign Minister, F. Beelaerts van Blokland, who – according to the VSE annual report – was very sympathetic to the idea of the USE.[36] On 10 September 1932 the VSE organised a conference in Groenendaal in Heemstede. The aim of the conference was to disseminate news about the VSE to a wider audience and to strengthen the ties among the members. Talks by amongst others Mulder and

---

31 *Id.*

32 By March 1933 there were branches in Haarlem, Amsterdam, Alkmaar, Leiden, The Hague, Rotterdam, Amersfoort, Velsen, Dordrecht, Apeldoorn, Utrecht, Arnhem, Nijmegen and Gouda. *Europa!* 1, 9, March 1933. Other sources also mention branches in Brabant and Limburg, MAE, Série Y Internationale, 657, Légation française aux Pays Bas, Dépêche No. 149, 20-3-1933; IISH, Melchers, 16.83 81, 1933-2, Letter C.H. Hagendorn – G.W. Melchers, 25-1-1933.

33 "Jaarverslag van de secretaris", *Europa!* 1, 10 April 1933. To compare, the *Bloc d'Action Européenne* in Belgium claimed 1000 members in February 1933. Cf. G. Duchenne, *Esquisses d'une Europe nouvelle. L'européisme dans la Belgique de l'entre-deux-guerres*, Bruxelles, PIE Peter Lang, 2008, p. 359 (Euroclio. Études et documents, No. 40).

34 *De Nieuwe Koers* 15, 3 March 1932. For the BAE and the UJE see G. Duchenne, *Esquisses d'une Europe nouvelle, op. cit.*, p. 303-530, X. Dehan, "Jeune Europe: des États-Unis d'Europe à l'Europe Allemande 1930-1940", in M. Dumoulin (ed.) *Penser l'Europe à l'Aube des Années 1930. Quelques Contributions Belges*, Louvain-la-Neuve, Éditions Nauwelaerts, 1995, p. 151-203; L. Jilek, *L'Esprit Européen en Suisse de 1860 à 1940*, Geneva, Cahiers d'Histoire Contemporaine, 1990. In Belgium Mulder and Schultz van Haegen's interlocutors were Georges Gérard of the *Bloc d'Action Européenne* who was also mandated by the *Union Jeune Europe* from Geneva, Karel de Feijter, the secretary of the Flemish League of old combatants, and Edouard Didier of the *Union Jeune Europe*. In February 1933 they would meet in Paris with Victor Margueritte. "Vereenigingsnieuws", *Europa!* 1, 3, September 1932 and J.H. Schultz van Haegen, "Jaarverslag van de secretaris", *Europa!* 1, 10, April 1933.

35 Unfortunately, no record has been found that could explain why this charter was granted.

36 No minutes remain of the meeting on 9 January 1933, J.H. Schultz van Haegen, "Jaarverslag van de secretaris", *Europa!* 1, 10, April 1933.

Schultz van Haegen were published in *Europa!*, the magazine of the VSE, and in *De Nieuwe Koers* the periodical of the Dutch peace movement.[37] The conference was a great success, and included a vegetarian option during the conference dinner.

The most frequent contributors to *Europa!* were Taco Mulder, Schultz van Haegen (editor), the pacifist publisher of *De Nieuwe Koers*, J.A. van Sijn and J.H. Ros. Most themes from the Declaration reappear in *Europa!*. The idea of the Central European Government was further developed, although still without using the term federation. The Government would become a member of the League.[38] In a letter sent to Arthur Henderson regarding disarmament, the VSE pointed out that their suggestion of a Central European Government was not the same construction as Briand had suggested. Rather than the USE operating within the framework of the League, the League would have to step back from considering European questions. The League should focus on questions that were larger than just European.[39] In the economic sphere they mentioned that the Government should devise a common trade policy and make arrangements for the free movement of persons and goods.[40]

A few subjects from the Declaration of Principles, like the idea of convergence around the Gold Standard, remain virtually undiscussed in *Europa!*. International monetary developments between 1926 and 1932 and the hesitant Dutch discussion about devaluation must have had their influence. Other, more pressing issues, such as the situation in Germany took its place. Developments in Germany were followed with great concern and strengthened the VSE's zeal for the USE.[41] The VSE wrote a letter to Reichspresident Von Hindenburg asking him to do everything he could to improve the treatment of foreigners and Jews in Germany.[42] Ros predicted that Mussolini aimed to leave the League together with

37 *Europa!* was published between July 1932 and June 1933 See: *Europa!* 3, 1, September 1932; *De Nieuwe Koers* 15, 10, October 1932.

38 T. Mulder, "De Vereenigde Staten van Europa", *Europa!* 1, 4, October 1932.

39 "Answer to Arthur Henderson, November 1932", *Europa!* 1, 5, November 1932.

40 "Vereenigde Staten van Europa", *Europa!* 1, 1, July 1932.

41 See for example: J.H. Ros, "Mussolini, Duitschland, de Volkenbond en de Vereenigde Staten van Europa", *Europa!* 1, 6 December 1932; J.H. Ros, "Welvaart en macht. Ongezond nationalisme en gezond internationalisme", *Europa!* 1, 8 February 1933; "Elleboog-ruimte", *Europa!* 1, 9 March 1933; "Brief aan den Rijkspresident Von Hindenburg", *Europa!* 1, 9 March 1933; Ph.C. "De muzen in het gedrang", *Europa!* 1, 9 March 1933; "Boekenmoord in Duitsland", *Europa!* 1, 11 May 1933.

42 "Brief aan den Rijkspresident Von Hindenburg", *Europa!*, 1, 9, March 1933.

Hitler. "After this the two nations will join in a union, a militaristic union! Of course against France!"[43]

Regarding the relationship between colonies and the USE the VSE continued along the lines set out in the Declaration of Principles. The VSE acknowledged that the consensus in the Netherlands probably was that "if the project of the United States of Europe could endanger the relationship with the Indies, it should not be pursued, no matter how beneficial it might be." As described above, the VSE advocated European administration of the colonies, a move which many in the Netherlands would regard as "endangering the relationship with the Indies." However, Mulder correctly argued firstly that Dutch prosperity was only partly dependant on the tropics and secondly that the Dutch position in the Indies was best ensured by the USE. With the Dutch Open-Door tradition in the Indies, and since European administration in the tropics was in the interest of the international community since it prevented war, no one could object to the transfer of authority over the individual colonies from the national governments to the Central European Government. The consequences for Dutch capital, civil servants and expertise were not alarming. As it was, there was more foreign than Dutch capital in the Indies. Given their expertise, Dutch civil servants and other personnel would not have to fear competition from others. If competition did ensue, Dutch youngsters looking for possibilities abroad had only to think of Eastern Europe and the opportunities it offered.[44]

By proposing the Europeanisation of the colonies, this project was on the one hand very radical from a Dutch perspective and on the other hand represented certain core characteristics of the Dutch foreign policy landscape. Following through with what they considered the best guarantee for peace, European federalism, the plan was premised on an international analysis, namely an international Open-Door policy. It thus expressed the preoccupations of a small export oriented power with a large overseas empire but no means of defending itself. The reason for this unorthodoxy can be found in the society's non-elite base. The members of the VSE had less personal experience with the Indies, fewer vested interests in keeping the Dutch East Indies "exclusively Dutch"

43 J.H. Ros, "Mussolini, Duitschland, de Volkenbond en de Vereenigde Staten van Europa", *Europa!*, 1, 6, December 1932.

44 T. Mulder, "Indië en de Vereenigde Staten van Europa", *Europa!* 1, 2 August 1932. It was only after the loss of the Dutch East Indies that it was beginning to become generally accepted that the saying "Indië verloren, rampspoed geboren" (Indies lost, disaster strikes) did not hold true. J.B.D. Derksen, J. Tinbergen, "Berekeningen over de Economische Betekenis van Nederlands-Indie voor Nederland", *Maandschrift van het Centraal Bureau voor de Statistiek* 40, 1945, p. 210-216.

and weaker ties to Britain, while they still bought into the peace, profits and principles.

IV. The Afterlife of the VSE

While the VSE was quite successful in engaging popular support, its success was short-lived. Discord between the secretary, Schultz van Haegen, and the president of the society, Taco Mulder, led Schultz van Haegen to leave the society and to found his own society, initially called *Jong Europa*.[45] Lacking financial means, the remainder of the original society then joined the Dutch branch of *Paneuropa* which was being set up in 1932-1933.

Many articles in *Europa!* had been devoted to explaining the differences between the VSE and *Paneuropa*. Over time, a development is visible. In December 1932, the differences were set out clearly, without trying to look for convergence: the VSE was convinced that *Paneuropa* only wanted economic union. The VSE on the other hand wanted both political and economic union.[46] From February 1933 the attitude regarding *Paneuropa* started to change. Contact with Coudenhove was established who – unsurprisingly – encouraged the VSE to join the Dutch section of *Paneuropa* which was being set up.[47] The VSE started to publish articles in which it was made clear that the points of view of *Paneuropa* and the VSE were drawing closer together. They were careful to point out that it was *Paneuropa* that was moving closer to their views and not the other way round. In May 1933 they more or less managed to reconcile the views of *Paneuropa* with their own views: "We work for a political organisation that automatically brings an economic organisation with it. Paneuropa works for an economic organisation and expects that after some time a political organisation will follow."[48] Their conclusion was that both societies had the same end goal: they both wished peace and both emphasised the importance of a European organisation for the League. They would therefore try to cooperate.[49] During the months that these articles were published and

45 IISH, Melchers, 16.83 81 33-2, C.H. Hagendorn – G.W. Melchers, 31-1-1933; *Nieuw Europa* 1, 1 July 1933.

46 T. Mulder, "De Vereenigde Staten van Europa", *Europa!* 1, 6 December 1932.

47 RGVA, Paneuropa, 554, I, 44, Letter H.J. Schultz van Haegen – R.N. Coudenhove-Kalergi, 4-1-1933; Letter R.N. Coudenhove-Kalergi – H.J. Schultz van Haegen, 7-1-1933; Letter H.J. Schultz van Haegen – R.N. Coudenhove-Kalergi, 14-1-1933; Letter T. Mulder – R.N. Coudenhove-Kalergi, 1-2-11933; Letter T. Mulder – R.N. Coudenhove-Kalergi, 13-3-1933; Letter R.N. Coudenhove-Kalergi – T. Mulder, 21-3-1933.

48 "Paneuropa en onze vereeniging", *Europa!* 1, 11 May 1933.

49 *Ibid.*

Mulder and Schultz van Haegen fell out, contact had been established between the VSE and the Dutch section of Paneuropa, *Paneuropa Nederland*. After consulting VSE members it was decided that the VSE would join *Paneuropa Nederland*. Taco Mulder joined the board.[50]

After six years of preparations *Paneuropa Nederland* was founded in 1932. It had a different character from the VSE. It had many prominent members such as the abovementioned Daniel Crena de Iongh and Anton Philips as well as an upper-class base. More radical VSE ideas, such as for a Central European Government or a European colonial administration were successfully neutralised. Moreover, *Paneuropa Nederland* did not conform to Coudenhove's ideas. Much like Belgian Paneuropeans had done, the Dutch hoped to follow a relatively independent course.[51] They were more positive about the League than either the VSE or Coudenhove and true to their ties to the Dutch foreign policy establishment they supported regional arrangements such as Ouchy and Oslo. *Paneuropa Nederland* was not very successful. This was partly a result of a lack of support from Vienna, partly due to a lack of people with both conviction and time to propel the organisation forward. Partly, however, it was also the result of the deteriorating international situation which in turn led to a waning of the optimism for a European solution. The activities of *Paneuropa Nederland* tapered off after 1935.

Schultz van Haegen's *Jong Europa* existed until at least 1936.[52] The international contacts that had been established by Schultz van Haegen and Mulder were continued by Schultz van Haegen and *Jong Europa* became affiliated to the international *Union Jeune Europe* which claimed to have more than 50,000 members.[53] In 1933 the Union changed its name to *Ligue pour les États-Unis d'Europe* (LEUE). Schultz van Haegen's *Jong Europa* thus became the *Liga voor de Vereenigde Staten van Europa*.[54] Schultz van Haegen had left the VSE in January 1933. Over the course of 1933 some of the more active members of the VSE, such as J.A. van Sijn en J.H. Ros, followed him, making the pacifist

50 IISH, G.W. Melchers, 16.83 81 33-2, Letter C.H. Hagendorn – G.W. Melchers 25-1-1933; Letter G.W. Melchers – C.H. Hagendorn 27-1-1933; Letter C.H. Hagendorn – G.W. Melchers 31-1-1933; Letter Bestuur VSE Gouda – G.W. Melchers 8-2-1933; Letter G.W. Melchers – Bestuur VSE Gouda 9-2-1933; "Onze vereeniging en Pan-Europa", *Europa!* 1, 12 June 1933; "Paneuropa en onze vereniging", *Europa!* 1, 11 May 1933.

51 G. Duchenne, *Esquisses d'une Europe nouvelle*, *op. cit.*, p. 276.

52 RGVA, Paneuropa, 554, I, 44, Letter L.J. van der Valk – Paneuropa Union, 18-11-1933.

53 *Nieuw Europa*, 1, 3 September 1933. See also: G. Duchenne, *Esquisses d'une Europe nouvelle*, *op. cit.*, p. 375.

54 *Nieuw Europa*, 1 July 1933, Meeting Paris, 18-6-1933. L. Jilek, *L'Esprit Européen en Suisse* places the name change at the conference in Strasbourg, February 1933.

strand of the VSE well represented in the *Liga*.[55] As Duchenne has shown, this was problematic for the LEUE who called upon Schultz van Haegen to explain his close ties to the peace movement.[56]

The activities of the *Liga* were similar to those of the VSE. They also published a magazine, *Nieuw Europa*,[57] while the peacemovement magazine *De Nieuwe Koers* (published by Van Sijn) ran articles and announcements by the *Liga*. In August 1933 the *Liga* organised a 9-day conference in the coastal town of Renesse. At this conference the World-Peace-Scouts and several other peace scouting groups agreed to cooperate.[58] In October and November 1933 a busy lecture schedule was undertaken, with especially Schultz van Haegen and the secretary of the *Liga*, J. de Wilde, giving lectures across the country almost every night. The ideas of the *Liga* were similar to those of the VSE, only often a little more radical. Like the BAE and the UJE they explicitly pursued a federalist Europe.[59] Moreover, the *Liga* placed greater emphasis on pacifist themes than the VSE. The reason for this was on the one hand the influence of Van Sijn which came more to the fore in the *Liga*. On the other hand developments in Germany continued to play an important role. From the geopolitical concern for Europe's position and influence in the world which would be compromised by a new war, the emphasis shifted to a more existential concern for preventing such a war. This did not mean however that they sought to accommodate Germany as was the case for certain French pacifists.[60] To the contrary, from 1933-1934

---

55 In the Meeting with the Branchcommittees of the VSE of 17 June 1933 Ros voted in favour of joining Pan-Europa, Van Sijn sent apologies. Ros was not very enthusiastic about the merger, warning that the branches, an important feature of VSE, would suffer from the merger and that Paneuropa would not set up new branches. He also did not like the name Paneuropa. Both Van Sijn en Ros contributed articles to the first edition of *Nieuw Europa* in July 1933 and were appointed to the board on 15 September 1933, *De Nieuwe Koers*, 16, 10 October 1933.

56 G. Duchenne, *Esquisses d'une Europe nouvelle*, *op. cit.*, p. 416.

57 The journal ran from July 1933 till January 1935, when financial reasons made it impossible to continue. The announcements of the *Liga* would continue to be published by *De Nieuwe Koers*, the magazine of the Dutch peace movement. Unfortunately only the editions of *Nieuw Europa* published from July 1933 to November 1933 were found.

58 The Peace Scouts Holland, the International PeaceLeague Basel, Switzerland, the *Liga voor de Vereenigde Staten van Europa*, Holland and members of the *Volontaires de la Paix*, France.

59 H. Stark, "Is 't morgen oorlog?", *Nieuw Europa*, 1, 1 July 1933; "Oproep aan vredesorganisaties", *Nieuw Europa*, 1, 1 July 1933; "Ingezonden brief", *Nieuw Europa*, 1, 2 August 1933; J.H. Ros, "Staat en nationaliteitsbeginsel", *Nieuw Europa*, 1, 3 September 1933; Article 3, "Statuten van de Liga voor de Vereenigde Staten van Europa – Jong Europa", *Nieuw Europa*, 1, 5 November 1933.

60 B. Bruneteau, *"L'Europe Nouvelle" de Hitler: une Illusion des intellectuels de la France de Vichy, Monaco*, Éditions du Rocher, 2003.

they were very clear in their condemnations of events in Nazi-Germany, like the BAE had been.[61] At the same time the *Liga* was highly critical of the League of Nations and placed their hopes in a Central European Government instead.

Where the VSE were a grassroots organisation which, despite its federalism and certain idiosyncrasies, by and large tried to conform to received opinion, the *Liga* was anti-establishment and fulminated against the League of Nations, mainstream Dutch pacifist movement, Coudenhove's Paneuropa, imperialism, fascism, the "bloody international" of the armaments industry and so on. Despite the agitated tone, the analysis of developments in Germany was very acute and principled. Although Schultz van Haegen did establish important links to Europe-wide organisations such as *Jeune Europe*, the effects of his activity on the international field can be questioned. There is little information about whether the *Liga* created a following in the Netherlands. The *Liga's* youth movement with its magazine certainly had a broader reach and did attract reactions from youngsters. Slowly however, the work for Europe became subsumed in the peace movement. By 1936 it was clear that political cooperation in Europe in the near future was out of the question. This did not mean that these activists necessarily gave up on their ideas, rather, they (re)turned more and more toward the peace movement. During and after World War II these ideas, of which the seeds had been planted before, were taken up again and resulted in a fairly successful *Europese Beweging Nederland.*

V. Conclusion

This article for the first time described one of the Dutch Europeanist organisations of the interwar period. With their federalist objective the VSE were highly unusual in the Netherlands. At the same time their projects were distinctly Dutch in their approach.

In the short term they were very successful in setting up an organisation with branches all over the country. This success shows the appeal that the European idea could have in the Netherlands. The demise of the VSE was largely due to internal strife. The lack of success of *Paneuropa Nederland* was due to a lack of support from Vienna, lack of activists with both conviction and time and the political tide that seemed to make European solutions unlikely. The fact that the *Liga* manage to survive for longer must be ascribed to the level of engagement by its core activists and its ties to the peace movement which chimed with the times – despite the disapproval of the LEUE.

---

61 G. Duchenne, *Esquisses d'une Europe nouvelle*, *op. cit.*, p. 379.

In line with the more radical flanks of the peace movement both the VSE and *Liga* were highly critical of the League and its respect for state sovereignty. Instead, conscious of a potential demise of European influence in the world and determined to advance the cause of world peace, they put their faith in a Central European Government. While they prioritised political cooperation, they also had an economic programme in which they pursued free trade. The Central European Government would be responsible for the armed forces and for the administration of the European colonies. With this project the VSE occupied a unique position in the Dutch foreign policy landscape, incorporating elements such as pacifism, colonialism, international cooperation and free trade from the Dutch foreign policy narrative, and combining them with European federalism pursued to its logical conclusion – also in the colonies.

Compared to more high profile organisations such as the EDE or *Paneuropa Nederland*, the VSE had a more middle class, grass-roots character which gave them more freedom to pursue their ideals and up to a point disregard the received *raison-d'état* ultimately relying as it did on Britain.

With the other Dutch Europeanist organisations the VSE helped sensitize Dutch public opinion to the idea of European cooperation. After the experience of World War II, when neutrality was no longer a feasible alternative, a (partly new) generation successfully incorporated European cooperation into Dutch internationalism.

L'européisme au secours de l'universalisme ?

La contribution des militants français pour la SDN au débat européen des années 1920

Jean-Michel GUIEU

Maître de conférences à l'Université Paris-1 Panthéon-Sorbonne (UMR IRICE)

Au XIXe siècle, pacifisme et européisme avaient entretenu des liens étroits, car les projets européens avaient été souvent portés par les milieux pacifistes et la question des États-Unis d'Europe avait été inscrite à l'ordre du jour de plusieurs congrès pour la paix. Mais la création, au lendemain de la Grande Guerre, d'une Société des Nations à vocation universelle, ne devait-elle pas reléguer définitivement l'idée européenne, au sein de ces milieux, au rang des généreuses utopies du passé ? La nouvelle organisation internationale réalisait, en effet, une grande part des aspirations du pacifisme juridique d'avant-guerre, et ses partisans – souvent qualifiés de « pacifistes genevois » – allaient constituer l'aile modérée du combat pour la paix durant l'entre-deux-guerres ; à leurs yeux, seule une Société universelle des Nations semblait désormais capable d'écarter le retour à la guerre par la force du droit.

Toutefois, à la différence de leurs homologues européens, les militants français pour la Société des Nations allaient très rapidement prendre conscience, face à l'évolution de situation internationale, de la difficulté de maintenir la paix sur le vieux continent par le seul recours aux solutions universelles. Aussi le projet d'une union européenne finissait-il par s'imposer dans leurs réflexions comme une nécessité pressante, comme la condition même de la survie du vieux continent.

Nous essayerons donc de montrer ici en quoi le mouvement français pour la SDN a pu constituer dans les années 1920 l'un des creusets méconnus de l'idée européenne, préparant l'initiative du ministre français des Affaires étrangères, Aristide Briand, qui devait proposer en septembre 1929, devant la SDN, de créer entre les peuples européens « une sorte de lien fédéral ». Comment les pacifistes « genevois » parvinrent-ils, non sans vifs débats internes, à concilier universalisme et européisme, en prenant soin de ne pas affaiblir une Société des Nations, déjà largement européanisée, et dont ils se voulaient les meilleurs soutiens ?

I. Les faiblesses de la Société des Nations

A. Une Société des Nations « universelle » ?

Le caractère mondial de la guerre et les discours du président Wilson à la fin du conflit avaient alimenté dans certains milieux un réel enthousiasme à l'égard d'une Société universelle des Nations qui devait être l'instrument privilégié d'une paix durable. Les projets d'unité européenne qui avaient circulé dans les milieux pacifistes avant le cataclysme de 1914-1918 semblaient avoir vécu. Le pacifiste belge Paul Otlet, animateur en France durant la guerre de la Ligue pour une Société des Nations basée sur une constitution internationale, écrivait ainsi en 1917, que l'union qu'il fallait bâtir devait être mondiale, s'étendant « à tous les États indistinctement, ainsi qu'à toutes leurs possessions, colonies et protectorats. [...] Vouloir créer seulement une Union des États de l'Europe c'est méconnaître le véritable caractère des relations mondiales au stade actuel de leur évolution historique »[1].

Les partisans de la Société des Nations considéraient, en effet, qu'une organisation universelle devait être la réponse sur le plan juridique aux formidables mutations économiques et technologiques que connaissait le monde :

> La planète se rapetisse de jour en jour ; les voies de communication sont raccourcies par des canaux et des tunnels ; la vitesse possible des trains et des paquebots augmente ; la télégraphie permet aux informations de faire en quelques secondes le tour du globe ; l'aviation ajoute la conquête de l'air à celle de la terre et de l'eau ; le développement du machinisme modifie profondément les conditions du travail humain, en donnant aux plus humbles les loisirs nécessaires pour développer leur intelligence et élever leur sens moral. L'humanité prend conscience d'elle-même : le règne du droit peut s'établir entre les divers pays du monde, comme il s'est établi autrefois entre les provinces qui constituent notre France[2].

---

1 P. Otlet, *Constitution mondiale de la Société des Nations, Le nouveau droit des gens*, Genève, 1917, p. 61.

2 Discours de Paul Appell, cité dans Association française pour la Société des Nations, *Manifestation nationale en l'honneur de la Société des Nations, le 30 janvier 1920 dans le Grand Amphithéâtre de la Sorbonne sous la présidence de M. le Président de la République*, Paris, 1920, p. 13

Le Pacte de la Société des Nations adopté par la Conférence de la paix en 1919 était donc la première tentative visant à « créer une organisation internationale s'étendant à l'humanité entière, fondée sur le respect du Droit et sur la mutuelle coopération des peuples »[3]. Pour autant, les zélateurs français de la SDN se montraient circonspects à l'égard d'un universalisme prématuré : Léon Bourgeois, président de l'Association française pour la Société des Nations et représentant de la France lors des négociations officielles, considérait que la nouvelle organisation ne pourrait « s'établir qu'entre nations libres, fidèles à la parole donnée, s'étant acquittées de toutes les obligations qui peuvent résulter de leurs fautes passées et se donnant enfin les unes aux autres toutes les garanties nécessaires de fait et de droit »[4]. Ce qui revenait à exclure notamment l'Allemagne qui devait préalablement accepter et subir « toutes les règles du contrôle international auxquelles auront volontairement consenti les autres nations »[5].

Mais rapidement l'aile la plus avancée du mouvement réclama une SDN pleinement universelle, à l'instar de l'historien Alphonse Aulard qui considérait que l'organisation ne serait « efficace que quand elle deviendra[it] universelle, c'est-à-dire quand elle comprendra[it] toutes les nations civilisées[6] », y compris l'Allemagne.

B. Un universalisme prématuré ?

Ce désir d'universalité se heurta néanmoins au refus des États-Unis d'entrer à la SDN, ce qui était « pour la force, pour le crédit de la Société des Nations, une très grave atteinte »[7]. S'ils voulaient croire au départ à une abstention provisoire, les militants français pour la SDN durent bientôt se résoudre à l'idée de « pratiquer la Société des Nations sans les Américains, quelque chagrin que nous éprouvions à n'avoir pas ces chers amis, nos sauveurs, avec nous dans cette grande œuvre humaine »[8].

L'attitude américaine obligea certains militants à reconsidérer la possibilité de réaliser d'emblée une Société universelle des Nations : n'avait-on pas voulu faire d'emblée œuvre trop ambitieuse ? Dès mars

3 *Ibid.*, discours de Ferdinand Buisson, p. 27.

4 Discours de Léon Bourgeois prononcé le 10 novembre 1918 lors de l'assemblée générale constitutive de l'AFSDN, cité dans L Bourgeois, *Le pacte de 1919 et la Société des Nations*, Paris, Eugène Fasquelle Éditeur, 1919, p. 77.

5 *Ibid.*, p. 78.

6 Déclaration d'Alphonse Aulard faite lors du congrès de Milan de l'Union internationale des associations pour la SDN, in *La Paix par le Droit*, février 1921, p. 43-44.

7 Th. Ruyssen, « La Société des Nations en péril », in *Cahiers des Droits de l'Homme*, 10 mai 1921, p. 195.

8 A. Aulard, « Les États-Unis seraient un premier pas vers la Société Universelle des Nations », in *Progrès civique*, 10 avril 1920, p. 9.

1920, le député Jean Hennessy croyait devoir alerter ses collègues à ce sujet :

> On a peut-être cherché à créer une Société des Nations trop vaste et trop grande : on s'est imaginé que les peuples de tous les continents pourraient s'allier entre eux par un lien fédéral et décider, en une communauté de pensées, de leurs diverses destinées. Je crois qu'on a visé trop haut[9].

Jean Hennessy n'était pas le seul à poser dès cette époque le problème de la Société des Nations en termes européens : Alphonse Aulard estimait pareillement que si le caractère mondial de la guerre avait fait étendre l'idée de Société des Nations au monde entier, « c'était peut-être prématuré » :

> Si rapides que soient devenus les moyens de communication entre l'Amérique et l'Europe, le contact physique et moral n'est pas encore assez étroit, assez permanent, pour que le peuple des États-Unis se sente lié aux peuples d'Europe par des liens d'affinité, d'intérêt. [...] En fondant déjà une Société des Nations intercontinentale, on embrassait trop, et c'était, comme dit le proverbe, mal étreindre[10].

L'évolution des relations internationales au cours des années 1920 allait d'ailleurs accroître l'audience de ces pionniers d'une Société des Nations décentralisée. L'échec du Protocole de Genève qu'avait adopté la Ve Assemblée de la SDN en septembre 1924 devait conduire à admettre qu'il était impossible pour le moment « de mettre la paix de l'Europe sous la garantie d'un pacte absolument universel »[11]. Dans le même temps, l'énorme enthousiasme suscité par les accords de Locarno, signés en octobre 1925, semblait donner aux solutions régionales une valeur nouvelle. Joseph Barthélemy considérait qu'ils contenaient les « germes d'une Société des Nations européenne, efficace parce que restreinte, et qui d'ailleurs s'articule sur la SDN universelle »[12].

Constatant que « la solidarité internationale universelle [n'était] pas encore suffisamment intégrée, profonde et consciente pour s'égaliser à la surface de la terre et s'organiser uniformément »[13], nombre de militants français pour la SDN envisagèrent l'organisation d'un regroupe-

---

9 Discours de Jean Hennessy, in *Annales, Chambre des députés, Débats parlementaires*, séance du 27 mars 1920, p. 598-599.

10 A. Aulard, « Les États-Unis d'Europe seraient un premier pas vers la Société universelle des Nations », in *Progrès Civique*, 10 avril 1920, p. 9.

11 Th. Ruyssen, « L'échec au protocole », in *Cahiers des droits de l'Homme*, 10 avril 1925, p. 175.

12 J. Barthélemy, « Après Locarno : vers les États-Unis d'Europe ? », in *Revue politique et parlementaire*, 10 novembre 1925, p. 246.

13 G. Scelle, *Une crise de la Société des Nations. La réforme du Conseil et l'entrée de l'Allemagne à Genève (mars-septembre 1926)*, Paris, PUF, 1927, p. 213-214.

ment européen au sein de la Société des Nations comme le seul moyen de sortir l'institution genevoise de ses difficultés. Construire une Société des Nations universelle avant d'avoir organisé l'Europe n'était-ce pas, selon la formule d'Henry de Jouvenel, « mettre une armée en marche sans se soucier de ses cadres »[14] ?

C. Une Europe en danger

L'Europe souffrait, en effet, de graves divisions qui risquaient d'entraîner sa perte : « Organiser l'Europe ou entrer en décadence : telle est l'alternative impitoyable devant laquelle doit aujourd'hui se placer courageusement chaque Européen[15] », écrivait Henry de Jouvenel dans la *Revue des Vivants*, s'inquiétant de tous les antagonismes suscités par le nouvel ordre européen de 1919-1920 : les traités de paix ont, en effet, « agrandi, jusqu'à l'hypertrophie, en les gonflant de populations minoritaires, certains États que la victoire avait rendus exigeants », et créé « une poussière de petits peuples dont le nationalisme est d'autant plus agressif que leur faiblesse même les met à l'abri des responsabilités dernières[16] ». La pacification du continent paraissait donc encore bien loin d'être garantie. Face à la montée du révisionnisme des vaincus, le rapprochement européen constituait certainement la meilleure solution…

Les divisions de l'Europe étaient également économiques et commerciales. Là encore, la Première Guerre mondiale portait une responsabilité capitale dans le cloisonnement de l'espace commercial européen, du fait du démembrement des grands espaces économiques qui existaient du temps des Empires centraux. Les militants pour la Société des Nations dénonçaient alors « l'absurde fiscalité douanière »[17] qui ralentissait, voire entravait totalement la circulation des richesses entre les différents pays européens. Demeurant dans l'appréhension « d'un renouveau d'hostilités qui obligerait chacun de leurs pays à ne compter que sur ses propres ressources », les gouvernements étaient « hors d'état de réaliser entre eux la division du travail »[18]. D'où ce « formidable

---

[14] H. de Jouvenel, préface à Claude-Henri de Saint-Simon et Augustin Thierry, *De la réorganisation de la société européenne*, Lausanne, Centre de recherches européennes, 1967, p. 18.

[15] H. de Jouvenel, « En Europe ou en décadence », in *Revue des Vivants*, mai 1930, p. 611.

[16] J. Prudhommeaux, « La Fédération européenne et le *Mémorandum* », in *Cahiers des droits de l'Homme*, 10 septembre 1930, p. 509.

[17] Th. Ruyssen, « Les vrais remèdes », in *Cahiers des Droits de l'Homme*, 20 février 1929, p. 117.

[18] H. de Jouvenel, *La Paix française. Témoignage d'une génération*, Paris, Éditions des Portiques, 1932 [10e éd.], p. 292-293.

gaspillage des forces », déploré par Joseph Barthélemy, qui condamnait certains peuples européens « à n'obtenir certains produits qu'à des prix très élevés, tandis que d'autres conservent en excès les mêmes produits qu'ils ne peuvent écouler », avec pour conséquences « la surproduction, la sous-consommation, la cherté de la vie, le chômage, les misères sociales, le malaise généralisé »[19].

Cette « anarchie économique » qui étouffait l'Europe était considérée comme la principale responsable de la moindre prospérité que connaissait l'Europe et de sa difficulté croissante à lutter contre les États-Unis d'Amérique. Ce pays à la brillante réussite économique n'était-il pas un exemple à suivre pour l'Europe, la prospérité américaine provenant largement du fait que « dans cet immense territoire, [...] il n'y a pas de barrière douanière, de sorte que toute industrie a immédiatement à sa portée un immense marché de plus de 120 millions d'habitants »[20]. Mais dans le même temps, on dénonçait les valeurs « d'une civilisation qui n'a qu'un but : entasser des richesses matérielles »[21], manière de démontrer la supériorité de la culture européenne, car sans elle « on ne tarderait pas à perdre de vue cette idée essentielle que la machine est faite pour servir l'intelligence humaine, et non pas l'intelligence humaine pour être asservie par la machine »[22]. L'Europe, berceau de la civilisation, devait donc continuer à jouer son rôle de phare de l'humanité, les autres continents n'étant pas prêts, et de beaucoup, à assumer ce rôle.

II. Quelle architecture européenne ?

A. Ne pas nuire à la Société des Nations

S'agissant d'évoquer concrètement les assises politiques et juridiques de l'Europe à construire, les partisans de la SDN se montraient particulièrement soucieux de ne pas nuire à la jeune organisation internationale. Tout projet européen devait nécessairement s'inscrire dans son cadre et dans son esprit, conformément aux dispositions de son Pacte dont l'article 21 prévoyait explicitement la possibilité d'ententes régionales.

Il s'agissait en quelque sorte de faire reposer la Société des Nations sur des bases continentales solides afin de remédier à un universalisme

---

19 J. Barthélemy, « États-Unis d'Europe », in *Revue politique et parlementaire*, 10 septembre 1929, p. 339.

20 É. Borel, « L'Entente européenne », in *La Dépêche*, 18 septembre 1926, p. 1.

21 R. Cardinne-Petit, « Créer un marché européen et généraliser l'esprit de Locarno, telles sont pour M. Pierre Cot les principales tâches à entreprendre », in *Le Quotidien*, 9 décembre 1929, p. 1.

22 É. Borel, « Coopération européenne », in *Le Monde nouveau*, 15 avril 1927, p. 119-120.

prématuré et défectueux. Dès le début des années 1920, Jean Hennessy défendit l'idée de donner à l'organisation genevoise « des bases solides, sans lesquelles elle ne [pouvait] s'édifier »[23], c'est-à-dire constituer de « grandes fédérations primaires[24] ou Société des Nations réduite, soutiens de la Société des Nations mondiale »[25]. Alphonse Aulard imaginait, dans le même esprit, une Société des Nations « à deux étages » :

> En bas et à la base, l'Europe, une Europe fédérée : au-dessus, à l'étage supérieur, mais dans le même édifice, les peuples des autres continents qui, sans vouloir encore entrer dans une fédération, adhèrent pourtant au Pacte un peu lâche tel que l'a établi ou ébauché le traité du 28 juin 1919[26].

Le discours européen des pacifistes insista invariablement sur l'idée que toute forme d'unité européenne devait se faire « dans le cadre de la Société des Nations et en parfait accord avec le Pacte »[27]. Il ne s'agissait nullement de restreindre l'action générale de la SDN, mais au contraire de la fortifier « intérieurement par la solidité d'une Europe organisée »[28]. La peur de nuire à la SDN était constamment mise en avant par les militants de la SDN. Le juriste Joseph Barthélemy tenait la menace pour réelle, car « en prétendant arranger elle-même ses propres affaires », l'Europe enlève ce soin à l'organisme de Genève :

> Si elle a des organes à elle pour accomplir cette mission, ces organes seront rivaux de l'Assemblée, du Conseil, de la Cour de La Haye, et ils ne pourront avoir d'attributions que celles qu'ils leur prendront. C'est l'évidence même[29].

Or, ce que l'union européenne risquait d'ôter à la SDN pouvait bien être l'essentiel de son activité, car Genève consacrait déjà une très grande part de ses travaux à s'occuper des affaires européennes, du fait de la tendance de la Société des Nations à s'européaniser :

> L'organisation des communications et du transit, les problèmes douaniers, le problème capital de la sécurité, par exemple, sont presque complètement,

---

23 J. Hennessy, « La paix rendue aux peuples par les fédérations primaires », in *Progrès Civique*, 19 février 1921, p. 20.

24 Jean Hennessy entrevoit pour le moment cinq fédérations primaires : fédération de l'Europe occidentale, fédération des États provenant du démembrement de l'Empire russe, fédération chinoise, fédération sud-américaine, fédération nord-américaine.

25 « La paix rendue aux peuples par les fédérations primaires », in *Progrès Civique*, 19 février 1921, p. 20.

26 A. Aulard, « Les États-Unis d'Europe seraient un premier pas vers la Société universelle des Nations », in *Progrès Civique*, 10 avril 1920, p. 9.

27 « L'assemblée générale de l'AFSDN », *La Renaissance*, 18 janvier 1930, p. 7-8.

28 A. Aulard, « Vers les États-Unis d'Europe », *La Dépêche*, 12 juin 1926, p. 1.

29 J. Barthélemy, « L'accueil de l'Europe au Mémorandum », in *Le Monde Nouveau*, août-septembre 1930, p. 421-422.

parfois intégralement, des problèmes européens, et, à l'exception de l'affaire du Chaco, on peut dire que tous les différends qui ont reçu leur solution à Genève et la plupart des affaires qui ont été portées devant la Cour de La Haye furent des litiges européens[30].

Toutes les grandes puissances du Conseil (à l'exception du Japon) étaient effectivement européennes. On pouvait donc raisonnablement se demander si une organisation européenne n'aboutirait pas à vider la SDN de toute sa substance : bref, la fédération européenne n'était-elle pas finalement « de nature à annihiler la SDN »[31] ? Beaucoup continuaient néanmoins de croire qu'on pouvait « rendre service à la Société des Nations elle-même en organisant l'Europe »[32].

B. Une construction institutionnelle modeste

Mais quelle forme juridique devait prendre cette coopération européenne institutionnalisée ? L'unanimité semblait se faire autour d'une construction juridiquement peu contraignante, les militants pour la Société des Nations ne voyant guère la possibilité pour une Europe supranationale de voir le jour dans le contexte des années 1920. Ainsi Émile Borel ne croyait pas envisageable la création d'« États-Unis d'Europe dans lesquels les nations actuellement constituées abdiqueraient une parcelle si faible qu'elle fût de leur indépendance au profit d'un organisme central. Nous savons très bien que plusieurs nations, et non des moindres, ne consentiront jamais à l'heure actuelle à ce qu'elles considéreraient comme une abdication de leur souveraineté [...] »[33].

Joseph Barthélemy estimait donc que « chaque État, pour chaque décision, ne [pourrait] être obligé que par son propre consentement »[34], et c'est pourquoi il se contentait d'évoquer la possibilité d'un organisme certes permanent, mais prenant ses décisions à l'unanimité. Henry de Jouvenel appelait dans le même registre à la création d'un comité européen permanent, siégeant à Genève, et chargé d'étudier « dans un esprit large et souple, toutes les questions qui lui seront soumises et d'assurer ainsi une liaison constante et impartiale entre tous les pays »[35]. Pierre

---

30 G. Scelle, « La Xe Assemblée de la Société des Nations », in *Revue politique et parlementaire*, 10 octobre 1929, p. 49-50.

31 G. Scelle, « Le *Mémorandum* Briand et la Fédération européenne », in *Revue politique et parlementaire*, 10 juin 1930, p. 270-271.

32 Borel, Émile, « Fédération européenne », in *La Dépêche*, 30 septembre 1929, p. 1.

33 E. Borel, « Coopération européenne », *Le Monde Nouveau*, 15 avril 1927, p. 121.

34 J. Barthélemy, « Souveraineté des États et Coopération européenne », in *Revue de droit international*, 1er semestre 1930, p. 437.

35 R. Cardinne-Petit, « "Il faut d'abord résoudre le problème politique", déclare M. Henry de Jouvenel », in *Le Quotidien*, 3 décembre 1929, p. 1.

Cot évoquait pareillement « une conférence européenne » analogue à la « conférence panaméricaine », qui permettrait aux ministres des Affaires étrangères des puissances européennes de se réunir régulièrement afin qu'ils puissent « parler entre eux des intérêts de leurs pays »[36].

Un relatif consensus se dégageait donc au sein du pacifisme genevois autour d'un organisme relativement modeste, certes permanent, mais entraînant le minimum d'abandons de souveraineté. Il s'agissait, en effet, de ne pas gêner l'action de la Société des Nations, voire de la mettre en péril en tentant de réaliser une union plus étroite des peuples européens.

C. L'Europe jusqu'où ?

L'exhortation à l'union n'éludait pas cependant l'épineuse question des limites géographiques d'une union européenne, car si l'on pouvait facilement identifier « tout un noyau d'États qui sont européens sans le moindre doute »[37], trois n'allaient toutefois pas sans poser question : la Turquie, la Russie et la Grande-Bretagne.

Le problème pour les deux premiers d'entre eux résidait dans le fait qu'ils s'étaient développés historiquement en Asie et en Europe. La Première Guerre mondiale avait néanmoins marqué, aux yeux de Jean Hennessy, leur recul vers l'Orient, la nouvelle carte politique de l'Europe faisant « apparaître l'État russe ramené vers l'Asie et la Turquie repliée sur l'Asie mineure »[38], toutes deux désormais plus asiatiques qu'européennes. Pour autant, Jean Hennessy se demandait s'il fallait les exclure de toute construction européenne puisque, toute question politique mise à part, la Russie comprenait une grande partie de son territoire en Europe et la Turquie commandait l'un des passages maritimes les plus importants.

Toutefois pour la Russie, la question n'était évidemment pas seulement géographique, mais aussi politique, ce pays possédant une « organisation intérieure [...] entièrement différente de celle de tous les autres États d'Europe »[39], comme le soulignait Émile Borel. Et cette puissance présentait encore pour beaucoup un caractère menaçant : était-il donc sage, ainsi que s'interrogeait Joseph Barthélemy, « de prétendre cons-

---

36 R. Cardinne-Petit, « Créer un marché européen et généraliser l'esprit de Locarno, telles sont pour M. Pierre Cot les principales tâches à entreprendre », in *Le Quotidien*, 9 décembre 1929, p. 2.

37 E. Borel, « États-Unis d'Europe », in A.-F. Frangulis (dir.), *Dictionnaire diplomatique*, vol. 1, Paris, 1933, p. 872.

38 J. Hennessy, « Union européenne (Projet d') », in *Dictionnaire diplomatique*, *op. cit.*, p. 1010.

39 É. Borel, « États-Unis d'Europe », in *Dictionnaire diplomatique*, *op. cit.*, p. 872.

truire l'Europe avec la collaboration d'un peuple dont la principale ambition est de la détruire. C'est un problème dont la solution n'est pas facile »[40]. Émile Borel, prudent, préférait repousser le débat, ne jugeant pas l'adhésion immédiate de ces États comme indispensable à l'organisation initiale d'une union européenne, même s'il déclarait « souhaiter que la Russie et la Turquie puissent prendre leur place dans une Europe unifiée »[41].

Plus délicate semblait être la question de la participation britannique à un regroupement européen : même les pacifistes genevois considéraient l'Angleterre comme la moins européenne des puissances européennes, ils se refusaient pour autant à concevoir une fédération européenne sans elle : « Avec l'Angleterre, c'est la logique, c'est notre désir ; contre l'Angleterre jamais », s'exclama Joseph Barthélemy[42]. Émile Borel se montrait également un ardent partisan de la coopération britannique mais ne se dissimulait pas l'existence d'une « différence incontestable [...] entre la manière d'envisager l'Europe pour les peuples du continent et pour les Anglais »[43]. Il espérait toutefois que les Anglais comprendraient qu'il était de leur intérêt de ne pas laisser l'Europe se fédérer en dehors d'eux.

III. Les aléas d'un engagement européen

A. Les résistances internes au projet européen

L'idée de constituer un groupement européen au sein de la SDN n'allait pas, néanmoins, sans susciter certaines interrogations, voire certaines oppositions au sein même du mouvement pour la SDN. Le secrétaire général de l'Union internationale des associations pour la SDN, le français Théodore Ruyssen, avouait lui-même que ses « préférences demeur[ai]ent pour les solutions universelles, selon l'esprit du Pacte »[44] et que c'était donc « à regret » qu'il acceptait de défendre l'idée des « pactes régionaux »[45]. La conclusion de tels accords soulevait dans son esprit bien des objections, car ils lui rappelaient particulièrement les alliances et contre-alliances qui avaient mené à la guerre mondiale. Il

40 Comité national d'études sociales et politiques (CNESP), *Crise économique – Union européenne*, communication de Joseph Barthélemy à la séance du 6 juillet 1931, p. 6.

41 É. Borel, « États-Unis d'Europe », in *Dictionnaire diplomatique*, *op. cit.*, p. 872.

42 Communication de Joseph Barthélemy à la séance du 6 juillet 1931 du CNESP, *op. cit.*, p. 4.

43 É. Borel, « Fédération européenne », in *La Dépêche*, 30 septembre 1929, p. 1.

44 Th. Ruyssen, « L'Empire britannique et la Société des Nations », in *La Paix par le Droit*, février 1925, p. 75.

45 *Ibid.*

espérait néanmoins que ces pactes régionaux pourraient permettre « d'assainir ou tout au moins d'anesthésier » les « points malsains et douloureux »[46] d'une Europe malade de la paix.

La crainte de voir succéder aux rivalités nationales l'affrontement de blocs régionaux antagonistes était présente dans bien des esprits, comme en témoigne cette déclaration d'un professeur au lycée Buffon et ancien combattant, nommé Rebois, lors de l'assemblée générale annuelle de l'Association française pour la SDN, le 19 décembre 1926 :

> Si l'universalité espérée de la SDN se résout en une multiplicité d'associations partielles, forcément appelées à se heurter et peut-être à se combattre, les foules se détacheront de cette Société des Nations, impuissante à leur apporter la paix. En particulier, ceux qui se sont sacrifiés sur les champs de bataille pour mettre fin aux carnages n'auront plus foi en elle[47].

Les partisans français d'une entente européenne peinaient d'ailleurs à imposer leur point de vue à leurs homologues européens. En octobre 1926, Alphonse Aulard avait demandé l'inscription de la question des « États-Unis d'Europe » à l'ordre du jour du prochain congrès de l'Union internationale des Associations pour la SDN qui devait se tenir à Berlin en mai 1927. Mais cette assemblée fut loin de valider les thèses françaises, rappelant que le but du mouvement devait demeurer celui d'une Société des Nations unie et universelle. L'opposition venait notamment de la puissante association britannique pour la SDN, la *League of Nations Union*, qui avait mis en valeur le risque « de s'écarter des principes de coopération universelle qui sont dans le Pacte »[48] et souligné les dangers de l'approche régionaliste :

> De puissantes fédérations continentales d'États liés entre eux par une Société des Nations mondiale faible pourraient aboutir à l'établissement d'un continentalisme agressif dont l'issue ne saurait être qu'une nouvelle guerre planétaire[49].

De son côté, le professeur suisse, Ernest Bovet, avait mis en garde ses collègues « contre les tentatives par trop théoriques tendant à modifier le Pacte de la SDN. [...] Un démembrement continental serait

---

46 Th. Ruyssen, « L'organisation démocratique de la paix », in *Cahiers des Droits de l'Homme*, 15 septembre 1925, p. 426.

47 AFSDN, *Procès verbal de l'assemblée générale du 19 décembre 1926*, p. 36.

48 Bibliothèque de Documentation internationale contemporaine (Nanterre), Fonds Jules Prudhommeaux, F°Δ rés. 718/2/2, League of Nations Union, Rapport du comité spécial sur les ententes continentales ou autres au sein de la Société des Nations.

49 *Ibid.*

inopportun parce qu'il ne correspondrait pas à la distribution politique et économique du monde »[50].

Face à ces fortes résistances, le militantisme européen de certains pacifistes genevois trouva à s'exprimer dans un autre cadre, celui du Comité fédéral de Coopération européenne, fondé par l'une des figures les plus marquantes du pacifisme sociétaire français, Émile Borel.

B. L'action du Comité fédéral de coopération européenne

Aux origines du Comité fédéral se trouve la création avortée d'une Fédération pour l'Entente européenne constituée à Genève, le 2 septembre 1926, sous la présidence d'Émile Borel.

Cette initiative initiée outre-Rhin avait rapidement rencontré des difficultés à développer son activité en raison non seulement du changement d'atmosphère européenne mais aussi de la faiblesse du nombre de ses sections nationales dûment organisées. Le retrait des Anglais sonna l'échec final de cette tentative, Français et Allemands n'entendant pas, poursuivre leurs efforts sans une collaboration britannique.

Constatant l'échec de l'Entente européenne, Émile Borel se désolidarisa de l'aventure et créa bientôt, le 25 mars 1927, un Comité français de coopération européenne, dont le but était de « développer la coopération des peuples de l'Europe dans le cadre et dans l'esprit de la Société des Nations »[51]. Borel parvint à attirer vers le Comité une grande partie de l'état-major du mouvement pour la Société des Nations[52], ainsi que d'éminents représentants du BIT[53] et un grand nombre de députés et sénateurs de diverses sensibilités, allant du socialisme modéré à la droite parlementaire. Au début de 1928, des comités de Coopération européenne se constituèrent parallèlement en Allemagne et en Autriche. Le 28 juin, les comités français et allemand purent alors adresser une circulaire à la douzaine d'États ayant participé à l'aventure de l'Entente européenne, les priant de suivre leur exemple et de fonder leur comité national de Coopération européenne. Dans le même temps, Émile Borel réussit à convaincre les Anglais de se joindre au mouvement, par la

50 Archives de la SDN (déposées à la Bibliothèque des Nations unies, Genève), P. 093, Congrès de l'UIASDN de Berlin (1927), intervention d'Ernest Bovet devant la Commission des Questions politiques et juridiques de l'UIASDN, 27 mai 1927.

51 Archives nationales (Paris), 313 AP 220, Brochure du Comité français de coopération européenne, p. 5.

52 Citons notamment les noms de Paul Appell, Alphonse Aulard, Joseph Barthélemy, Jules Basdevant, Pierre Cot, Jacques Dumas, Justin Godart, Léon Jouhaux, Henry de Jouvenel, Robert Lange, Emmanuel de Las Cases, Germaine Malaterre-Sellier, Aline Ménard-Dorian, Joseph Paul-Boncour, Jules Prudhommeaux…

53 Son directeur, Albert Thomas, et le président de son conseil d'administration, Arthur Fontaine.

création d'un Comité de coopération européenne au sein de la puissante *League of Nations Union*. La voie était désormais ouverte à une nouvelle tentative de constituer un mouvement international, et les 24 et 25 novembre 1928, tous les comités nationaux de Coopération européenne se réunirent à Paris afin de se constituer en un Comité fédéral dont la présidence fut fort naturellement confiée à Émile Borel.

La doctrine plutôt vague de la nouvelle organisation laissait clairement transparaître une volonté de large rassemblement au-delà des sensibilités individuelles et nationales, son but déclaré étant de

> grouper méthodiquement, sans acception de partis, toutes les forces politiques, économiques et morales qui tendent à organiser et à développer, entre les nations européennes, dans le cadre et dans l'esprit de la Société des Nations, une constante coopération propre à abaisser progressivement les barrières qui les séparent, à affirmer leur désir de paix, à permettre la solution des questions qui leur sont propres et en général à augmenter leur bien-être moral et matériel[54].

Ce qui comptait finalement le plus pour Émile Borel et pour ceux qui le suivaient, c'était d'organiser des rencontres périodiques entre les élites européennes et de les amener ainsi à mieux se comprendre. En fait, le seul point de doctrine auquel s'attachait le Comité et qui pouvait le différencier d'autres organisations pro-européennes, c'était sa foi dans la SDN et sa volonté de ne pas gêner son œuvre. Le Comité fédéral souhaitait d'ailleurs travailler en étroite liaison avec l'Union internationale des associations pour la SDN dont faisaient partie un grand nombre de ses membres. Grâce à son programme peu compromettant et à ses relais dans les milieux genevois, la Coopération européenne parvint à constituer un réseau européen d'une vingtaine de comités nationaux, qui ne firent évidemment pas tous preuve d'une égale activité.

C. Un Soutien critique au projet Briand

Dans la continuité de leurs positions exprimées par le passé, les militants français pour la SDN accueillirent favorablement la proposition du ministre français des Affaires étrangères, Aristide Briand, de créer une fédération européenne dans le cadre de la Société des Nations. Le 15 décembre 1929, l'assemblée générale de l'Association française pour la SDN prit ainsi acte « avec la plus grande satisfaction de l'initiative prise par M. Aristide Briand en vue de réaliser une Fédération des États d'Europe »[55].

---

[54] Archives du Bureau international du Travail (Genève), D 600/1000/126/2, note d'Edgar Milhaud destinée à Albert Thomas, 26 novembre 1928, p. 4.

[55] « L'assemblée générale de l'Association française pour la Société des Nations », in *La Renaissance*, 18 janvier 1930, p. 7-8.

Mais l'enthousiasme initial devait laisser bientôt place à un soutien plus critique, une fois le projet français précisé, en mai 1930, par un mémorandum « sur l'organisation d'un régime d'union fédérale européenne ». Or ce dernier souleva un certain nombre d'inquiétudes. Les militants français reprochaient notamment à ce document de parler un langage juridique fort peu rigoureux, employant de manière équivalente des formules aussi variées qu'« organisation fédérative de l'Europe, coopération européenne, lien fédéral entre les États européens, coordination des activités européennes, meilleur aménagement d'une Europe simplifiée, régime d'union fédérale... j'en passe »[56].

D'autre part, le mémorandum français faisait reposer la future fédération européenne sur le principe du maintien de l'entière souveraineté des États membres, ce que Georges Scelle considérait comme une « impossibilité logique et juridique. Lorsque le *Mémorandum* affirme le contraire, il ne peut évidemment s'agir que d'une "vérité diplomatique" »[57]. Émile Borel lui-même reprochait à Briand d'avoir « cru devoir faire dans son *Mémorandum* des concessions verbales excessives »[58] à la notion de souveraineté.

Enfin, les futurs organes de la fédération européenne tels qu'ils étaient décrits (conseil, assemblée et secrétariat) paraissaient devoir aboutir à un véritable dédoublement de la Société des Nations, en quelque sorte « une seconde SDN, mais à l'usage de l'Europe seulement », en tout état de cause « une duplication fâcheuse des rouages de Genève, et, par conséquent, une diminution de la compétence et des attributions de l'organisation mondiale »[59].

Le soutien critique des Français fut rapidement confronté à la franche hostilité du mouvement international pour la Société des Nations. En juin 1930, l'assemblée plénière de l'Union internationale écarta d'emblée tout débat approfondi sur le *mémorandum* Briand et se contenta d'adopter, sur proposition britannique, une résolution platonique, recommandant aux gouvernements et à la Société des Nations de faire une étude approfondie du projet français.

La création d'une modeste Commission d'étude pour l'Union européenne décidée par la XIe Assemblée de la SDN en septembre 1930 était

---

56 Communication de Joseph Barthélemy à la séance du 6 juillet 1931 du CNESP, *op. cit.*, p. 6.

57 B. Mirkine-Guetzevitch, G. Scelle, *L'Union européenne*, Paris, Delagrave, 1931, p. 28.

58 É. Borel, « L'Europe à Genève », in *La Dépêche*, 14 juin 1930, p. 1.

59 Rapport de Théodore Ruyssen sur la fédération européenne, assemblée générale de l'APD de Boulogne, séance du 2 novembre 1930, in *La Paix par le Droit*, février 1931, p. 80.

donc de nature à rassurer les pacifistes les plus inquiets. Début 1931, Ruyssen pouvait donc considérer comme « heureux [...] qu'après de fâcheux tâtonnements, l'union européenne ait été allégée des projets prématurés d'union politique et que les problèmes économiques aient passé au premier plan. Il est plus heureux encore que l'union européenne se soit affirmée avec solennité comme une concrétion interne de la Société des Nations elle-même »[60]. Mais l'activité de cette commission d'étude fut rapidement paralysée en raison de la dégradation du contexte international et de la mauvaise volonté des États européens. Le grand élan européen des années 1920 avait vécu...

IV. Conclusion

Au final, on notera que la problématique européenne est apparue très précocement au sein du mouvement français pour la SDN, l'idée d'un groupement européen au sein de la Société des Nations étant regardé par beaucoup comme la solution la plus capable de fortifier son activité, dans une partie du monde où la nécessité d'agir était jugée la plus pressante.

Ce projet européen ne fut pas sans rencontrer nombre de critiques, chez les militants français comme parmi leurs homologues étrangers ; mais il n'en demeure pas moins que la question de la construction d'une union européenne a fait alors l'objet d'une étude fort approfondie dans ces milieux et que ces débats ont indubitablement contribué à préparer l'atmosphère favorable à l'initiative lancée par Aristide Briand à la fin des années 1920. Mais le projet français fut finalement accueilli avec certaines réserves par les pacifistes genevois et son échec final les amena à renoncer dans les années 1930 à développer tout nouveau projet de construction européenne afin de réformer une SDN de plus en plus moribonde.

L'idée européenne allait néanmoins ressurgir au sein des milieux genevois à la faveur de la « drôle de guerre », les Français trouvant désormais les Britanniques dans de meilleures dispositions sur ce sujet : début mars 1940, l'Association française pour la SDN et la *League of Nations Union* parvinrent même à s'accorder sur une déclaration commune réclamant l'institution, dans le cadre d'une SDN aussi universelle que possible, d'une « association d'États » ou « groupe d'États », dont la base serait franco-britannique, mais ouverte à d'autres États, et « dont l'agrégation successive tendrait à constituer l'instrument nécessaire à la

[60] Th. Ruyssen, « Le premier décennaire de la Société des Nations », in *Bulletin de l'Union internationale des associations pour la SDN*, janvier-févier 1931, p. 6.

coopération européenne »[61]. Français et Britanniques étaient désormais d'accord pour créer, à l'intérieur d'une organisation universelle, un regroupement européen disposé à une application plus exigeante des principes de la sécurité collective.

[61] Archives nationales (Paris), 382 AP 24, Déclaration commune des associations française et britannique, 11 mars 1940.

Poland towards European Integration Projects, 1918-1989

Idesbald GODDEERIS

Professor at the Katholieke Universiteit Leuven

Poland is part of the so-called New Europe, but has been involved in European integration for decades. This chapter focuses on two major areas: Polish politicians and society during the interwar period, and Polish exiles during and after World War II. It discusses Polish projects as well as Polish reaction to foreign initiatives on European integration. In the last part, some scholarly debates on efficiency and on the role of Poles in the integration process, particularly that of Polish exiles, are touched upon.

I. Integration Projects in the Interwar Period

The idea of European federalism did not arise in Poland in the 20th century, but was actually a much older concept. In 2009, Poland organized an exhibition on the subject at the European Parliament. The show not only referred to the Polish-Lithuanian Commonwealth, but also cited dozens of Poles who published on Europe in the 19th century: enlightened thinkers (Stanisław Staszic), poets (Adam Mickiewicz), diplomats (Adam Jerzy Czartoryski), radicals (Stanisław Worcell), historians (Stefan Buszczyński), socialists (Bolesław Limanowski), soldiers (Józef Hauke-Bosak), etc.[1] Poles also participated in foreign projects. In the 1830s, *Młoda Polska* or Young Poland was, along with

[1] R. Wąsowicz, "19th Century – Let us be Europeans", in *Federalism in the History of Poland. The free with the free, the equal with the equal. Exhibition organised upon the initiative of the Marshal of the Sejm Bronisław Komorowski, and presented at the European Parliament in April 2009*, p. 51-70. Online at http://libr.sejm.gov.pl/oide/wystawa2/brochure.pdf.

La giovine Italia and *Junges Deutschland*, a major group within Giuseppe Mazzini's Young Europe movement.[2]

However, more concrete initiatives on European unification only appeared after World War I. One of the first modern architects of European integration was Richard Coudenhove-Kalergi. In the early 1920s, this Austrian count called for a *Pan-Europe* and a United States of Europe. Having been traumatized by the devastation of World War I, as well as apprehensive of the communist victory in Russia, he insisted on more collaboration in order to avoid any future calamity. His Europe consisted of continental countries, with both the British Empire and Soviet Russia excluded. During the interwar period, Coudenhove-Kalergi promoted his ideas in various ways. He published a periodical *Paneuropa* (1924-1938), organized congresses of the Pan-European Union, founded Pan-European committees in certain countries, and lobbied many European policy- and opinion-makers.

Poland was initially open to the Pan-European projects. In 1925 and 1926, the Polish press paid a great deal of attention to the ideas of Pan-Europe and to the visit of Coudenhove-Kalergi to Warsaw. A Polish committee of the Pan-European Union was founded, led by Aleksander Lednicki. Poles actively participated in the First Congress of the movement which was held in Vienna in October 1926. The Poles shared Coudenhove-Kalergi's view that peace should be promoted, Germany should respect the Versailles agreements, economic collaboration should be intensified, and a customs union should be envisaged. They paid no heed to the fact that Coudenhove-Kalergi had actually made little mention of Poland in his writings. In his first book *Paneuropa* (1923), the country was only mentioned within the context of the disintegration of Charlemagne's empire and World War I, an oversight which left the impression that it had had little bearing on Europe's past. It was apparent that Coudenhove-Kalergi did not understand Polish self-perception and interest. While Poles saw themselves as the *antemurale christianitatis*, having saved Europe from a Bolshevik invasion in 1920, just as they had done from the Tatars in the 13th and from the Ottomans in the 17th century, he labelled the new independent country as weak and blamed it for waging a new war against Ukraine after the armistice of 1918.[3]

---

2 Not to be confused with the Art Nouveau movement in Poland. See S. Sokołowska, *Młoda Polska. Z dziejów ugrupowań demokratycznych Wielkiej Emigracji*, Wrocław, 1972.

3 K. Ruchniewicz, "Paneuropa hr. Richarda Coudenhove-Kalergiego a Polska", in M. Wojciechowski, *Polska wobec idei integracji europejskiej w latach 1918-1945*, Toruń, Wyd. Uniwersytetu Mikołaja Kopernika, 2000, p. 53-56.

Not surprisingly, the Polish stance to a Pan-Europe changed from 1927 onwards. Coudenhove-Kalergi increasingly made concessions to the Germans in order to maintain their enthusiasm for his ideas, a situation that was met with opposition in Poland as well as in other countries such as France. Coudenhove-Kalergi's article *Krieg oder Frieden?* (War or Peace?), published in the first *Paneuropa* issue of 1927, particularly raised concern in Poland. Coudenhove-Kalergi had demanded territorial concessions from Poland and Lithuania. The two countries were to be united once again, Vilnius was to be returned to Lithuania, and the Memel region was to be given to Germany. This was staunchly opposed to in Poland, as well as by both the Pan-European and pacifist movement. When Coudenhove-Kalergi visited Warsaw in 1930, he was jeered by the crowd who heckled slogans such as "Jew" and "Bolshevik". However, the Austrian count did not learn his lesson from this experience. In a new article, *Revision oder Katastrophe?* (Revision or Catastrophe?), he suggested that the Treaty of Versailles should be revised and that, *inter alia*, the Polish corridor and the Free City of Gdańsk/Danzig, should be returned to Germany. Not surprisingly, Poland turned its back on the Pan-European Movement. It did not actively participate in any further congresses of the Pan-European Union, sending only observers. In this way, the Poles had anticipated the ultimate downfall of the movement in the mid-1930s.[4]

By then, another major initiative of European integration had also failed. In 1929, French Foreign Minister Aristide Briand proposed creating a European federation of 27 countries. His ideas did not fundamentally differ from those of Coudenhove-Kalergi, namely that they concerned economic integration, security, political cooperation, the struggle against Communism, and solidarity between Europeans. However, Briand had a much broader audience, being a practical politician rather than a theoretical thinker. He gave his first speech on the subject at the League of Nations in September 1929. However, Briand still met with a great deal of opposition. Hungary, Ireland, the Soviet Union, Great Britain, the Scandinavian countries, all of them were critical about the proposals. His most celebrated supporter was his German counterpart, Gustav Streseman, with whom Briand had received the Nobel Peace Prize in 1926. However, Streseman died in October 1929.

Apart from Germany, Poland was also supportive of Briand's ideas. At a meeting in Geneva, during which Briand's *Memorandum on the Organization of a Regime of European Federal Union* was discussed, it was the Polish Foreign Minister, August Zaleski, who averted a disaster.

---

4 A. Barabasz, *Polacy i Polska wobec idei integracji europejskiej w latach 1915-1957*, Toruń, Wydawnictwo Adam Marszałek, p. 30-40.

Opposition to Briand's ideas was in such evidence that he refused to speak, leading to Zaleski writing a new resolution. The reason for his support was not Europeanist, but national. Briand indeed supported the Polish standpoint regarding Danzig/Gdańsk when the Germans had expressed their desire for a separate representative of the free city to take seat in a commission that had been created to study new ideas. However, Briand reiterated that Gdańsk was represented by Poland. Unfortunately, events took over and Polish support no longer mattered. The Great Depression of the early 1930s put all integration plans on a back burner. Moreover, Briand was not re-appointed to the Foreign Ministry after the French government's fall in January 1932 and died in March of the same year.

In addition to these Pan-European projects, the interwar period also witnessed initiatives on regional cooperation and integration. Even before the war between the Bolsheviks and other Eastern European countries had ended, several Polish authors had launched the idea of a vast federation under Polish dominance. In a book published in 1919, Włodzimierz Wakar presented the idea of a so-called Isthmus: a bloc of middle and small countries in Central and Eastern Europe. Three years later, Emmanuel Malyński wrote of similar ideas in his book *How to save Europe?* which was translated into a number of other European languages. Malyński proposed dividing Europe into regional blocs. One of them was to be controlled by a Poland stripped of Lithuania (which would pass to German rule), but awarded a port on the Black Sea. All of these blocs would be united by a system of free trade and military alliances.[5]

Such projects shared the same motives and interests. Poles were primarily keen on regional integration in order to withstand the Russian and Communist threat. Moreover, now that they had regained independence after more than a century of control under Austria, Russia and Prussia/Germany, they hoped to restore the country with borders reminiscent of the Jagiellonian kingdom and the Polish-Lithuanian Commonwealth that had been carved up in the late 18th century. However, their neighbours had other visions of regional collaboration. Poland was on bad terms with both Lithuania and Czechoslovakia due to border disputes. As a consequence, it was excluded from the Little Entente: the alliance between Czechoslovakia, Romania and Yugoslavia against an irredentist Hungary.

5 T. Lane, M. Wolański, *Poland and European Integration. The Ideas and Movements of Polish Exiles in the West, 1939-91*, Houndmills (Basingstoke, Hampshire), Palgrave MacMillan, p. 12-15.

Poland's foreign policy was therefore primarily based on bilateral agreements. Warsaw initially saw France as its main ally but was disappointed with the Locarno treaty of 1925, which left the eastern borders of Germany open to revision. Poland also became increasingly distrustful of the League of Nations and eventually signed non-aggression treaties with the Soviet Union in 1932 and with Germany in 1934. The latter agreement has often been criticized as either an act of proto-fascism, as an aspiration to the status of a Great Power, and/or as a return to 19th century bilateralism, rather than contributing to regional cooperation. However, the Polish historian Marek Kornat emphasizes that the primary goal was equilibrium between all of Poland's neighbours.[6]

It was only in 1937 that Józef Beck, Poland's Foreign Minister between 1932 and 1939, launched a new concept of the Third Europe: a union of the small Central and Eastern European countries under Polish hegemony. This plan remained a dead letter: not only was it opposed to by the countries that were to be part of it, but inevitably because Poland fell victim to German and Soviet aggression in September 1939.[7]

II. Talks about Regional Integration during World War II

At the end of September 1939, many Polish politicians and army divisions escaped via Romania to France. Polish troops participated in the defence of the country in May and June 1940, but fled to the United Kingdom after the new defeat. There they met with many other governments in exile: not only fellow Central Europeans, but also Western and Northern European ones.[8] In the following years, many Poles profited from this concentration of policy-makers to create networks and to reflect on collaboration after the war. Some of them focused on regional integration within Central and Eastern Europe, while others set the bar higher and involved themselves in Pan-European integration. Strikingly, Poles were initiators at both levels. Undoubtedly, their experience of being sandwiched between Germany and Soviet Russia, and their long record of division and occupation persuaded them even more than other

---

6 M. Kornat, "The Policy of Equilibrium and Polish Bilateralism, 1934-1939", in P. Wandycz, J. Micgiel (eds.), *Reflections on Polish Foreign Policy. Proceedings from the Conference sponsored by the East Central European Center Columbia University and Józef Piłsudski Institute for Research in the Modern History of Poland, 17 November 2005*, New York, 2007, p. 47-88.

7 M. Kornat, "Realna koncepcja czy wizja ex post? Polska idea 'Trzeciej Europy' (1937-1938)", in *Sprawozdania Komisji Środkowo-Europejskiej Polskiej Akademii Umiejętności*, No. 17, 2007, p. 149-187.

8 M. Conway, J. Gotovitch (eds.), *Europe in Exile: European Exile Communities in Britain, 1940-1945*, New York, Berghahn Books, 2001.

countries to seek salvation in collaboration. Some Poles were even willing to give up parts of their own national sovereignty.

The most famous initiative took place on governmental level. Between 1940 and 1943, representatives of the Polish and the Czechoslovakian governments in exile discussed the foundation of a Polish-Czechoslovak confederation. A first meeting between the two countries' Foreign Ministers, Edward Raczyński and Hubert Ripka, had already taken place as early as 18 September 1940. This led to a Declaration of Edvard Beneš and Władysław Sikorski on 11 November of the same year. Both Prime Ministers agreed to set up "some sort of Federal Union", something more than a simple alliance. Details were to be elaborated from 1941 onwards. A joint committee and several subcommissions were established.[9]

However, they made little progress. Czechoslovaks were suspicious of Polish imperialist ambitions and their territorial claims in Cieszyn/Těšín Silesia. Moreover, they did not share the Polish Russo-phobia and were open to an alliance with the Soviet Union after Hitler had invaded the country in June 1941. The Czechs and the Slovaks were also much more suspicious of the Western allies, who had betrayed them at the Conference of Munich of September 1938.

Eventually, an agreement on the fundamental principles of a Czech-Polish confederal union was published in January 1942. It did not commit any of the two partners, and major issues, such as foreign policy, economy, and the military, remained solely within national jurisdiction. Also, collaboration was limited to a confederal and intergovernmental level and did not embody federalism. Some historians, such as Józef Łaptos, therefore assess the agreement as a failure, but others, such as Thomas Lane, emphasize that the agreement was extremely wide-ranging and covered large areas of governmental responsibilities.[10]

Moreover, the agreement triggered other initiatives. After Greece and Yugoslavia had fallen victim to German aggression in April 1941, the regional collaboration expanded to the Balkans. In the course of 1941, the old idea of an Intermarium gained popularity: a federation of states between the Baltic and the Aegean Sea or, more concretely, Poland, Czechoslovakia, Yugoslavia, and Greece. Their territories were not united, but Austria and Hungary were seen as threats, both in the past for having been the pillars of the Habsburg double monarchy, and in the present for being close allies to the Third *Reich*. In January 1942,

9 P. Wandycz, *Czechoslovak-Polish Confederation and the Great Powers 1940-1943*, Bloomington Ind., Indiana University Press, 1956.

10 Some voices in T. Lane, M. Wolański, *Poland and European Integration, op. cit.*, p. 49.

the same month as the agreement between Czechoslovakia and Poland had been signed, Greece and Yugoslavia agreed on the fundamentals of a Balkan Union, which also embraced collaboration in the realms of foreign policy and defence. Also in January 1942, a Central East European Planning Board was established in New York. It was an advisory platform that united Czechoslovakia, Greece, Poland, and Yugoslavia and was to reflect on post-war collaboration.

The Central East European Planning Board was not the first initiative of Central European exiles in the United States. Already in 1940 they had founded the American Committee for the Reconstruction of Europe, which issued the monthly journal *New Europe* from December 1940 onwards. Unlike the initiatives in London, the large community of anti-fascist Austrian and Hungarian refugees in the US was also involved in these projects. One of the key figures was the authoritative Polish historian of Austrian descent, Oskar Halecki. In many of his publications, Halecki presented an East Central European federation as the logical consequence of historical and cultural similarity. Other Poles went even further. Anatol Mühlstein launched the idea of the United States of Central Europe and even proposed a federal constitution for this new entity. The diplomat Roman Michałowski reflected, together with American military experts, on security and drew borders and maps of a Federation for Eastern Europe.[11] Another key Polish figure was *New Europe*'s editor: Feliks Gross, a former lecturer of sociology at the Jagiellonian University in Cracow and supporter of Coudenhove-Kalergi's Pan-European movement.[12]

In January 1942, Gross became Secretary General of the Central East European Planning Board. In spite of the organization's geographical focus on four countries and its exclusion of Austria and other Central and Eastern European partners, most other Poles from the *New Europe* network joined the new Planning Board also. When the Central East European Planning Board created a separate institute to foster democratic thinking, both Gross and Halecki received the floor at its inauguration. Further more, Gross became Secretary General of this Institute on Educational Reconstruction of Central and Eastern Europe. Halecki, for his part, was Director of the Polish Institute of Science and Arts in America, which was connected to the Institute on Educational Reconstruction.[13]

---

11 S. Łukasiewicz, "Polish Federalists in the United States after 1940 and their efforts to influence American policy towards Central Europe", in T. Lane, M. Wolański (eds.), *Poland and European Unity: Ideas and Reality*, Wrocław, Wrocław University Press, 2007, p. 153-155.

12 K. Ruchniewicz, "Paneuropa", *op. cit.*, p. 58.

13 A. Barabasz, *Polacy i Polska wobec idei integracji europejskiej*, *op. cit.*, p. 140-143.

However, briefly after their creation, these institutes and platforms met with the limits of regional collaboration. In 1943, Gross increasingly complained about tension between Yugoslavia and Greece. Polish and Czechoslovakian collaboration decreased as well. Although the four countries held talks in 1943 about a Federation of Central and Southern European States, their projects were not executed. The differences between the separate countries were much greater than the common interest of security and peace. Feliks Gross still published his ideas on a Democratic Federation of East-Central Europe in 1945, but he had been caught up by the geopolitical events and did not have an impact on post-war rebuilding.[14]

III. Józef Retinger and the European Movement

Other Polish exiles joined the initiatives that were set up by Western Europeans. Some of them even took the lead in these developments. The most famous one is Józef Retinger, an advisor to Prime Minister Sikorski. Retinger was closely involved in the rapprochement with Czechoslovakia, but from 1941 onwards, he also held talks with exiled politicians from Westerns states about the possibility of European post-war integration.

According to Retinger himself, the Belgians showed the most interest. Retinger had a first meeting with the liberal Marcel-Henri Jaspar in December 1940 and maintained close contacts with him during the war. Both organized a first meeting between Sikorski and the Belgian Prime Minister in exile, Hubert Pierlot, which took place in February 1941. Retinger found an even better interlocutor in the former Belgian Prime Minister Paul van Zeeland, who had spent the first year of the war in Lisbon and New York, but who arrived in London at the end of June 1941. Barely a week later, Retinger and van Zeeland met for the first time and discussed the post-war organization of Europe. Both politicians reflected on what would become the Independent League for Economic Cooperation, ultimately established after the war.

In addition, Retinger also met with British and Dutch politicians. Amongst the latter, he found most support for his European ideas from Pieter Kerstens, the Minister of Commerce. However, the Dutch Prime Minister Pieter Sjoerds Gerbrandy and Foreign Minister Eelco van Kleffens were less enthusiastic, rather favouring Atlantic cooperation.[15] Retinger was thus not successful in the field of European integration.

---

14 F. Gross, *Crossroads of Two Continents. A Democratic Federation of East-Central Europe*, New York, Columbia University Press, 1945.

15 Th. Grosbois, "L'action de Józef Retinger en faveur de l'idée européenne 1940-46", in *European Review of History: Revue europeenne d'histoire*, Vol. 6, 1999, p. 59-82.

Still, according to Thierry Grosbois, he did play a role in the Belgo-Dutch rapprochement and the subsequent creation of the Benelux.

Retinger was also the main initiator of the Inter-Allied Committee of Foreign Ministers, which regularly met in London from October 1942 onwards. It was a meeting and discussion forum for Belgian, Czechoslovakian, Dutch, French (Free France), Greek, Luxemburg, Norwegian, Polish, and Yugoslavian foreign policy-makers. The committee's secretary was another Pole: Władysław Kulski. The committee discussed post-war economic collaboration and integration. However, it was not able to have any decisive impact on the policy of the real powers: Great Britain, the Soviet Union and the United States. Their impotence became increasingly clear in the course of 1943 after the Soviets had defeated the Germans at Stalingrad and the British accepted Stalin's version of the Katyń deaths that were uncovered in April 1943. To exacerbate the situation, General Sikorski died in an air-crash in July of that year.

In 1944 and 1945, Retinger became more preoccupied with Poland. In April 1944, he was parachuted into his occupied homeland in order to talk with the underground resistance, and after the war, he helped organizing relief and charity. After having left the country for the last time in April 1946, he again focused on European integration. He re-established the contact with politicians he had collaborated with during the war and created, along with van Zeeland, the Independent League for Economic Co-operation in September 1946. This think tank and pressure group designed projects on economic integration and founded committees in several countries, such as France, Great Britain, Belgium, and the Netherlands. The LICE was later renamed ELEC and would play a role until the early 1980s.[16]

Prior to that, Retinger had also been closely involved in the creation of the European Movement. Together with Duncan Sandys, the then son-in-law of Winston Churchill, he founded an International Committee of the Movements for European Unity, of which he became Secretary General. In this function, Retinger was the main organizer of the Congress in The Hague in May 1948, which was attended by 800 supporters of the European idea. They proposed creating an economic union allowing for free trade, and even a European consultative assembly. Eventually, the European Movement was founded with Józef Retinger becoming Secretary General of its Executive Committee.

16 M. Dumoulin, A.-M. Dutrieu, *La Ligue européenne de Coopération économique (1946-1981). Un groupe d'étude et de pression dans la construction européenne*, Bruxelles, PIE-Peter Lang, 1993 (Euroclio. Études et documents).

The European Movement hosted not only Western Europeans, but also representatives of the so-called captive nations: the countries in the east that had fallen into the Soviet sphere of influence. These exiles were united in a special Commission for Central East Europe, with the future British Prime Minister as its President and Retinger's closest assistant John Pomian as its secretary. The commission organized a number of meetings and conferences. One of its most impressive results was the conference on Central and Eastern Europe that was held in London in January 1952. It was attended by 130 exiles and 40 Western European personalities.

This does not mean that the Eastern European exiles' activities can be labelled as successful. Conversely, their real power and influence became apparent within the European Assembly, which was created in May 1949 following the European Movement's program. The exiles were refused representation within the assembly, even diplomatic alternatives, such as co-optation, observer status, or the symbolic presence of empty chairs, was rejected. Consequently, they gathered in a Watchdog Committee, where Poland was represented by Edward Raczyński and Rowmund Piłsudski. This committee closely followed the European Assembly's activities and sometimes credited itself for having contributed to resolutions that envisaged the unity of the whole continent, and not just its Western half. In all, however, its power remained limited. Józef Retinger was so disappointed that he resigned in 1954. He remained involved though in another initiative of transnational collaboration: the annual Bilderberg Group conferences of influential European and American decision-makers.

Some of his compatriots, however, continued collaborating with the European Movement. In 1964, the Polish Committee for the European Movement was re-organized. It henceforth consisted of two subcommittees, one in Paris led by Kajetan Morawski, and one in Brussels presided over by Stefan Glaser. Both of them also became vice-presidents, along with the London-based Adam Ciołkosz, whilst Edward Raczyński remained president. In sum, there were 56 Polish members, though many others remained highly critical of this committee.

IV. Other Post-war Integration Projects

Next to Retinger, other Polish exiles were also involved in the European integration process. Since they could not join Western European developments, most of them developed new projects of regional Central European integration in anticipation of their future return to Poland.

One of the main groups to feel strongly about European integration was the Polish Freedom Movement "Independence and Democracy"

(Polski Ruch Wolnościowy 'Niepodległość i Demokracja; henceforth the NiD). It was created in February 1945, a week after the Yalta Conference had ended. Led by Rowmund Piłsudski, a distant relative of Poland's leader during the interwar period, it differed from other Polish political parties in exile in that it was a new organization that laid no claim to any continuity with a pre-war party. Still, the NiD readily participated in political life in exile after the Polish president in exile Władysław Raczkiewicz died in 1947 and when several crises broke out. In the early 1950s, the NiD also created branches in the United States and which were coordinated by Jerzy Lerski.

The NiD was a vocal champion of European integration. It advocated several levels of federalization. First, it wanted independent countries to merge into regional federations, such as Latin Europe, Scandinavia, and Central Europe. These federations were to form a European confederation, which in turn was to cooperate on a global level with other confederations, such as the British Commonwealth and the Soviet Union. Some of Rowmund Piłsudski's ideas did not fundamentally differ from the concepts that had been elaborated during the war. The NiD wanted to create a strong Central European federation in order to protect the region from both the Soviet Russian and the German threat. It did not agree with the remilitarization of Germany and its entry into NATO. It fiercely opposed a German unification and strongly defended the new Oder-Neisse border between Germany and Poland.

The NiD was not the only Polish association in exile dealing with European integration. Another good example was the so-called Federal Clubs. In August 1945, a Federal Club of Central and Eastern Europe was founded in Rome. The Club published a periodical, *The Intermarium Bulletin*, and wrote a programme, *The Free Intermarium Charter*, that was taken over by other federal clubs. In Paris, a Central and Eastern European Federal Club was created in October 1946. The Polish exiles in France also gathered in a separate club, the Polish Federal Circle that was established by Jerzy Jankowski in 1947. Similar associations were set up in Brussels, Frankfurt am Main, and Innsbruck.

In their periodicals and at their conferences, these exiles launched very concrete ideas of how the Central European federation should take shape. The most concrete proposal was elaborated by the Paris Club in 1948. They wanted to create an Intermarium of sixteen nations: not only the independent Central European countries of Albania, Bulgaria, Greece, Poland, Romania, and Hungary, but also the independent Czech and Slovak nations, the three major nations of Yugoslavia (Slovenia, Croatia, and Serbia), and five Soviet republics (Estonia, Lithuania, Latvia, Belarus, and the Ukraine). Together, they would collaborate in the fields of economy, foreign policy, defence, etc. An Assembly and a judiciary were to give more weight to the collaboration.

These projects were obviously utopian. They took the disintegration of the Soviet Union for granted in an era when Stalin had expanded his empire. They supposed that supra-national organizations would be able to cope with tension between separate nations and that all nations would be ready to give up their sovereignty. Poles were among the most enthusiastic nations promoting further integration, but many Ukrainian exiles had a different opinion, fearing Polish dominance and recalling the anti-Ukrainian policy of the Second Polish Republic. On top of that, there was disagreement over fundamental issues. For instance, the membership of Austria, which belonged to the Central European sphere of influence but was bracketed together with Habsburg nostalgia and the Third Reich, was debated.

Notwithstanding this ambiguity, the Polish and the Central European Federal Clubs defended their projects on several platforms, such as the Congress in The Hague in May 1948 where the European Movement was founded. However, their proposals increasingly fell on deaf ears due to the discrepancy between their projects and the geopolitical reality. Some of the activists therefore modified their strategy. Realizing that the Iron Curtain prevented them from pursuing their plans, they turned from architects of Central European integration into journalists of Western European integration.[17]

The best example is Jerzy Jankowski from the Paris Circle. In 1949, Jankowski founded the Union of Polish Federalists and established the journal *Polska w Europie* (Poland in Europe). In anticipation of the decline of the Communist Bloc and the end of Soviet occupation of satellite states, he aimed at informing his compatriots about the developments in the integration of Western Europe. He commented on all sorts of initiatives in the 1950s, 1960s, and 1970s, applauding successful treaties, deploring failures such as the European Defence Community, and calling for further steps, including direct elections, a monetary area, social protection, and human rights. In this way, he hoped to prepare his compatriots for the future. *Polska w Europie* even aimed at reaching the Polish People's Republic. Copies were smuggled across the Iron Curtain and ideas were spread via Radio Free Europe.[18]

---

17 T. Lane, M. Wolański, *Poland and European Integration*, *op. cit.*, p. 59-61; J. Łaptos, "Koncepcje integracji Europy Środkowo-Wschodniej w świetle publikacji *Intermarium*", in I. Stawowy-Kawka, W. Rojek (eds.), *Ku Zjednoczonej Europie. Studia nad Europą Środkowo-Wschodnią i Południowo-Wschodnią w XIX i XX wieku*, Kraków, 1997.

18 T. Lane, M. Wolański, *Poland and European Integration*, *op. cit.*, p. 122ff.

The Union of Polish Federalists was not a one man initiative. It was supported by many other exiles. Rowmund Piłsudski's NiD was closely involved in its foundation, as were Polish exiles in the U.S. The Union was coordinated by a Council of 48 individuals led by Edward Raczyński, who had been the Polish ambassador to the United Kingdom from 1934 onwards and had become Foreign Minister of the exiled government during the war.[19] Raczyński, who had also been active in many of Retinger's initiatives and who eventually became President of Poland (in exile) between 1979 and 1986, is often perceived as one of the strongest Polish supporters of European integration.

V. Conclusions

Of course, there were many more Polish exiles dealing with European integration. Another good example is Jerzy Łukaszewski, who left Poland in 1957 in an exchange program and decided in 1961 not to return to his homeland. Łukaszewski found a new job at the College of Europe in Bruges, an international postgraduate study centre focusing on European integration. Łukaszewski devoted his first research project at the College to federalist traditions in Central Europe, but also obtained certain responsibilities. In 1963, he became Director of the Political Science Section, and in 1972 he was asked by Jean Rey to succeed Henri Brugmans as the rector. In the following years he further reformed and expanded the College. Of course, he acted more as a European than as a Pole as he was unable to work with teachers, scholars, and students from the Polish People's Republic. Only after 1989 did he create a new branch, or a second campus, of the College of Europe in Warsaw (Natolin). He then also participated in the Polish debate on the European Union, being one of the most vocal advocates of his country's integration and publishing several books on the subject.[20]

In sum, it is impossible to give a complete overview of Poles involved in European integration. Polish communists (e.g. Adam Rapacki), dissidents (e.g. Adam Michnik) and journalists (e.g. Juliusz Mieroszewski) could also be discussed in this chapter. However, instead

---

19 K. Mochliński, "Polish Federalism in the Middle of the Last Century", in T. Lane, L. Wolański (eds.), *Poland and European Unity: Ideas and Reality*, Wrocław, Wrocław University Press, 2007, p. 175-176.

20 J. Łukaszewski, *Cel: Europa. Dziewięć esejów o budowniczych jedności europejskiej*, Kraków, Noir sur Blanc, 2002. About Łukaszewski, see: J. Hunin, "Jerzy Łukaszewski. Polish Professor and Ambassador with a calling for Europe", in M. Dumoulin, I. Goddeeris (eds.), *Intégration ou légitimité? Exilés polonais en Belgique et la construction européenne. Integration or legitimacy? Polish exiles in Belgium and the European construction*, Louvain-la-Neuve, Academia Bruylant, 2005, p. 121-139.

of aiming at comprehensiveness, it seems more interesting to point at some scholarly discussions about the exiles' influence, both regarding European integration and in general.

First, there is debate on the efficiency of politics in exile. Polish historians often emphasize the influence of exile journals and media on public opinion in Communist Poland,[21] but this has recently been questioned by T. Lane and M. Wolański. In turn, they suggest that exiles had a substantial impact on the elite and that they formed their ideas on European integration.[22]

Second, there is polemic regarding the character of the political activities. In former publications, I made a distinction between two categories of exiles. Some of them claimed legitimacy, pretending to be the representatives of their nation. This, however, kept them in old mindset and structures. Others, by contrast, integrated Western structures and therefore played a more active role.[23] This view is not shared by all historians. Lane and Wolański, for instance, commented that I had suggested there were a large number of such integrated exiles.[24] This is not true and derives attention from the basic difference and main argumentation. Integrated exiles were more open to new developments and therefore more influential. This also goes for the field of European integration, Retinger, Łukaszewski, and maybe also Jankowski being the best examples.

Third, there is a debate on the role of Poles in the European integration process in the course of the 20th century. Wolański and Lane state that the Poles were key. "Polish exiles [...] rank with the so-called founding fathers of European unity for the fertility and suggestiveness of their ideas. For every Monnet, Spaak and Spinelli there was a Raczyński, Retinger and Ciołkosz".[25] This is in opposition to the conclusions of the Polish scholar Adam Barabasz (Poznań). He thinks that "Poles and Poland have not played any significant role in the genesis and development of the idea of European integration".[26] Truth undoubt-

21 W. Wandycz, "Polish, Hungarian, and Czechoslovak Political Emigration and the Origins of the Cold War", in *The Polish Review*, Vol. 47, 2002, p. 317ff.; P. Machcewicz, *"Monachijska menażeria": walka z Radiem Wolna Europa 1950-1989*, Warszawa, Instytut Studiów Politycznych PAN, 2007.

22 T. Lane, M. Wolański, *Poland and European Integration, op. cit.*, p. 199ff. and 232-234.

23 I. Goddeeris, "Exiles' Attitudes and Strategies towards International Developments. Poles in Belgium and West European Integration", in *Poland and European Unity, op. cit.*, p. 103-128.

24 T. Lane, M. Wolański, *Poland and European Integration, op. cit.*, p. 96-97.

25 *Ibid.*, p. 1.

26 A. Barabasz, *Polacy i Polska wobec idei integracji europejskiej*, p. 9.

edly lies somewhere in the middle. Poland was involved in many European projects, both in the interwar period and during the Cold War. However, apart from some individuals, Poles did not play a pivotal role.

TROISIÈME PARTIE

AUTOUR DE 1960

European Federalists in the 1960s

Umberto MORELLI

Professor at the Università degli Studi de Torino and Director of the Centro Studi sul federalismo

European integration greatly benefited from the bottom-up action of NGOs and other non-institutional organizations, which developed alongside the top-down actions by governments and Community institutions. The process can be compared with Italy's unification when Count Camillo Cavour, the Prime Minister of Piedmont, and King Victor Emanuel II acted with members of the democratic grouping such as Giuseppe Mazzini and Giuseppe Garibaldi who mobilized citizens. Likewise, the process of European unification saw national ministers such as Schuman, Adenauer, De Gasperi, Mitterrand, and Kohl with members of the Community institutions such as Hallstein and Delors as well as movements in favour of the European unification that were able to mobilise public opinion.

Looking back on those times one realises that focusing on top-down initiatives ignoring the bottom-up ones would lead to an incomplete and lopsided picture of European integration. Federalist movements in various European countries and their continental organization, the Union of European Federalists,[1] also played a major role.

I. International and Continental Context of the European Integration in and about the 1960s

Following the failure of the European Defence Community in 1954 and the attempt to reach political and military unification of Europe, the 1957 Rome Treaties re-launched economic integration pursuing a functionalist approach, the hallmark of the late 1950s and all the 1960s: the Common market proved so successful and was so strongly favoured by the outstanding economic growth of the time, that it overshadowed

1 On the history of the Union of European Federalists see S. Pistone, *The Union of European Federalists*, Milan, Giuffrè Editore, 2008.

federalism, reducing its influence. However, the success of economic integration was not matched by a comparable political unification process: since the decade was dominated by Charles de Gaulle, the French President, the political unification process took a few steps back, as the 1965 institutional crisis epitomizes.

1969 was a watershed in the history of European integration and thus in the role played by European movement. It was the year de Gaulle resigned, the end of the 12-year transition period and the year of the Congress of Europe in The Hague, which marked the turning of the tide and the resumption of the integration process.

The problems the Community had to address in the 1970s after the economic-functionalist successes of the previous decade, the customs union, the launching of the CAP (the Common Agricultural Policy) and the end of the transitional period were driven by the European dynamic itself as well as by external factors. All these issues indicated the need to match economic and political integration.

The success of the common market raised the need for monetary union and a common governance of the European economy to guarantee the correct working of the market and to overcome territorial, social and sector unbalances and an uneven development caused by the pure liberal integration. The Werner Report was a plan for monetary and economic union, and also raised issues of the institutional strengthening of the Community.

On an international level the time of extraordinarily fast world growth was over, as was the monetary stability the common market had benefited from and grown with. New factors questioned European integration such as the economic crisis, the end of the direct convertibility of the dollar to gold – with its devastating consequences on European agricultural prices –, floating exchange rates – which threatened the free circulation of manufacturing goods –, the energy crisis, the oil shock, the awakening of the third world and the environmental limits to development.

The impossibility of addressing all these challenges with institutions established in the 1960s became apparent. The 1974 Paris summit outlined the institutional changes which were to be implemented by the end of the decades, that is the establishment of the European Council, the direct election of the European parliament and the establishment of the EMS (European Monetary System): the pro-European movements greatly contributed to all these new developments.

II. Pro-European Movements in and around the 1960s: Political Orientation

During the 1960s the pro-confederation grouping in the pro-European movements was still a minority and was represented by the Pan-Europa movement founded by Richard Coudenhove-Kalergi in the Twenties; its main government figurehead was no longer Churchill but de Gaulle.

The Federalist current consisted of two subgroups: 1) moderates, who saw the role of movements as a critical support to governments' pro-European initiatives; and 2) radicals, who aimed at creating a political grouping separate from governments and national parties so as to mobilize public opinion and put pressure on governments to overcome their intergovernmental approach to European matters and adopted that of a constituent assembly to write a European constitution and establish a federation.

Until 1954 the two groupings had adopted the same approach and promoted joint actions under the leadership of the more radical wing, led by Altiero Spinelli. Their aim was to push national governments to establish a European army and a European Political Community. A split took place in 1956 in the Union of European Federalists, which was not mended until 1973.

The moderate wing, which included German federalists who had founded the Europa-Union movement and the Dutch led by Henri Brugmans, founded a new federalist movement called the European Federalist Action. The more moderate wing decided to continue supporting government and Community initiatives established after the Rome Treaties in the belief that political unification would automatically follow economic integration.

The radical wing – including the Italian, Belgian and some of the French federalists led by Spinelli and Alexandre Marc – questioned the European Economic Community which they deemed inadequate and doomed to failure. They launched a campaign of popular mobilization (the Congress of the European People) directed against the very legitimacy of the Nation-States to force governments to establish a European federation.

In the second half of the 1960s the split was gradually overcome thanks to a progressive revision on both sides, reassessing their views on the Community: the moderates recognised that there had been no automatic follow-on of political unification, and the radicals acknowledged the success of the European Economic Community and the importance of working inside rather than against the Community. The two wings came together again to pursue their common objective, that is the direct election of the European parliament which was considered the most effective means to move towards a European constitution which in turn would lead to a federation.

In 1957, Spinelli had stated the impossibility of attaining economic integration in the absence of a political authority establishing the aims of the European Community and leading it. However, in the early 1960s he reassessed his positions and recognised the success of the Common market: he changed his approach in establishing a European federation, and became first a member of the Commission in 1970, and then an MEP (Member of the European Parliament) in 1976.

III. Pro-European Movements in and around the 1960s: Their Influence on the Process of European Integration

As European unification was starting, between the end of the 1940s and 1954, governments and federalist movements had been the key players of the process; the latter inspired national governments and channelled them in a more federal sense, overcoming the inter-governmental limits to their actions. The Federalist Movement's influence had been decisive, unlike in the 1960s when their impact waned due to two reasons, the first a long term (structural) one, the second a short-term reason.

The latter was linked to the historical context of the integration process. Until 1954 the integration process had shown that federalist movements were able to influence governments and push them towards federal solutions only if governments were in a really critical situation, such as post-war reconstruction, the German problem, the danger of the Soviet Union, US pressure in favour of European unification and the crisis of nationalism. Critical situations highlighted the limits of the functional approach and opened new spaces for federalist actions: in other words, governments were forced to adopt more advanced solutions when faced with crisis situations as in the case of European Defence Community. The favourable juncture of the time did not reoccur in the 1960s and that limited the opportunities for federalist decisive action. Having overcome the post war crisis, governments were no longer prepared to accept federalist influence. The success of the Common market appeared to confirm the reasons of the functional approach. Nation-states had grown in strength and were no longer prepared to accept limits to their sovereignty as they were previously at the peak of the Cold War, of the Soviet threat and at the time of the pressing problems of reconstruction. Spinelli's strong opposition to the nation-state did not succeed and furthermore isolated the Italian federalists from the national political class since they had been in the front line in questioning the nation-states, weakening their influence even further.

The long term or structural reason was linked to the success of the European Economic Community: in the 1960s, a new key player joined the European unification: the Commission. It had soon taken on an active role promoting integration and taking action so much that it had become national governments' privileged partner. As a result the federalists had less and less room and their action was mostly limited to ideas and was no longer applied to actual facts. In this unfavourable historical context, federalist movements maintained the main aims of the movement alive, aims which resurfaced in the 1970s: the need for citizen participation in the building of Europe (rather than limiting it to the actions of the governments), a federal constitution as a condition for a stable Europe and the need to adopt a constitution-based approach to the federation.

In the 1960s, the greatest merit of the federalist movements was in particular to have launched a campaign for the direct election of the European Parliament: the first election was held at the end of the following decade. This acted as a foundation for the future steps of European integration. In fact, the direct election of the European Parliament in 1979 became the premise of the 1984 Spinelli project which was drafted by the European Parliament which in turn led to the 1986 Single European Act and to the Treaty of Maastricht in 1992. The results of all the aforementioned steps were to bring the political union back on the agenda of European integration.

The situation changed again in the 1970s following the world economic crisis which stemmed the tide of the previously thriving economic growth making the path towards European integration rougher. The new picture also highlighted the contradictions of the functional approach. Federalist movements were once again acquiring influence on the process of integration, comparable to the influence they had had in the 1950s, so the campaign for the direct election of Parliament was soon followed by a new campaign for a single currency.

There were four conditions which contributed to the re-launching of the federalist action: (1) their revising the previously critical approach to the European Economic Community; (2) the economic crisis which highlighted the shortcomings of the functional approach; (3) after the misunderstandings, the federalists and the European political class came closer as the automatic transition from economic to political integration failed to materialize, and in fact economic difficulties were threatening to undermine Community existing results in that they pushed member states to adopt protectionist measures. As a result, the more open-minded European politicians, who were aware of the risk of European integration disintegrating, reverted to cooperation with federalist movements and were once again open to their ideas; and (4) the mending of the 1956 split – the reasons for it having disappeared – meant the federalists gained more organizational strength, a greater ability to mobilize and put pressure on governments.

IV. Mario Albertini: the Beginning of a Critical Reassessment

Mario Albertini was the architect of the change by the Federalist Movement in the 1960s, followed by a number of initiatives in the decades that followed. He gained the leadership of the Italian Federalist Movement in 1962 and was President of the Union of European Federalists from 1975 to 1984.

He is discussed in Daniela Preda's essay: I shall merely recall the changes he introduced in the theory and practice of federalism. His contribution to the theory of the movement included the principles of political autonomy – that is to say the refusal to identify with political parties –, of organizational autonomy – the definition of a part-time militant – and lastly self-funding of the federalist movement (finance autonomy).

Cultural independence of the movement was the basis of all autonomy: he believed federalism should not be limited to the doctrine of the federal State, but reconceptualised as a political ideology, with its own values and its interpretation of history distinct from that offered by other ideologies. Abertini's thought stemmed from the critique of the Nation-State's notion. This meant going beyond the boundaries of traditional ideologies, which were Universalists and thus favoured supra-natural unifications, but mythologized the Nation-State and considered it, as a natural rather than contingent institution. This meant unification was more like cooperation between various sovereign Nation-States rather than a constraint on absolute state sovereignty thanks to the establishment of the federation.

In terms of actions, in the mid-1960s, Albertini indicated the campaign for the direct election of the European Parliament as a new weapon for the Federalist Movement in the struggle for an European constitution. Albertini launched a unilateral campaign in Italy for the direct elections at the Strasburg Assembly of the Italian representatives to bypass the opposition by de Gaulle and Pompidou to general direct elections by collecting hundreds of thousands of signatures for a draft private citizens' bill.

Thus the federalists accepted a gradualist approach in the struggle for the constituent assembly and the European federation, an approach which they had refused up till then. This approached them to Monnet, although the latter's gradualism did not emphasize the importance of popular participation, while Albertini's version was more of a political-institutional shade and introduced popular participation in the process of European integration which was considered necessary for the federalist evolution of the Community institutions.

Federalists chose a gradualist constitutional strategy – direct elections of the European Parliament, strengthening of its powers, single currency and a European constitution – which set them apart from their maximalist positions of the 1950s without constraining them to the functionalist positions of economic gradualism. The aim of the federalists was to get to a constitution by gradual institutional changes in the Rome Treaties which would have brought them closer to their final aim. In this respect the direct election of the European Parliament (or the subsequent steps) was neither an end unto itself nor a minimal objective, but a step in the constitutional process leading to the constituent assembly. Every intermediate step had to be actually viable, that is to say it had to have an objective basis in the historical conditions of the time, be feasible and not impracticable and bring them a step closer to their final aim. They explained why every intermediate objective or step was strategically and not functionally important bringing them closer to their end aim, the constituent assembly. Every step had to be historically viable and not utopian.

Direct elections were soundly based in the changes the European society had experienced in the 1950s and 1960s and could thus be considered viable, so that alliances could be established with the most advanced sectors of the national political classes. An elected Parliament meant the struggle for a constituent assembly could continue at a more advanced level. A single currency had become a necessity because of the integration of markets and this implied transferring some of the powers of the sovereign nation-state to Europe, thus raising the issue of a federal government. The support for the single currency was not to be seen as a functionalist move towards economic integration but had become a step towards the constituent assembly.

Federalists were distinct from their allies of the moment (for specific campaigns) precisely because they placed specific issues in a hierarchy of objectives and an overall strategy tending towards the European constituent assembly.

Albertini proposed constitutional gradualism instead of functionalist gradualism: the strategy was to be implemented in his years as President of the Union of European Federalist. His strategy mirrored Monnet's method: set priorities and act practically and resolutely choosing a limited but decisive issue able to generate a key change and reset all the problems. Actions were two pronged: top-down influencing the political class and community institutions, and bottom-up mobilising public opinion.

V. The Meaning of European Integration for the Post World War II Generations

European integration had a clear understanding for the witnesses of World War II, such as Spinelli and Albertini, or Mitterrand, Kohl, and Ciampi who had been marked by the terrible conflict and the aberration of the extermination and concentration camps. For this generation, European integration basically translated into peace and democracy throughout the continent. This is what Schuman and Monnet expressed unambiguously in their 1950's Declaration, where reference to peace was made six times in a page and a half. In one of these passages Schuman said: "The pooling of coal and steel production should immediately provide for the setting up of common foundations for economic development as a first step in the federation of Europe, and will change the destinies of those regions which have long been devoted to the manufacture of munitions of war, of which they have been the most constant victims. The solidarity in production thus established will make it plain that any war between France and Germany becomes not merely unthinkable, but materially impossible. By pooling basic production and by instituting a new High Authority, whose decisions will bind France, Germany and other member countries; this proposal will lead to the realization of the first concrete foundation of a European federation indispensable to the preservation of peace".

For the founding fathers peace and democracy were the main reasons for European unification, to be attained through a federation, that is to say a democratic federal state, through the progressive and sector integration of specific economic functions.

Economic integration was seen as a means to create a federation that would guarantee peace and democracy. So it has been. For the generations of World War II, and those immediately after them, Europe meant peace and democracy. But what about the generation born after the fall of the Berlin Wall, at a time when peace and democracy appear to be consolidated and no longer threatened achievements? What is the meaning of Europe for the youth of today? Do peace and democracy hold the same meaning and do they have the same identity pull they had on Monnet, Schuman, Adenauer, Spaak, and De Gasperi? Is Europe mere economic convenience or will it also be the centre of an identity framework? Will it become the homeland of all Europeans?

If the answer is yes, which values do European citizens identify with as such and which values are worth being committed to complete the process of unification that begun sixty years ago by some enlightened politicians and by hosts of federalist activists driven by the aspiration to create a Europe of peace and democracy?

La génération de la guerre et les premières batailles pour l'unité européenne

Mario Albertini

Daniela PREDA

Professeur à l'Università degli Studi de Genova

C'est dans l'immédiat après-guerre, en pleine dérive, que les idées fédéralistes se sont propagées spontanément aussi bien au niveau national que local, ceci confirmant la présence d'un européisme diffus. Les personnes qui embrassaient les idées européistes ou vaguement fédéralistes étaient nombreuses, surtout parmi les démocrates et les laïcs. L'expérience directe de la guerre et de la Résistance avait favorisé l'émergence d'une unité d'intentions d'action qui avait formé et prédisposé les esprits à l'européisme. Mais la guerre et surtout la Résistance, ainsi que les bombardements alliés et l'arrivée des Américains, allaient continuer à marquer profondément les esprits des générations suivantes, notamment des hommes qui allaient gouverner les nouveaux États au moment de la reconstruction. C'est la guerre, avec tout son cortège de destruction et ses trophées macabres, qui avait fait naître, dans tous les esprits, – les jeunes et les moins jeunes – le désir de se consacrer à la politique, l'envie de s'engager en faveur du renouvellement de la société, en faveur d'un regain de confiance, l'enthousiasme d'être les acteurs d'une histoire nouvelle. La pensée politique s'émancipait des doctrines qui n'avaient pas su affronter le changement historique, elle abandonnait les fausses solutions, les utopies, pour adopter une nouvelle perspective capable de résoudre le problème de l'anarchie internationale et de refonder la conception même du rôle de l'État et de son rapport avec la Nation.

Il s'agissait de savoir comment préserver la liberté individuelle et collective, comment prévenir de nouveaux conflits et construire durablement la paix, comment éviter de retomber dans les erreurs du passé. Il s'agissait, en définitive, d'organiser « un pouvoir interétatique qui ne gomme pas les États, qui soit capable d'assurer le maximum de liberté, ou pour être plus précis, le maximum d'autonomie, qui soit compatible avec les exigences de développement de la société civile »[1].

Dans toute l'Europe, les Résistants s'étaient opposés au nationalisme, qui voyait l'État comme seul niveau de gouvernement, éliminant ainsi toute éventuelle organisation politique des communautés infra et supranationales. C'est précisément dans le cadre de la crise de l'État national que s'affirmaient les prémisses de la formation de nombreux européistes et fédéralistes européens.

Et l'Italie, en particulier, a vécu de façon dramatique le double conflit de la guerre intestine et internationale. Comment interpréter le 8 septembre – se demande Giulio Guderzo, qui semble voir dans cette date le retour aux nationalités et supranationalités spontanées que l'État national avait tenté en vain d'effacer – si ce n'est comme l'éclipse de l'État[2], qui permet le retour d'une société où l'individu retrouve d'anciens espaces de liberté perdus ?[3]

Les expériences durant le conflit ne furent pas semblables pour tous. Certains s'engagèrent dans la Résistance et dans les CLN, d'autres se réfugièrent en Suisse, d'autres encore combattirent dans l'armée régulière, certains furent emprisonnés ou exilés, d'autres furent enfermés dans des camps de concentration. Mais la guerre fut, assurément pour tous, un puissant moteur pour la construction des États-Unis d'Europe.

Il en fut de même pour Mario Albertini.

Né à Pavie (Lombardie) en 1919, d'un père très âgé, qui le guide avec toute l'austérité d'un représentant de la droite historique et qui le forme dans le respect du devoir kantien, au contraire il reçoit de sa mère, douce et compréhensive, l'enseignement de l'amour chrétien à l'égard de la vie et des hommes. Il s'était détaché très tôt de l'Église, parce qu'il

---

1 G. Guderzo, *Ispirazione religiosa e progetti per una Comunità politica mondiale*, in *Coscienza civile ed esperienza religiosa nell'Europa moderna*, Brescia, Morcelliana, 1983, p. 345-358. Cf. O. Giacchi, « Prospettive odierne per la pace nel mondo », in *La pace come dimensione dello spirito*, Bologne, Il Mulino, 1967, p. 217-237.

2 Sur le sens de la guerre, et notamment du 8 septembre, pour l'identité nationale du pays, voir, entre autres, E.A. Rossi, *Una nazione allo sbando. L'armistizio italiano del settembre 1943*, Bologne, Il Mulino, 1993 ; E. Galli della Loggia, « La morte della patria. La crisi dell'idea di nazione dopo la seconda guerra mondiale », in *Nazione e nazionalità in Italia : dall'alba del secolo ai nostri giorni*. Présentation de Giovanni Spadolini, Rome-Bari, Laterza, 1984 ; G.E. Rusconi, *Se cessiamo di essere una nazione : tra etnodemocrazie regionali e cittadinanza europea*, Bologna, Il Mulino, 1993 ; R. De Felice, *Rosso e nero*, Milan, Baldini & Castoldi, 1995 ; N. Tranfaglia, *Un passato scomodo : fascismo e postfascismo*, Rome-Bari, Laterza, 1996 ; G. De Luna, M. Revelli, *Fascismo-antifascismo : le idee, le identità*, Firenze, La Nuova Italia, 1995.

3 Cf. l'introduction de Giulio Guderzo au livre *L'altra guerra*, *op. cit.*

l'avait perçue – précise-t-il – « comme extérieure et hypocrite »[4], mais ce seront toujours le sens du devoir kantien et le christianisme qui le prédisposeront naturellement à l'antifascisme.

Ce sera un événement bien particulier qui révélera pleinement quelle était sa position intérieure. Il assista un jour à un acte de violence qu'il n'oubliera jamais. À l'époque où il faisait partie d'un groupe de jeunes *Balillas*, il vit l'un des officiers frapper de son pied un homme âgé, assis dans la rue devant chez lui, simplement parce qu'il ne les avait pas salués sur leur passage, parce qu'il n'avait pas fait, volontairement ou par négligence, le salut romain de rigueur dans ces circonstances. Un événement qui se grava profondément dans l'esprit d'Albertini, qui détestait toute forme de violence et l'esprit belliqueux. Il racontera qu'une autre fois, toujours enfant, toujours dans un détachement de *Balillas*, il avait voulu utiliser son fusil de bois contre Le Duce un jour où celui-ci s'était rendu en visite à Pavie. À l'époque où il avait entre quinze et vingt ans, alors qu'il commençait à jouir d'une certaine indépendance dans le cadre familial, Albertini noua des relations d'amitié avec certains de ses camarades d'école qui partageaient avec lui le goût pour la rivière du Tessin, les promenades en bateau, et ensuite, le goût pour le jazz. C'est ainsi que se forma un petit groupe antifasciste, et porté naturellement à un comportement frondeur. Cet antifascisme mûrit lentement, mais de manière décisive. C'est ainsi que le groupe tentait en toutes occasions de donner, par défi, des couleurs démocratiques à chacune de ses activités, en recourant systématiquement au débat et au vote. Cette maturation fut aussi le fruit de l'enseignement – qui n'était pas explicitement antifasciste – de certains professeurs du lycée classique où étudiaient Albertini et ses camarades, notamment du professeur d'Histoire et de Philosophie, Baldo Peroni. La passion pour le jazz, nouvelle expression artistique, deviendra un signe de reconnaissance antifasciste dans la mesure où le fascisme en avait fait un objet de prohibition. Ainsi les boîtes de jazz, tout comme les magasins qui vendaient des disques de jazz sous couverture, par un simple jeu de modification des étiquettes, devenaient des endroits « non-alignés ». L'anglophilie et le snobisme contribuaient à donner un caractère de fronde aux réunions des amateurs de jazz auxquelles participait assidûment Albertini. À l'approche de la guerre, le groupe d'Albertini se décidera à accomplir quelques timides actes de rébellion, dont quelques excursions nocturnes pour aller écrire sur les murs de la ville « à bas la guerre ».

À l'époque de l'université[5] Albertini et certains de ses amis – Astolfi, Maraschio, Picucci – allaient prendre ouvertement position contre le

---

4 Les références biographiques sont tirées de l'entretien que j'ai eu avec Albertini le 20 novembre 1984.

fascisme. En 1941, ils s'opposèrent au secrétaire du GUF pavesan, Domingo (Nene) Cellanova, qui avait appelé à l'enrôlement volontaire les jeunes étudiants en les accusant de profiter d'une liberté excessive et de ne pas participer activement à la vie de la nation. Ayant participé au débat, ils avaient commencé à collecter les signatures des étudiants pour demander la démission de Cellanova et la liberté d'élire la figure de secrétaire du GUF. Ils avaient réussi à collecter une centaine de signatures, mais avaient dû renoncer parce que certains signataires, épouvantés à l'idée du danger encouru, avaient déchiré la pétition. Albertini et ses amis – ils avaient alors présenté leurs seules signatures – avaient juste été sermonnés par le secrétaire fédéral, Luigi Naj Savina, qui, face à des fils de « bons bourgeois », n'avait pas osé prendre une mesure plus sévère.

Cette forme d'antifascisme spontané n'avait toutefois aucune liaison avec les groupes antifascistes de la ville. C'était la référence à la position de Benedetto Croce, dont il commençait à lire les œuvres, qui représentait pour Albertini le seul lien avec l'antifascisme, la conviction que le seul usage de la raison déterminait le refus du régime.

Officier aspirant en 1939, et officier au moment de l'entrée en guerre de l'Italie, Albertini était en proie aux difficultés du conflit intérieur qui se livrait en lui. D'un côté, il refusait la violence, il refusait le fascisme, il espérait la défaite de l'Italie. De l'autre, il se sentait en devoir de répondre à l'appel de l'État – qui était différent, selon la vision de Croce, de la faction politique qui s'en était emparée – et de sauver la vie des hommes placés sous ses ordres. C'est ainsi – convaincu de l'inutilité d'une rébellion individuelle en dehors de réelles possibilités de réussite – qu'il décida d'assumer pleinement son rôle d'officier, tout en nouant des amitiés avec certains artilleurs qui nourrissaient des idées opposées au fascisme.

Bien que n'ayant aucune vocation de martyr, Albertini, accomplit en 1943 un vrai acte de rébellion ouverte. Son père mourut pendant le débarquement américain en Sicile. Albertini, en garnison à Rhodes, avait obtenu un congé pour se rendre au chevet de son père qui était gravement malade. Il était parti avec l'un des derniers avions qui avaient pu décoller de Rhodes et était arrivé en Italie en juillet. Son congé terminé, Albertini avait profité de la chute du régime et de l'interruption des liaisons avec le Dodécanèse pour rester chez lui. Pendant la mise en œuvre de la République de Salò, Albertini avait été obligé de se présenter, avec un groupe d'environ quatre-vingt officiers à la caserne Nino Bixio en vue de son insertion dans la nouvelle armée de la République

[5] D'abord inscrit à la faculté de mathématiques, Albertini découvrit ensuite sa vraie vocation pour la philosophie.

Sociale de Salò. Quand on lui avait demandé, s'il voulait s'enrôler, Albertini avait eu le courage de répondre : « Non, parce que je suis antifasciste ». Pour la seconde fois, son geste n'eut aucune conséquence grave. Un officier républicain lui conseilla simplement de lire quelques livres de propagande fasciste, convaincu qu'une fois « rééduqué », il allait devenir, en raison de son esprit indépendant et courageux, un excellent officier fasciste.

Cet événement constitua une étape fondamentale pour Albertini qui put alors se libérer de son passé et de tout conflit intérieur. Par la suite, il participa occasionnellement à des actions de résistance locale. Il s'agissait le plus souvent de services logistiques, d'aller porter des armes d'un bout à l'autre de la ville. Mais les contacts allaient bientôt être coupés, sans doute à cause de son refus de participer à la lutte armée des partisans dans la montagne, parce qu'elle ne correspondait pas à ses convictions pacifistes. C'est seulement au moment de l'arrivée imminente des partisans à Pavie qu'on lui confiera la direction d'un petit groupe armé de jeunes antifascistes qui défendaient l'université.

Au lendemain de la Deuxième Guerre mondiale, Albertini s'était engagé dans la difficile recherche de la voie politique à suivre. Les archives et la presse nationale et locale commencent à ce moment à rendre compte de son parcours culturel et politique. Ses papiers ont été récemment collectés par Nicoletta Mosconi en huit gros volumes, qui permettent de reconstruire l'histoire de son engagement civil, de ses acquisitions scientifiques, de son *leadership* politique, l'histoire des longues batailles en faveur de la fédération européenne[6].

Albertini était entré au parti libéral, attiré par la « religion de la liberté » de Croce, qui représentait à ses yeux un exemple de passion civile antifasciste. Il sera vite déçu, tout en conservant ses principes : il avait retrouvé au parti d'anciens fascistes, il avait contesté la prise de position du PLI, favorable à la monarchie. Dès la première scission de la gauche libérale en 1946, il avait quitté le parti parce qu'ayant épousé un libéralisme de gauche, progressiste, il n'arrivait pas à se contenter d'un libéralisme conservateur, qui représentait la rationalisation et la cristallisation des libertés existantes – ce qu'il appelait dans un article de 1947 « la classe satisfaite de son état et qui voudrait arrêter la marche de l'histoire »[7]. Albertini explique son éloignement du Parti libéral en novembre

6 M. Albertini, *Tutti gli scritti*, sous la direction de Nicoletta Mosconi, 8 volumes, Bologne, Il Mulino, 2006-2009.

7 M. Albertini, « Con Croce oltre Croce », in *Lo Stato moderno*, vol. 4, 1947, n° 24 (20 décembre), aujourd'hui in *Scritti*, *op. cit.*, vol. I : *1946-1955*, p. 143-146. En commentant les résultats du Congrès libéral de 1947, qui voit triompher le courant de droite, Albertini explique ainsi les raisons de l'échec de la gauche libérale et ses limites : « On trouve ici [dans la gauche libérale] l'exigence d'une idéologie : la reli-

1946 en ces termes : « J'entrai au parti libéral croyant adhérer à une religion de liberté [...]. C'est là que je menai ma bataille abstraite, alors que les démentis continus de l'expérience orientaient vers des lectures marxistes et obligeaient à méditer tout le problème politique »[8]. Évoluant vers l'idée d'une profonde fusion entre pensée et action, il affirmait que l'exigence de nouvelles formes politiques, comme base d'une tentative de reconstruction et d'une vraie démocratie, devait être accompagnée de l'exigence d'un renouvellement culturel.

> Je ne crois pas – écrit Albertini – qu'une association de culture politique soit inutile, mais bien au contraire, pour deux raisons, je la crois très utile. 1) parce que nos classes politiques manquent d'intelligence, et qu'il faut, grâce à l'étude, stimuler une conscience politique plus mûre. Il faudra établir des canaux de communication plus efficaces entre les penseurs et les hommes d'action ; 2) parce que le plan propre d'une telle activité culturelle repose sur une exigence que j'appellerai études pour la démocratie, commune aux hommes les plus conscients parmi ceux qui militent dans les partis, qui en perçoivent les limites, et qui pourraient donc se trouver à leur aise au sein d'une association d'une telle nature. Celle-ci serait donc vitale, en raison de ses possibilités concrètes d'exister, et en raison de l'action indirecte qu'elle finirait par exercer sur les partis[9].

Albertini ne renoncera pas à la religion de la liberté, qui l'avait éclairé dans les sombres années du fascisme, mais il proposera une nouvelle réflexion très critique de la pensée de Croce[10], comme en témoigne son mémoire de maîtrise consacré à Croce[11]. Cette religion de la liberté, libérée de toute logique de parti, se présente dans l'acception nue du progrès et du dépassement de positions désormais obsolètes. Derrière la négation et la haine de l'Italie, exprimées dans un style contourné, ne

---

gion de la liberté de Benedetto Croce ; qui n'a pas encore trouvé d'articulation théorique, mais qui n'a pas pour autant une importance politique précise. Elle essaie d'être concrète, elle cherche une ligne politique moyenne, mais elle n'a pas encore une doctrine conséquente ».

8 M. Albertini, « Conclusione d'una esperienza politica », in *La Provincia pavese*, 1er novembre 1946, aujourd'hui in *Scritti*, I, *op. cit.*, p. 109-111.

9 *Ibid.*

10 Voir, à titre d'exemple, M. Albertini, « Malinconie liberali », in *Lo Stato moderno*, vol. 5, 1948, n° 12-13-14 (20 juin-5-20 juillet), aujourd'hui in *Scritti*, I, *op. cit.*, p. 169-171.

11 Albertini soutient son mémoire de maîtrise en Philosophie en 1951, sur le thème « La politique dans la philosophie de Benedetto Croce », sous la direction de Giulio Preti, qui était l'une des « fortes têtes » de l'Université de Pavie. C'est Preti qui conduira la pensée de Croce vers le positivisme logique, lui ouvrant ainsi la voie aux sciences sociales (Weber, Marx et le matérialisme historique, la philosophie du langage, l'épistémologie). Un parcours qui s'enrichira ultérieurement avec la rencontre de Bruno Leoni, titulaire de la chaire Doctrine de l'État et chargé de l'enseignement de la Philosophie du droit à l'Université de Pavie.

dérivant pas seulement d'une certaine familiarité avec la philosophie allemande, mais aussi de la difficulté de penser le nouveau avec des catégories anciennes, progressait la pensée de l'Europe.

> À notre cœur désenchanté et si loin des sentiments des vieilles générations [...], la haute sphère [sphère intellectuelle n.d.r.] peut redonner le frémissement de la religion, la chaleur d'une foi seulement en de nouveaux espoirs et en de nouveaux idéaux. Nous devrions envisager une haute image de l'Histoire pour voir en elle précisément un dépassement de l'idée nationale ; nous pourrions aimer l'Europe pour retrouver l'amour de l'Italie dans l'Europe[12].

Les publications qui paraissent dans la foulée de la Libération, amène Albertini à afficher une position de plus en plus gobettienne, basée sur la recherche de nouveaux horizons politiques[13]. C'est ainsi qu'affleurait l'idée d'un *Risorgimento* inachevé, qui ne pourrait être pleinement réalisé, selon Albertini, qu'au sein de l'Europe. Mais l'identification d'une telle action démocratique était ardue et resta pendant longtemps indéterminée, conduisant au fil du temps à des solutions provisoires. Dans un premier moment, ce sera la troisième force, l'unification des gauches démocratiques comme présupposé de l'unité nationale, qui représentera pour Albertini l'unique alternative à l'opposition des blocs DC-PCI. Pour Albertini, l'idée même de troisième force était d'ailleurs liée à l'Europe – « La troisième force est l'Europe. Si elle échoue [...] c'est l'Europe qui échouera »[14] –, même si elle est encore pensée en Italie[15].

La recherche de cette force, qui bouleversait les habitudes de la lutte politique, d'une gauche démocratique de type atlantique, s'appuyait sur le *New Deal* de Roosevelt et sur la pensée philosophico-pédagogique de Dewey, libéral de gauche.

L'Europe étant devenue, pour lui, la solution du problème politique italien, Albertini sera finalement en mesure d'éclaircir les idées qu'un point de vue seulement national laissait dans l'ombre. Dans la préface de 1979 du livre *Il Risorgimento e l'unità europea,* Albertini associait l'idée d'unité nationale à celle de Risorgimento inachevé et faisait de

12 M. Albertini, « L'amore dell'Italia nell'Europa », in *Lo Stato moderno*, vol. 4, 1947, n° 18-19 (20 septembre-5 octobre), aujourd'hui in *Scritti*, I, *op. cit.*, p. 135-138.

13 Cf. M. Albertini, « La posizione di Gobetti », in *Lo Stato moderno*, vol. 5, 1948, n° 3-4 (5-20 février), aujourd'hui in *Scritti*, I, *op. cit.*, p. 149-152.

14 M. Albertini, « La terza forza e l'on. Mezzadra », in *La Provincia Pavese*, 27 février 1947, aujourd'hui in *Scritti*, I, *op. cit.*, p. 153-155.

15 « [Troisième force] signifie avoir pris conscience d'une donnée de la réalité politique qui impose des nouveautés de directives et une volonté d'action ». M. Albertini, « Discorso agli scettici », in *Lo Stato moderno*, vol. 5, 1948, n° 10-11 (15 mai-20 juin), aujourd'hui in *Scritti*, I, *op. cit.*, p. 165-168.

l'Europe le cadre de leur réalisation. Voilà comment il s'exprime à ce propos :

> Le *Risorgimento* est inachevé parce que jusqu'à maintenant, l'unité nationale n'a pas été pleinement acquise, ce qui signifie que le lien du peuple avec l'État n'est pas encore assez solide, ni assez profond [...]. S'il n'y a pas d'unité nationale – comme nous l'enseigne l'Histoire – l'unique salut est dans sa promotion [...]. Le fait décisif à cet égard est l'Europe. Pour obtenir une unité nationale solide et durable, l'Italie doit combler deux lacunes historiques, l'une d'ordre politique et l'autre d'ordre économique. Sur le plan politique [...] elle doit transformer complètement l'opposition interne du régime en opposition de gouvernement [...]. D'autre part, sur le plan économique, l'Italie doit résoudre le problème du Mezzogiorno. [...] L'expérience devrait avoir démontré à tout le monde qu'il n'est pas possible d'atteindre ces deux buts décisifs sans une évolution italienne qui ne soit pas aussi, dans le même temps, une évolution européenne[16].

En 1948, Albertini se trouvait encore dans une phase de recherche difficile, mais les termes du problème étant déjà éclaircis, le rôle de premier plan accordé à l'Europe apparaissait évident.

Ceci dit, cette idée européenne devait déjà circuler depuis longtemps à la librairie qu'avait créée Albertini, *Lo Spettatore*, et qui était en 1948 la seule adresse de la section du Mouvement fédéraliste européen (MFE) à Pavie[17]. La librairie deviendra dans les années suivantes une sorte de salon intellectuel réunissant les universitaires, étudiants et professeurs ainsi que des hommes de culture.

Albertini s'était fait connaître au cours de ces années au niveau national en collaborant à de nombreux journaux : *Lo Stato Moderno*, *Il Ponte*, *Nuova Repubblica*, plus tard, *Il Mercurio* et, occasionnellement, *Critica sociale*. Pavie restait cependant au cœur d'une pensée qui voyait dans la conception même de la démocratie le rapport fondamental existant entre le centre et la périphérie : « L'histoire – écrit-il – compte au nombre des États les plus forts ceux qui ont eu une vie locale active et obtenu un large consensus ; et elle enregistre souvent la chute de ces États une fois que leur vie locale s'est éteinte »[18]. Lorsqu'Albertini se consacrera à l'action politique au niveau international, il n'oubliera jamais l'action au niveau local, notamment celle menée en faveur de la

---

16 M. Albertini, préface de *Il Risorgimento e l'unità europea*, Naples, Guida, 1979, aujourd'hui in *Scritti*, III, *op. cit.*, p. 775-778.

17 Cf. D. Preda, « All'avanguardia dell'Europa. I primi vent'anni del Movimento federalista europeo a Pavia », in *Bollettino della Società pavese di Storia patria*, 1985, p. 153-215.

18 M. Albertini, « Cosa devono darci le amministrative », in *La Provincia Pavese*, 5 mai 1951 (à la veille des élections administratives), aujourd'hui in *Scritti*, I, *op. cit.*, p. 241-243.

valorisation du territoire naturel et architectural de l'association *Italia nostra*. « Le sens d'appartenance à la grande patrie européenne, véhiculé par l'amour pour la petite patrie locale – écrira Guderzo –, ne risque pas, ainsi, de se diluer dans un cosmopolitisme apatride »[19].

Ce fut au début des années 1950 qu'Albertini était prêt à s'occuper plus activement de fédéralisme. En 1953, il devint secrétaire de la nouvelle section pavesane du MFE[20], sa nomination ayant été proposée par le Recteur du Collège Ghislieri, Aurelio Bernardi. Son fédéralisme, confiné jusqu'alors dans la sphère intellectuelle, se métamorphosera en un engagement politique qui allait l'absorber jusqu'à la fin de ses jours. Le passage des idéologies traditionnelles – pour lui, le libéralisme – au fédéralisme était désormais accompli :

> Tu sais que je suis libéral – écrit-il à Alfassio Grimaldi – et cela pourrait t'induire en erreur : ma façon d'être libéral est aujourd'hui la moins orthodoxe possible [...]. C'est une manière d'être pré-politique, c'est seulement une source dont je tire à la fois une méthode d'action et une capacité de responsabilité. Ma façon d'être [...] me laisse en marge des politiques de parti : de sorte que je suis seulement, pour l'étiquette et pour l'action de chaque jour, un fédéraliste actif et toujours très insatisfait [« arrabbiato »][21].

C'était l'époque de la bataille pour la création de la Communauté européenne de défense. Le MFE deviendra l'un des moteurs de l'initiative soutenue par les partis gouvernementaux, initiative qu'il s'agissait de renforcer au niveau populaire jusqu'à sa ratification. Albertini se lança avec enthousiasme dans cette entreprise et s'engagea fortement au niveau local. L'arrière boutique de la librairie *Lo Spettatore* était devenue le vrai siège du MFE pavesan. Albertini, bien loin d'une conception élitaire du mouvement, participait à la rédaction de tracts, de polycopiés et à l'expédition de matériel fédéraliste. Son prosélytisme en faveur de l'action fédéraliste suscitera, entre 1954 et le début des années 1960[22], une adhésion massive de la part des jeunes étudiants universitaires des différents collèges de Pavie, et notamment du Ghislieri. Et ceci en vertu

---

[19] G. Guderzo, « Mario Albertini », in *Compagni di viaggio*, *op. cit.*, p. 31.

[20] Interview de Mario Albertini, *op. cit.*, G. Guderzo en parle lui aussi in « Federalisti con Albertini », in F. Zucca (dir.), *Europeismo e federalismo in Lombardia dal Risorgimento all'Unione europea*, Bologne, Il Mulino, 2007, p. 377-381.

[21] Cf. la lettre d'Albertini à Ugoberto Alfassio Grimaldi, 19 décembre 1953, in M. Albertini, *Scritti*, I, *op. cit.*, p. 409-411.

[22] Voir la « conversion » au fédéralisme des étudiants du Ghislieri et d'autres collèges pavesans dans G. Guderzo, « In ricordo di Mario Albertini », in A. Landuyt et D. Preda (dir.), *I movimenti per l'unità europea 1970-1986*, Bologne, Il Mulino, 2000, t. I, p. 23-36, aujourd'hui in G. Guderzo, *Compagni di viaggio*, Milan, Unicopli, 2007, p. 19-31. Voir aussi le témoignage d'Arturo Colombo que j'ai recueilli le 15 mars 1984.

d'une proposition politique et culturelle nouvelle, précisément parce que non liée à l'État national. La nouveauté résidait dans la perspective d'un autre horizon, celui du cadre européen. Quand Albertini théorisera la nature du militant[23] fédéraliste, c'est à ces jeunes étudiants qu'il fera référence[24]. C'est en 1954 que sont organisées les discussions connues sous le nom de groupes d'experts [« discussioni a pannelli »]. Albertini et ses jeunes disciples, fascinés par sa personnalité et sa capacité à transmettre des valeurs[25], participaient à tous les meetings et réunions politiques publiques, critiquant chez leurs interlocuteurs l'absence d'une véritable vision européenne.

Ces années-là étaient marquées par les lectures de Mannheim, Marx, Ranke, Hamilton[26], par la découverte de Spinelli, par la polémique avec Bobbio sur le rôle de l'intellectuel. Albertini avait conscience de vivre une phase historique de changement radical, caractérisée par le bouleversement du rôle de l'intellectuel, appelé non plus simplement à être présent avec des valeurs positives dans l'Histoire, mais appelé à proposer la « fondation de nouveaux schémas »[27]. D'où, me semble-t-il, le lien avec Spinelli, qui incarne la figure du « l'homme actif qui s'occupe du futur, et du présent seulement en fonction du futur »[28].

Entre-temps la chute de la CED, la naissance d'une association – l'UEO – sans la moindre perspective de développement intégrateur, l'affaiblissement de l'engagement des partis centristes en faveur de la fédération européenne, obligeaient le MFE à repenser son rôle dans le processus d'unification européenne afin de définir une nouvelle ligne d'action autonome.

---

23 M. Albertini, *Manuale del militante*, s.d. (mais 1956), *La linea politica. Il fine, il mezzo, le tappe future*, 2e version, in *Scritti*, *op. cit.*, II, *1956-1957*, p. 413-444.

24 Cf. G. Guderzo, « Mario Albertini dalla sinistra liberale all'impegno federalista (1946-1957) », in *Il Politico*, vol. LXXII, 2007, n° 214 (janvier-avril), p. 201-218.

25 Guderzo souligne les qualités pédagogiques d'Albertini, sa façon d'être « *leader* en tant que maître », l'ampleur de ses connaissances, son éclectisme, mais aussi son ouverture socratique au dialogue, toutes qualités indispensables « pour attirer les jeunes et les moins jeunes sur un terrain aussi ardu que celui d'une politique qui se dérobe radicalement aux opportunités de pouvoir ». G. Guderzo, « Mario Albertini », *op. cit.*, p. 23.

26 M. Albertini, « Perché sono europeo », tapuscrit, s.d. (probablement 1958), in *Scritti*, *op. cit.*, III (*1958-1961*), p. 127-136.

27 M. Albertini, « L'invito al dialogo di Norberto Bobbio », in *Il Mercurio*, vol. II, 1955, n° 71 (8 octobre), aujourd'hui in *Scritti*, I, *op. cit.*, p. 807-811.

28 M. Albertini, « I principi d'azione del Manifesto di Ventotene », Introduction à A. Spinelli, E. Rossi, *Il Manifesto di Ventotene*, Naples, Guida, 1982 (republié in M. Albertini, *Nazionalismo e federalismo*, Bologne, Il Mulino, 1999). Albertini voit le sens du présent dans la « possibilité de son évolution vers une situation nouvelle et telle qu'elle peut améliorer le sort de l'humanité ».

De 1952 à 1954, l'intégration européenne avait été marquée par la convergence de l'approche fonctionnaliste (CECA, CED) et de l'approche constitutionnaliste (CEP). Mais après la chute de la CED, fonctionnalisme et constitutionnalisme allaient à nouveau diverger. À partir d'août 1954, le MFE procédera à un profond revirement théorico-pratique. En octobre, Spinelli publia dans *Europa Federata* un article programmatique intitulé « Nuovo corso »[29]. Dans le nouveau cadre européen, il n'était plus possible – selon lui – de penser à un rôle « jésuitique » du fédéralisme, s'adressant directement aux chefs et aux élites dirigeantes, dans l'espoir que l'État fédéral put naître d'en haut et non pas du peuple. Une telle stratégie appartenait au passé. Dans la mesure où les gouvernements abandonnaient la politique européenne, il fallait passer à un rôle d'opposition, non seulement contre le gouvernement, mais aussi contre « le régime et la communauté ». Ceci allait comporter, d'un côté, l'exigence d'une organisation capillaire, de l'autre, l'exigence d'un approfondissement théorique efficace. Le premier objectif de l'action aurait dû être la convocation d'une assemblée constituante élue par les « peuples européens libres » et sa ratification par le biais de « référendums populaires ».

La nouvelle ligne du MFE ayant ainsi été dessinée, il devenait nécessaire de créer une force fédéraliste autonome, affranchie des partis, bien plus consciente d'elle-même, et prête à s'engager dans des actions politiques concrètes et incisives. Spinelli voyait la plate-forme d'une telle force dans un nouveau sujet : le « peuple européen »[30].

Albertini secondera Spinelli dans ce « nouveau cours », apportant une contribution fondamentale aussi bien du point de vue théorique que pratique.

Habitué à travailler quotidiennement et durement sur le terrain, Albertini allait s'efforcer de donner une vitalité concrète aux sections afin de les guider vers « une authentique vie de masse ». Jour après jour, dans un dialogue patient avec les jeunes, à travers l'organisation d'écoles de cadres capables de reproduire à l'échelle nationale l'œuvre de prosélytisme parmi les universitaires qui avait si bien porté ses fruits

---

29 A. Spinelli, « Nuovo corso », in *Europa Federata* (désormais *EF*), vol. 7, 1954, n° 10 (octobre). L'article a été republié in Altiero Spinelli, *L'Europa non cade dal cielo*, Bologne, Il Mulino, 1960, p. 205-216, avec de légères modifications formelles probablement apportées par l'auteur lui-même. Il apparaît, en outre, dans une deuxième version, in L. Levi, S. Pistone (dir.), *Trent'anni di vita del MFE*, Milan, Franco Angeli, 1973, p. 191-201.

30 Spinelli aurait théorisé pour la première fois le rôle du peuple européen en avril 1955. Cf. Altiero Spinelli, « Il popolo europeo », in *EF*, vol. 8, 1955, n° 7 (1er avril). L'article a ensuite été publié in Spinelli, *L'Europa non cade dal cielo*, *op. cit.*, p. 223-226 et in *Trent'anni di vita del MFE*, *op. cit.*, p. 201-204.

à l'échelle locale, il créa des groupes de militants qui allaient s'engager en faveur de l'Europe unie dans les décennies suivantes. Il tiendra des cours importants, rédigera maints documents, s'attellera au quotidien à la formation de nouveaux cadres dirigeants qui soient en mesure d'orienter l'avant-garde consciente du peuple européen.

La nécessité d'une force politique autonome, capable de « forcer » les gouvernements à faire le choix de l'assemblée constituante européenne[31], était claire pour Spinelli qui, dès le début des années 1940, avait souhaité la formation d'un mouvement politique élitaire pouvant abattre les nombreux « palais d'hiver ». Chez Albertini, elle devenait prioritaire et conceptuellement différente, dans la mesure où elle était basée sur une ample participation démocratique de tous et de toutes les sections à la vie du Mouvement. Ses fondements étaient l'autonomie culturelle, par le biais d'une œuvre d'approfondissement théorique du fédéralisme ; l'autonomie politique, avec la non participation aux partis nationaux ; l'autonomie organisationnelle, basée sur une formation stricte et la sélection des militants ; l'autonomie financière avec l'autofinancement.

La force politique autonomiste qui était née au sein du MFE sera destinée à devenir un vrai « courant » en 1962. Son action se développa sur deux fronts : d'un côté, la lutte pour s'affirmer à l'intérieur de la *Gioventù federalista europea* (GFE) ; de l'autre, l'élaboration et la préparation de ce que l'on considérera comme la première et véritable action pour l'Europe : le Congrès du Peuple Européen (CPE)[32]. Les jeunes albertiniens gagnèrent la première bataille autonomiste à l'intérieur de la GFE au congrès de Bolzano, au cours de l'automne 1957, en s'opposant aux fédéralistes restés fidèles aux partis.

> Les fédéralistes, commente Albertini, ont désormais franchi un pas décisif : ils ont brisé, après des années d'une lutte difficile, quelque chose à l'intérieur de leur conscience. Pour eux, l'histoire de l'Italie est vraiment finie [...]. Ils ont refusé et clos le chapitre de la fidélité nationale et fixé les contours d'un nouveau territoire qu'ils veulent habiter, comprendre et, s'ils y réussissent, conquérir[33].

La campagne pour le CPE, imposée à partir de 1955, allait développer un sentiment populaire d'opposition aux États nationaux et de

---

31 S. Pistone, « Altiero Spinelli e Mario Albertini : la Costituente europea », in *Storia e percorsi del federalismo*, présentation de D. Preda et C. Rognoni Vercelli, *op. cit.*, t. II, p. 893-913.

32 Sur le CPE, voir C. Rognoni Vercelli, « Il Congresso del popolo europeo », in S. Pistone (dir.), *I movimenti per l'unità europea 1954-1969*, Pavie, PIME, 1996, p. 373-397.

33 M. Albertini, « Opposizione federalista », 1957, manuscrit incomplet d'un article pour *Il Ponte*, in *Scritti*, II, *op. cit.*, p. 837-839 (citation p. 839).

revendication d'une organisation étatique européenne. La convocation d'un congrès populaire européen, sur l'exemple du congrès de Ghandi, allait être précédée de réunions de secteurs, au cours desquelles seraient rédigés des *cahiers de doléance* contre les États nationaux, mobilisant ainsi toutes les forces pro européennes. La campagne devait se fixer l'objectif de faire élire directement par le peuple européen un congrès qui, à son tour, avait pour finalité la convocation d'une assemblée constituante européenne. Le CPE devenait une nouvelle organisation politique, autonome et supranationale.

En 1959, Albertini fonda *Il Federalista*, la revue du courant politique autonomiste. Il fallait définir les caractéristiques, les finalités, la stratégie d'un fédéralisme qui ne pouvait pas, selon lui, se réduire à une simple bataille institutionnelle. Le rapport entre culture et politique était très clair pour lui : il fallait créer une culture politique de sorte que la politique ne fut pas privée de contenus[34]. La revue fut d'abord publiée en italien et en allemand, avec la collaboration de Klaus Schöndube ; ensuite, à partir de 1962, en français, avec une large contribution de la GFE ; elle est, aujourd'hui encore, publiée en italien et en anglais. Cette fonction de promotion et d'approfondissement culturel avait été confiée pendant un certain temps aux « Quaderni di rivendicazione » préparés dans les différents sièges du CPE. Avec la fin du CPE, la revue deviendra le lieu de rencontre et de confrontation des fédéralistes qui se regroupaient autour d'Albertini avant même la constitution du courant « Autonomia federalista ». C'est ainsi qu'elle peut apparaître comme le lieu de naissance de ce courant.

À partir de 1960, avec la scission de l'UEF et l'échec du CPE, Albertini avait pleinement pris conscience de la crise du fédéralisme européen organisé. Il était convaincu qu'il fallait promouvoir, avant de passer à un type d'action quel qu'il soit, un approfondissement des problèmes théoriques et pratiques de la stratégie fédéraliste et qu'il fallait engager une action cadre de type pré-politique : sans outils théoriques adaptés, il n'aurait pas été possible de mener avec quelque espoir de succès une bataille pour la Fédération européenne. Il fallait reconstruire les fondements de la politique fédéraliste.

Dès lors, tout en développant encore davantage l'action de formation des militants, multipliant rencontres, lectures, conférences, Albertini s'engagea dans la voie de l'approfondissement théorique, devenant ainsi le principal représentant du fédéralisme hamiltonien de la deuxième moitié du XXe siècle.

---

[34] Il écrit à Spinelli en 1958 : « Je crois qu'une entreprise comme la nôtre n'arriverait pas à vivre sans un soubassement culturel ». Lettre de M. Albertini à A. Spinelli, 18 février 1959, in *Scritti*, III, *op. cit.*, p. 455-459 (citation p. 456-457).

À la base de sa conception fédéraliste se trouve l'idée de nation, considérée non comme préexistante à l'État national, mais bien comme conséquence de l'existence des États nationaux qui s'étaient affirmés sur le continent européen après la Révolution française[35].

Contrairement à Spinelli, il soutient que le fédéralisme n'est pas simplement la doctrine de l'État fédéral, mais une idéologie politique, au sens propre du terme ; une idéologie différente des grandes familles politiques, libérale, démocratique, socialiste, et caractérisée par un aspect de valeur – la paix – par un aspect de structure – l'État fédéral – par un aspect politico-social – le contexte historique marqué par le dépassement de la division du genre humain en classes et nations antagonistes[36].

Dans cette optique, Albertini reprend à son compte la vision philosophico-historique de Kant et son désir de paix perpétuelle, dans la perspective de la construction d'une fédération mondiale.

Voici les bases sur lesquelles se fonde le parcours qui portera Albertini au sommet du fédéralisme européen[37].

Mais ce sont surtout les enseignements théoriques et pratiques qui ont fait d'Albertini un chef d'école reconnu et ont formé des générations de fédéralistes européens ayant œuvré en faveur des plus importantes campagnes pour l'unification européenne au cours des cinquante dernières années[38] et se battant, aujourd'hui encore, pour la Fédération européenne.

---

35 Cf. M. Albertini, *Lo Stato nazionale*, Milan, Giuffré, 1960. Voir aussi L. Levi, *Letture su Stato nazionale e federalismo*, Turin, CELID, 1995 ; S. Pistone, *F. Meinecke e la crisi dello Stato nazionale tedesco*, Turin, Giappichelli, 1969.

36 Cf. M. Albertini, *Il federalismo e lo Stato federale. Antologia e definizione*, Milan, Giuffré 1963.

37 À la tête du MFE depuis 1966, Albertini sera président de l'Union européenne des fédéralistes de 1975 à 1984.

38 Je voudrais n'en rappeler ici que deux parmi les plus importantes et soutenues personnellement par Albertini : l'engagement en faveur de l'élection directe du Parlement européen, de la moitié des années 1960 jusqu'en 1979 ; le soutien apporté à l'action en faveur de la réforme institutionnelle de la Communauté promue par Spinelli et par le *Club del Coccodrillo* au début des années 1980.

Le fédéralisme libéral et protestant de Jean Rey

Héritage familial et projet politique

Pierre TILLY

Chargé de cours aux Facultés universitaires catholiques de Mons et à l'Université catholique de Louvain

Le choix d'une citation permet d'emblée de cerner certains traits de la personnalité de Jean Rey :

> Au bout d'un certain temps, on comprend que cet homme est imprégné d'une forte éthique qui prend sa source dans une religion intense. Il pourrait lui-même être prêtre comme l'était son père, Arnold Rey. Comme Robert Schuman, il mène une vie sévère, presque ascétique, dominée par la religion. Il s'est donné une grande mission. Ce n'est pas un hasard que les événements l'ont porté à la tête de la Commission européenne. Il ne s'est fait grâce de rien. Pour ce juriste, le travail est le principe même de la vie. Il le voit comme l'expression de ses convictions éthiques et religieuses[1].

Ce regard porté sur la personnalité de Jean Rey à la fin des années 1960 invite à envisager un aspect peu abordé jusqu'à présent par l'historiographie, à savoir l'influence de la foi protestante sur le fédéralisme et sur la construction européenne. Le parcours et les convictions fédéralistes de Jean Rey apparues dès les années 1930 apportent un éclairage essentiel sur cette question. Ceci étant, quel est le poids de sa foi protestante au cœur d'un cheminement professionnel et personnel qui le conduit aux plus hautes fonctions européennes ? Des éléments de réponse sont à rechercher notamment dans une approche biographique offrant un éclairage majeur d'un homme sur son temps. Mais la démarche doit également conduire, plus globalement, à évoquer la place du protestantisme dans la construction européenne, un terrain qui reste encore largement en friche.

---

1 F. Rodenz, *Jean Rey, un politicien pragmatique*, Dalloz, Paris, 1968, p. 1.

I. Le rôle du milieu familial et de l'éducation

On retrouve chez Jean Rey ou dans le chef d'une personnalité politique protestante de premier plan comme André Philip – un exemple à titre de comparaison – une culture, un éthos du protestantisme qui tient au milieu familial, à une éducation sur laquelle s'articule un ensemble d'attitudes et d'habitudes spécifiques[2]. Pour prendre un exemple frappant, il faut souligner le parallélisme entre les deux hommes dans cette habitude de la discussion synodale et dans la recherche chrétienne du bien commun. Il s'agit là de deux dimensions fondamentales de leur action politique au cœur de laquelle une foi bien vivante s'exprime ; elle va bien au delà de la simple continuité d'une culture transmise par la seule éducation.

A. L'héritage familial : une petite communauté européenne

Parmi les principes de vie dont Jean Rey s'inspire, ceux qu'il a hérités de ses parents, morts lors d'un bombardement à Arras en 1940, sont fondamentaux. La fidélité y figure en très bonne place. « Dans l'éducation protestante, le respect de la loyauté, de la parole donnée, est quelque chose d'absolument fondamental », souligne Jean Rey lui-même en 1976[3]. Protestant convaincu et chrétien pratiquant, il se conforme entièrement aux préceptes calvinistes ; il ne mettra jamais ses convictions spirituelles de côté malgré une activité « temporelle » conséquente. Il reste fidèle à son Église de Liège, siégeant au consistoire durant de nombreuses années et soutenant à l'occasion les pasteurs qui ont pris la succession de son père[4]. Et il ne se fait pas prier, quand l'organiste est empêché, de monter à la tribune des orgues pour le suppléer afin d'accompagner le chant des fidèles. Une mission qui est loin d'être impossible car Jean Rey est un grand amateur de musique et un praticien lui-même du piano et du violon.

Pour prendre la réelle mesure d'un héritage familial qui se transmet de génération en génération, l'expression « petite communauté européenne » est particulièrement indiquée. Les ascendances familiales de Jean Rey sont françaises huguenotes avec un mélange de théologiens et d'hommes d'affaires. Le père de Jean, Arnold, sixième enfant de

---

2 A. Prost, « Conclusion », in *André Philip, socialiste, patriote, chrétien. Actes du colloque « Redécouvrir André Philip » tenu à l'Assemblée nationale, les 13 et 14 mars 2003*, Paris, Comité pour l'histoire économique et financière de la France, 2005, p. 419-420.

3 M. Fransen, M. Stamesckhine, *Télé-mémoires du ministre Jean Rey*, RTB Éditions, Bruxelles, 1976, p. 5.

4 E.M. Braekman, « Il y a cent ans naissait Jean Rey », in *Bulletin-Chronique de la société royale d'histoire du protestantisme belge*, 2002, n° 35, p. 18.

William Rey, est né le 14 décembre 1867, à Milan. Lorsqu'il atteint l'âge de sept ans, la famille s'installe à Naples où le grand-père de Jean Rey gère des affaires pour le compte d'une société d'assurances. La famille demeure dans cette ville, où la chaleur est souvent étouffante en été, jusqu'en 1877[5]. Arnold aimait à rappeler cette enfance un peu féérique, dans un pays enchanteur. Des souvenirs dans lequel le précepteur allemand de la famille occupe une place peu enviable, lui qui n'aurait été qu'un pédagogue ennuyeux. En revanche, d'autres moments ont laissé des souvenirs impérissables au jeune Arnold comme les parties dans le grand jardin, les baignades dans le bassin ou encore les sottises avec les grands frères ! Les vacances dans les Abruzzes contribuent à installer un goût et une passion durable pour les promenades en montagne et en forêt. Des expériences de jeunesse qu'Arnold mettra en pratique plus tard comme pasteur en tant que guide pour la jeunesse. Il doit cette vocation de pasteur à un théologien libéral, le pasteur Auguste Bouvier, professeur à l'Université de Genève, laquelle fut la première à organiser une chaire d'histoire des religions[6]. Avant de venir s'établir définitivement à Liège en 1891, le pasteur Rey a suivi des études aux facultés de théologie de Genève, de Paris, prolongées par un cursus à l'Université de Berlin. Au total, il accomplira quarante huit années de ministère au sein de l'Église protestante de Liège. Son action ne va pas se limiter à cette province. Il donne aussi des conférences sur le protestantisme libéral à Gand. Il siège à la direction synodale de l'Union des Églises protestantes évangéliques de Belgique qu'il a cofondée en 1904. Dans les années 1920, il s'engage par ailleurs en faveur du mouvement œcuménique moderne sur le plan international au travers du mouvement du christianisme pratique. En 1932, il occupe même la plus haute fonction en son sein en devenant président du Synode et invite à Liège en 1939 le pasteur Marc Boegner, futur président du Conseil économique des Églises.

Doté d'une large et grande culture, notamment historique, Rey, qui publie des travaux au sein du bulletin de la société du protestantisme belge, incarne l'avant-garde de la pensée libérale s'inspirant largement du réformateur Sébastien Castellion, auteur de l'une des plus belles traductions de la Bible en 1555. Arnold Rey est également un ami proche de Charles Wagner, le pasteur libéral français qui est un adepte d'une théologie moderne et indépendante. Dans ce même cercle d'amis, il faut citer William Frédéric Monod, l'une des principales figures du

---

5 Extrait de la chronique familiale. Transmis à l'auteur par Jean-Jacques Rey qui reçoit ici tous nos remerciements.

6 Auguste Oscar Bouvier né à Genève en 1826 a publié de nombreux ouvrages parmi lesquels *L'esprit du christianisme* (1877) et *Paroles de foi et de liberté* (1882). Arnold fut son élève et suivit notamment son cours de philosophie religieuse comparée.

protestantisme social en France. Dans l'exercice de sa foi chrétienne, Rey accorde davantage d'importance au message d'amour du Christ qu'aux constructions dogmatiques. Preuve de son sens du dialogue, il part à la rencontre des libres penseurs au cours des années 1930 s'appuyant dans cette démarche sur la lignée de la critique protestante des dogmes figés. Il prêche dès lors une foi élargie et éclairée considérant que la raison et la conscience ne sont pas contradictoires mais au contraire les deux faces d'un même univers[7]. Engagé dans divers cercles de réflexion, Arnold Rey se préoccupe de montrer aux agnostiques combien l'idée religieuse est riche et bienfaisante. Aux croyants, il prêche une foi élargie ; aux incroyants, il montre ce que la pensée religieuse recèle de réalité spirituelle.

Nourri de la culture historique de son père et de ses principes de vie, Jean Rey, qui pratique plusieurs langues, va naturellement au contact des autres cultures. Et il franchira un pas supplémentaire en direction de la libre pensée en devenant un adhérent du libre examen. Prisonnier de guerre de 1940 à 1945, il trouve sans doute dans son rôle d'*Orateur* de la Loge *L'Obstinée*, fondée au sein de l'Oflag XD, une raison d'espérer dans des jours meilleurs.

Ceci étant, l'histoire familiale charrie aussi son lot d'infortunes. Comme d'autres huguenots, les ancêtres de la dynastie Rey doivent s'exiler à Genève, dans la ville de Jean Calvin, au XVIIe siècle. Mais la réussite est parfois au bout du chemin comme l'atteste une longue tradition familiale qui véhicule incontestablement des racines profondément européennes. Parfaite incarnation de cette idée, le grand-père d'Arnold Rey, Jean-Justin Rey, genevois de naissance – il est né en 1791 – est un personnage peu ordinaire pour son temps. Il fait partie des Suisses qui ont émigré à Odessa, au début du XIXe siècle. La ville, qui sera un port franc de 1819 à 1958, est dotée d'une richesse incroyable. Jean-Justin aurait passé une quinzaine d'années au bord de la mer Noire comme partenaire, puis comme patron d'une maison de commerce. Il se marie en 1817 dans cette ville. D'après la tradition familiale, il aurait même acquis la nationalité et serait devenu régent de la banque impériale de Russie. Désormais installé en Ukraine, dans la région de Berdytschev, il revendique dans un procès interminable des terres dont il se veut propriétaire par l'effet de créances hypothécaires non honorées et dont l'hypothèque est contestée. Au tournant des années 1830-1840, il revient à Genève avant de s'établir rapidement à Vienne pour diriger la première compagnie internationale de navigation à vapeur sur le Danube. Et il termine sa vie à Pest, en Hongrie.

---

7 A. Sabatier, *Esquisse d'une philosophie de la religion d'après la psychologie et l'histoire*, Paris, Librairie Fischbacher, 1937.

B. Un engagement chrétien et social dans l'esprit du libéralisme

Arnold Rey est un pasteur très engagé sur le plan social, particulièrement au service des prisonniers et des malades. Son combat contre l'alcoolisme qui est très répandu parmi la classe ouvrière en Belgique au début du XXe siècle est permanent. Cet engagement social, son fils Jean ne va pas le renier en l'incarnant sur le plan politique au travers d'un libéralisme social. Il ne s'agit pas dans le cas d'espèce d'une appropriation de la question sociale au départ d'une expérience abstraite de celle-ci. L'enfance et l'adolescence de Jean Rey sont marquées par des conditions d'existence longtemps précaires parmi les membres de l'Église protestante de Liège, lesquels sont issus de milieux très divers. Les besoins intellectuels et moraux de ces fidèles le sont tout autant. Comme son père, Jean Rey se montrera tolérant et indulgent à l'égard de ses semblables en privilégiant « à la lettre qui tue, l'esprit qui vivifie »[8]. Dans cette pensée en action, ce sont les idées qui mènent le monde, l'esprit primant sur la matière. La dimension spirituelle rejoint la dimension politique au travers de la foi et de la confiance dans le projet qui est mené. Jean Rey appliquera cette vision de la société au projet européen même si dans ce cas, l'horizon reste improbable comme il le concède alors qu'il est président de la Commission européenne : « L'unité de l'Europe est comme la construction d'une cathédrale gothique. Bien que la première génération sache qu'elle ne verra jamais devant elle l'œuvre accomplie et terminée, elle continue à travailler »[9]. Il s'agit bien – c'est important de le souligner – d'une pensée en action. Selon Calvin, la prédestination ne rend pas l'homme passif, mais le pousse à une activité incessante car il espère que la réussite dans ses initiatives lui apportera le salut éternel. Le caractère indépendant et la persévérance dont fera preuve Jean Rey tout au long de sa vie s'expliquent autant par sa personnalité que par sa foi.

La mère de Jean, Hélène, par ses origines familiales, sa personnalité et son action, est une femme sortant de l'ordinaire puisqu'elle est la fille du bourgmestre de Liège, Léo Gérard et la sœur de Max-Léo Gérard. Celui-ci fut, entre autres, secrétaire du roi Albert 1er, banquier et ministre des Finances de 1935 à 1936 et en 1938. C'est comme paroissienne qu'elle fait la connaissance de son futur mari, Arnold, au sein de l'église protestante de Liège. S'investissant beaucoup au bénéfice de cette dernière, elle dirige une *Union Chrétienne des Jeunes Filles* et participe également à l'œuvre internationale des *Amies de la Jeune Femme.* Hélène Rey Gérard devient la secrétaire d'un groupe pacifiste Émile de Laveleye, du nom de l'un des intellectuels belges les plus brillants du

8 L. Michel, *Jean Rey, une conscience*, Centre Jean Gol, Bruxelles, 2009, p. 29.

9 Cité in F. Rodens, *Jean Reu, op. cit.*, p. 37.

XIXe siècle. Ce groupe créé en 1911 est animé par Ernest Mahaim, professeur à l'Université de Liège.

Les deux personnalités dont il vient d'être question, toutes deux de foi protestante, jouent un rôle important dans l'univers de la famille Rey. De Laveleye, qui apportera une contribution très active à la *Revue des deux mondes*, est membre de la petite mais très influente fraction de libéraux belges qui optent pour le protestantisme au cœur du XIXe siècle[10]. Grand admirateur du monde protestant anglo-saxon, Émile de Laveleye est professeur à l'université de Liège et est à l'origine de l'Association de Droit International fondée à Gand en 1873 et de l'Institut du même nom. Mais il est aussi connu pour ses thèses en faveur du fédéralisme qu'il applique notamment au problème des nationalités dans les Balkans. De Laveleye prône ainsi l'idée d'une grande fédération des peuples balkaniques et est un fervent partisan de du droit d'autodétermination des peuples. Sans trop s'avancer à ce stade sur des contacts éventuels entre de Laveleye et Arnold Rey, il est clair que le premier nommé aura une influence durable sur les idées que développera à partir des années 1930 le jeune Jean Rey. Grand défenseur de la décentralisation et d'une plus grande autonomie des provinces et des communes, de Laveleye, qui ne cache pas ses sympathies pour les idées libérales de Tocqueville et de John Stuart Mill, s'inspire notablement des exemples de la Suisse et des États-Unis pour proposer un projet politique d'un nouveau type aux jeunes nations européennes.

En tant que successeur d'Émile de Laveleye à l'Université de Liège en 1892, Ernest Mahaim (1865-1938) joue un rôle de passeur d'idées. Il est un proche de la famille ; Jean Rey épousera sa nièce, Marie Gevers. Membre de l'Église protestante, Mahaim suit des études de droit et de sciences politiques dans la Cité ardente avant de se tourner vers l'économie politique qu'il approfondit à Berlin, Vienne, Paris, Londres et Cambridge. De 1895 à 1914, Mahaim dirige des enquêtes sur les conditions de logement des classes laborieuses dans la région liégeoise. Et il compte parmi les organisateurs du premier Congrès international de législation du travail en 1897 avant de participer à la fondation, à Paris, en 1900, de l'Association internationale pour la protection légale des travailleurs qui élabore les premières conventions internationales du travail. Ernest Mahaim est donc un acteur clé de la réflexion qui est menée sur la question sociale avant la Première Guerre mondiale. Et c'est donc tout naturellement qu'il est choisi pour représenter la Belgique avec Émile Vandervelde à la Commission de la législation inter-

[10] A. Vuijlsteke, « Émile de Laveleye (1822-1892) : vision d'un publiciste libéral belge sur les nationalités et les jeunes nations en Europe méridionale », in *Rassegna Storica del Risorgimento (Istituto per la Storia delà Risorgimento italiano)*, Rome, vol. 89, 2002, p. 39-52.

nationale du travail. Expert réputé au plan international, Mahaim devient ministre de l'Industrie, du Travail et du Ravitaillement en 1921 comme extraparlementaire, même s'il ne cache pas ses sympathies libérales. Et après cette courte parenthèse ministérielle, il s'investit au sein de l'Organisation internationale du travail (OIT) où il représente le gouvernement belge jusqu'en 1935, occupant au passage entre 1931 et 1932 la fonction de président du conseil d'administration du Bureau international du travail (BIT). Lors de sa mort, le 5 janvier 1938, le pasteur Arnold Rey préside un culte à son domicile, à la mémoire de celui qui a associé la famille de longue date à des œuvres de paix.

Le cercle des amis proches de la famille compte aussi des personnalités aussi diverses que Charles Magnette, ministre d'État, résistant et grand-maître de la franc-maçonnerie. Magnette figure parmi les fondateurs de l'Association maçonnique internationale en 1921. Auparavant, il a en 1914 et en 1916 adressé des appels aux grandes loges allemandes, s'élevant notamment contre les atrocités commises et les déportations de travailleurs dans sa Gaume natale. Cela lui valut une peine de prison. Arnold Rey rencontre lui aussi de nombreuses difficultés face à l'occupant allemand. Il est arrêté en 1917 et séjourne à la prison de Saint-Gilles. Mais comme les Allemands se montrent incapables de prouver qu'il est français et non suisse comme il le prétend, il est relâché. Cet épisode, qui vient s'ajouter à d'autres, conduit la famille Rey à s'éloigner pour un temps d'amitiés allemandes qui avaient été acquises de longue date.

Pour terminer ce rapide tour d'horizon du cercle des amis, il faut encore citer l'amitié entretenue avec le peintre, portraitiste, dessinateur, caricaturiste et liégeois d'adoption, Jacques Ochs. Né à Nice en 1883, il sera un grand escrimeur emportant de nombreux lauriers au plan international dont une médaille d'or aux Jeux Olympiques de Stockholm en 1913. Collaborateur du périodique *Le Pourquoi Pas ?*, il est arrêté en 1940 pour la publication d'une caricature antinazie. Condamné à mort, il échappe de peu à la sentence suprême.

II. Une foi fédéraliste et européenne

L'articulation entre le local (Liège et sa région) et l'internationalisme, un milieu qu'il découvre et investit très jeune, représente une constante dans l'engagement de Jean Rey. Il adhère, dès son entrée dans l'enseignement universitaire au début des années 1920, à la section universitaire liégeoise de l'*Union pour la SDN*. Il prend très vite la direction de cette section qu'il porte bientôt à bout de bras. Il s'investit en fait sans compter en faveur de la Société des Nations (SDN), poussé sans aucun doute par l'un de ses illustres professeurs, Ernest Mahaim. Il participe même aux travaux de l'assemblée de la SDN en 1935 à Genève. Malgré la faillite de l'institution face à la montée des régimes totalitaires, il reste fidèle à la SDN dans la seconde moitié des années 1930 adoptant une posture d'universaliste qu'il combine avec un engagement remarqué au plan belge en faveur du fédéralisme.

Jeune avocat, Jean Rey se charge de la défense d'un objecteur de conscience liégeois, Camille Lejeune, qui est protestant. Emprisonné en 1932, Lejeune est assisté par Rey durant son procès devant le Conseil de guerre et la Cour militaire de Bruxelles[11]. Avant d'en venir à cette affaire, il faut resituer son contexte et évoquer l'impact sur le plan politique de son déroulement. Les deux grandes manifestations de refus de prendre part au combat telles qu'elles vont apparaître au début du XXe siècle sont de nature politique, d'une part, sous l'impulsion de l'Internationale socialiste. D'autre part, ce mouvement prend une forme plus radicale avec non seulement le refus de la guerre mais aussi de la violence comme solution aux conflits humains. On ne parle pas encore d'objection de conscience en Belgique au début du siècle alors que le protestantisme anglo-saxon prend fait et cause pour cette œuvre.

A. Pacifisme et réconciliation avec l'Allemagne

Durant la Première Guerre mondiale, le pacifisme et la non-violence sont marginalisés. Mais sitôt le conflit terminé, le débat sur l'objection de conscience qui est surtout présent aux États-Unis est relayé en Belgique au début des années 1920 par le biais de la presse protestante belge[12]. La question du pacifisme et de la réconciliation avec l'Allemagne agite les milieux protestants francophones en Belgique non sans susciter une controverse dont Arnold Rey est partie prenante[13]. Le rôle joué par le pasteur Jules Rambaud, propagandiste passionné de la réconciliation entre les pays vainqueurs et l'Allemagne, n'est pas étranger à ce débat[14]. Il fonde à cet effet en 1921 l'Union protestante chrétienne[15]. Basé à Liège-Lambert-le-Bègue, Rambaud parcourt la Belgique, la France et l'Allemagne donnant conférence sur conférence sur le thème de la réconciliation. Il est même soupçonné par la Sûreté de l'État belge

---

11 Ch. Magnette, « L'objection de conscience », in *Le Flambeau*, t. XVI, 1, 1933.

12 Voir en particulier *Paix et Liberté* des 12 mars 1921, 12 août 1922 et 24 mars 1923 de même que *Le Chrétien belge* tout au long de l'année 1927. Pour un analyse plus détaillée : G. Caufriez, « Les origines de l'objection de conscience en Belgique », in *Bulletin de la SHPB*, n° 104, 1990, p. 11.

13 « Christianisme et patrie », in *Paix et Liberté*, 11 novembre 1922.

14 Rambaud fut aumônier militaire de l'armée belge durant la Première Guerre mondiale et fut affecté à la base du Havre.

15 Ch. Baginski, *La politique religieuse de la France en Allemagne occupée (1945-1949)*, Lille, Septentrion Presses universitaires, 1997, p. 95.

d'être un agent français chargé d'encourager le séparatisme rhénan[16]. Toujours est-il qu'en 1923, l'assemblée synodale de l'Église chrétienne missionnaire belge (ECMB) reconnaît officiellement le Comité belge de l'alliance universelle pour l'amitié internationale par les Églises. La question reste toutefois délicate et elle incite les dignitaires de l'Église protestante à la prudence alors que les troupes franco-belges occupent la Ruhr en janvier 1923. Cette occupation qui ne manque pas de provoquer des réactions internationales oblige les Églises protestantes belges à tenter de définir une position sur la question de la paix. À l'inspiration des Chevaliers de la Paix d'Étienne Bach, l'assemblée synodale de l'ECMB instaure en 1924 le « Dimanche de la Paix ». Une initiative qui a un effet non négligeable sur la jeunesse dont Jan Rey fait alors partie.

En 1928, il contribue avec un petit groupe d'amis à un rapprochement avec l'Allemagne en invitant des pacifistes allemands à Liège. Cette rencontre se termine dans une complète confusion au point qu'il est question de véritables émeutes. Ceci étant, cela ne remet nullement en question les convictions pacifistes du jeune Rey qui peut s'appuyer sur la prise en compte de plus de plus grande de cette cause au sein de l'ECMB. Des idées comme la réconciliation avec l'Allemagne, un nouvel ordre dans les relations internationales par la SDN et le problème de l'objection de conscience deviennent cardinales pour cette jeune génération protestante de l'après-guerre.

B. Le problème de l'objection de conscience

Le problème de l'objection de conscience – même si le terme n'est pas encore utilisé – est posé pour la première fois publiquement en Belgique en 1925. Le cas en cause est celui de Maurice Larock, accusé d'avoir fait preuve d'indiscipline militaire et de refus d'ordre. Dans les milieux ecclésiastiques, on considère, au cours de l'entre-deux-guerres, le refus de répondre à l'appel du service militaire comme un manquement grave et scandaleux à son devoir civique[17]. Ce qui n'empêche pas l'existence d'approches différentes au regard de la morale chrétienne selon les circonstances du moment. Ainsi, certains pays comme les États-Unis avaient reconnu depuis longtemps le droit à l'objection de conscience, alors que ce ne sera le cas, dans la loi en Belgique qu'en 1964[18].

---

[16] G. Caufriez, « Les origines de l'objection de conscience en Belgique », *op. cit.*, p. 13.

[17] Cité in R. Boudens, « De houding van het kerkelijk magisterium en de internationale katholieke vredesbeweging 1878-1960 », in R. Burggraeve, J. De Tavernier et L. Vandeweyer (dir.), *Van rechtvaardige oorlog naar rechtvaardige vrede*, Kadoc Studies, n° 15, Leuven, University Press, 1993, p. 52.

[18] L. Vandeweyer, « Katholieke vredesaction in een bedreigd Belgie 1914-1963 », in *Van rechtvaardige oorlog naar rechtvaardige vrede*, *op. cit.*, p. 113-149.

L'affaire Camille Lejeune, lequel n'est autre que le cousin de Maurice Larock, va placer au centre de l'actualité un jeune avocat, Jean Rey, défenseur de cet ouvrier liégeois. L'affaire commence lorsque Lejeune écrit en 1929 au ministre de la Défense nationale qu'en conscience, il ne peut accepter de faire son service militaire. Sans entrer dans le détail de ce dossier, il faut souligner qu'Arnold Rey est appelé comme témoin lors du procès Lejeune. Il s'agit du premier du genre en Belgique, et il se tient devant le Conseil de guerre, le 31 mai 1931. Le pasteur déclare à cette occasion qu'il désapprouve l'attitude de Lejeune mais au nom de la liberté de conscience, il refuse de condamner son geste. Son fils, Jean, ne cache pas à la presse qu'il ne partage pas les convictions du jeune menuisier[19]. Ce qui ne l'empêche pas de le défendre avec conviction. Sa plaidoirie en faveur de la liberté de conscience et du respect des opinions individuelles ne passe pas inaperçue. Ceci étant, Lejeune est condamné. Quelques semaines plus tard, un autre cas d'objection de conscience se présente en la personne d'Antoine Scaillet qui est défendu par Paul-Henri Spaak. Le dossier de l'objection de conscience prend alors une dimension politique et internationale. Une soixante des députés travaillistes britanniques, parmi lesquels l'écrivain H.G Wells, signent une pétition qui est envoyée le 21 juillet 1931 au ministre belge de la Défense nationale, le lieutenant général H. Denis. Cette initiative britannique est plutôt mal reçue et est considérée comme une ingérence dans les affaires intérieures de la Belgique[20]. Après des mois de débats politiques parfois intenses et vifs, Camille Lejeune est réformé en raison d'une otite qui serait survenue grâce à une « intervention divine », celle de l'aumônier Pierre Blommaert.

C. Contre l'Europe des patries

Durant sa captivité en Allemagne de 1940 à 1945, Jean Rey participe à un groupe d'étude biblique entre protestants, catholiques et israélites. L'expérience de la guerre le conduit à œuvrer contre les nationalismes, pour une Europe unie et en faveur de l'œcuménisme. Il sort renforcé de cette longue épreuve que fut sa captivité dans ses convictions fédéralistes et européennes. À la Libération, il reste fidèle aux engagements pris dans les années 1930 et participe à l'aventure onusienne et au mouvement européen sans jouer pour autant un rôle de premier plan avant les années 1950. Si Rey milite surtout après la guerre en faveur d'un fédéralisme à vocation « domestique » qu'il inscrit dans le combat wallon, l'idée de l'Europe le séduit. Lors d'une tribune à la Fédération région Nord à Lille, le 16 janvier 1950, quelques mois donc avant le

---

19 *La Meuse*, 1er mai 1931.

20 *Le Soir*, 27 juillet 1931.

plan Schumann, il fait observer tout ce qu'il y a de constructif, à ses yeux, dans l'idée fédéraliste. Elle permet, d'une part, de concilier deux nécessités : celle du respect des libertés individuelles et régionales et celle de fonder une société sur le respect des initiatives, des efforts, des originalités des individus et des régions. On sent là le poids de fortes convictions libérales. D'autre part, l'idée fédéraliste exprime la nécessité d'un minimum d'organisation sociale[21]. On retrouve là la marque d'un libéralisme social. Et la conviction que la route sera longue. Pour le ministre de la Reconstruction qu'il est alors, si l'on veut aboutir pour organiser l'Europe, il ne faut pas se contenter d'aborder les problèmes en résolvant d'abord les plus faciles mais il est sans doute préférable d'affronter les difficultés principales et de leur trouver une solution. Il en appelle donc à des actes concrets.

III. Les liens entre protestantisme et construction européenne

L'unification européenne représente un défi particulier pour le protestantisme qui s'est fortement structuré dans les cadres sociopolitiques nationaux et régionaux de l'Europe[22]. Le protestantisme, en raison de sa diversité ecclésiale et son ecclésiologie, n'a pas d'autorité religieuse centrale, d'instance supranationale pouvant s'exprimer en son nom. Il n'y a pas d'équivalent aux institutions et au fonctionnement du Vatican. Dès 1945, l'idée de la construction européenne conduit à des débats intenses au sein du protestantisme qui veut contribuer au débat et montrer que le projet européen n'est pas le seul apanage des personnalités influencées par le catholicisme. Dès sa fondation, le journal *Réforme* se fait l'écho de débats qui vont dans ce sens[23]. Un article d'Henri Lauga présente ainsi en 1945 le fédéralisme comme une solution pour la paix et comme une démarche de révision complète des dogmes et des règles de souveraineté nationale[24]. C'est donc un changement radical qui est proposé pour introduire une nouvelle culture politique que partagent d'autres fédéralistes comme Denis de Rougemont.

La participation du protestantisme aux premières décennies de la construction européenne reste un sujet encore largement inexploré par

21 Archives de l'Université libre de Bruxelles, Papiers Rey, dossier 20.

22 J.-P. Willaime, « Ce que l'Europe fait au protestantisme, ce que le protestantisme fait à l'Europe », in Fr. Porte (dir.), *L'espace public européen à l'épreuve du religieux*, Institut d'études européennes, Éditions de l'ULB, 2007, Bruxelles, p. 109.

23 « Histoire : l'Europe, l'apport protestant », in *Réforme*, n° 3043, septembre 2003. Voir le site web du journal : www.reforme.net

24 *Réforme*, n° 4, 14 avril 1945. Cité dans l'interview de Rémy Fabre in *Réforme*, n° 3043, septembre 2003.

les historiens. Elle est sans aucun doute beaucoup moins visible que celle du catholicisme. Ce qui s'explique notamment par un préjugé plutôt négatif des protestants, en particulier allemands et scandinaves, qui voient dans cette construction une œuvre dominé par l'Europe vaticane où les démocrates chrétiens jouent un rôle majeur. Des personnalités comme Schuman, De Gasperi ou Adenauer, trois des pères fondateurs de l'Europe, sont à leurs yeux inféodés au catholicisme. Les pays à dominante protestante de l'Europe du Nord comme la Grande-Bretagne et le Danemark ne vont rejoindre l'Europe qu'en 1973, seule la très catholique Irlande faisant un peu le contrepoids. Cet élargissement, Jean Rey l'appelle de tous ses vœux depuis le début de la communauté européenne. En s'adressant en mai 1960 à des interlocuteurs britanniques et scandinaves pour leur faire part de sa vision de l'unité européenne, il se montre à la fois confiant et patient :

> Croyez-vous que cela a été facile pour nous de donner la main aux Allemands ? Nous l'avons fait cependant et je crois que nous avons eu raison car ce que nous sommes en train de vivre, après plus de mille ans d'antagonisme, a une portée historique énorme. Nous sommes devenus des amis, voilà ce qui est fondamental. À cette œuvre, vous pouvez et vous devez vous associer. C'est le monde libre tout entier qui doit être demain uni. À vous de choisir la formule et le moment que vous jugez opportuns pour nous rejoindre dans cette union que salueront les siècles à venir[25].

En termes de vision fédéraliste européenne, la pensée protestante encourage le développement de structures moins centralisées, de type fédéral, qui laisseraient une place aux régions. Ceci va à l'encontre d'une Europe catholique basée sur le développement d'un pouvoir central de nature supranationale. Jean Rey, au travers de son parcours sur le plan politique belge et européen, s'inscrit dans cette vision protestante. Il participe avec un autre protestant suisse, le penseur et écrivain fédéraliste Denis de Rougemont, à la constitution d'un protestantisme qui s'engage de manière critique en faveur de l'Europe. Issus de la même génération, les deux hommes sont tous deux des fils de pasteur. Dans ce groupe réunissant des fédéralistes, on retrouve également des personnalités comme René Courtin, membre fondateur de *Réforme* et l'un des professeurs d'université qui refusèrent leur fidélité au régime de Vichy. Membre fondateur du Mouvement européen, Courtin rêve des États-Unis d'Europe et d'une assemblée constituante. Jean Rey est actif au sein du Conseil œcuménique des Églises (COE) dès sa fondation à Amsterdam en 1948. Parmi les fondateurs de ce mouvement figure André Philip qui défend des convictions politiques différentes de celle

---

25 Il s'agit d'une table ronde européenne à Liège. Ce passage de son discours est relaté par un journaliste du journal bruxellois *Le Soir*, Charles Rebuffat, le 6 mai 1960.

de Rey puisqu'il est socialiste mais la foi réunit ces deux personnalités. En 1950, à l'initiative du COE, un groupe de travail se met en place autour de la responsabilité chrétienne dans la collaboration ; Jean Rey joue un rôle actif dans ce groupe présidé par Philip[26]. Ce dernier ne sera pas le seul protestant que Rey croisera sur sa route au cours de sa carrière européenne. Devenu membre de la Commission européenne, il a l'occasion de croiser le fer sur le plan institutionnel avec un autre protestant, Maurice Couve de Murville, ministre des Affaires étrangères de Charles de Gaule et partisan d'une Europe des nations que Rey ne peut accepter. Ceci étant, le mode de vie et la fermeté de caractère doit unir les deux hommes au delà de leur divergences politiques.

Le projet d'une Europe unie dans la diversité est un thème important de la théologie et de l'ecclésiologie du protestantisme dans les années 1950. Fondée en 1959 dans une Europe marquée par la guerre froide, la Conférence des Églises européennes va permettre de maintenir des contacts avec les Églises du silence et des liens malgré les frontières imposées par le Rideau de fer. Au début des années 1960, des laïcs protestants engagés dans la construction européenne se réunissent régulièrement à Bruxelles avec, au milieu d'eux, Jean Rey quand son agenda le permet. Il ne ménagera pas son soutien à ce groupe et à d'autres regroupements de chrétiens autour d'un projet mondial comme le Réarmement moral fondé par Franck Buchman. En 1967, à Caux, dans ce lieu hautement emblématique de la diversité culturelle et de pensée européenne, Jean Rey apporte publiquement son soutien à la création du centre du réarmement moral à Panchgani en Inde. Il fait alors un exposé sur la responsabilité de l'Europe dans le monde, un thème qui est particulièrement en phase avec l'action de ce nouveau centre.

En conclusion, on relèvera que Jean Rey milite dès sa jeunesse en faveur de la réconciliation allemande et fait partie de cette génération qui s'est engagée pour la réconciliation des peuples européens après les avoir vus se déchirer. La deuxième partie du XXe siècle représente, à ses yeux, l'une des grandes époques de l'histoire, à l'image des trois R : la Renaissance, la Réforme et la Révolution française[27]. Féru d'histoire, Rey considère que deux événements à caractère spirituel dominent la seconde moitié du XXe siècle : la réconciliation des Églises et la réconciliation des peuples.

---

26 On ne trouve malheureusement pas de trace des archives de ce groupe de travail dans les archives du COE conservées à Genève. Nos remerciements vont à Jean-Jacques Rey pour la confirmation de cette information.

27 « Le rôle des idées dans la construction européenne », in *Bulletin de la classe des lettres et des sciences morales et politiques de l'Académie Royale de Belgique*, 5e série, tome LX, 1974, 4-5, p. 160.

La recherche de l'unité européenne est l'un des moteurs de la quête et de l'action de Jean Rey. Le terme communauté a pour lui des résonnances profondes : « une communauté, cela comporte une élément spirituel et un élément institutionnel. L'élément spirituel, c'est une foi commune, c'est un idéal profond auquel les hommes adhèrent en commun ». L'élément institutionnel que Rey va défendre dans son action à la Commission européenne, il en puise les racines dans la défense du fédéralisme d'union en Belgique, un projet qu'il défendra dès 1938 ; il vise non pas à un démantèlement de l'État mais à son renforcement dans le cadre d'une protection des minorités s'inscrivant dans la logique de l'évolution du droit international. L'originalité de sa vision fédéraliste européenne, inspirée du modèle suisse et de celui des États-Unis, et qu'il défend en 1948 à la Chambre en Belgique en appuyant l'organisation d'un gouvernement fédéral en Allemagne, doit beaucoup à un savant mélange de pragmatisme, d'expertise juridique et d'une foi protestante profondément pensée et vécue.

États-Unis d'Europe et antiaméricanisme

Jalons et Tendances

Geneviève DUCHENNE

Professeur invitée à l'Université catholique de Louvain et aux Facultés universitaires Saint-Louis de Bruxelles

I. *Oderint dum metuant* ?

Depuis le XIXe siècle, les Européens qui rêvent de pacifier le Vieux Continent en le coiffant d'une organisation *supranationale* ont régulièrement tourné leurs regards, souvent ébahis, rarement indifférents, vers l'autre rive de l'Atlantique. Le vocabulaire lui-même témoigne de cet état d'esprit. Victor Hugo, Carlo Cattaneo et Giuseppe Mazzini, qui auraient été les premiers à forger le vocable « États-Unis d'Europe »[1], s'inspiraient très clairement du grand frère américain pour promouvoir une vision d'avenir où les peuples du Vieux Continent fraterniseraient pour contrer la Restauration. Le rêve qui ne s'arrêtait pas là – une Europe fédérée en *États unis* pourrait sainement rivaliser avec l'Amérique[2] –, sera pourtant détourné par les chantres d'un profond antiaméricanisme hérité des Lumières[3].

1 V. Grossi, « Victor Hugo et sa perception des États-Unis d'Europe », in M. Petricioli, D. Cherubini, A. Anteghini (dir.), *Les États-Unis d'Europe. The United States of Europe. Un projet pacifiste*, Berne, Peter Lang, 2004, p. 50-52 (L'Europe et les Europes XIXe et XXe siècles).

2 « Un jour viendra », proclamait-il, « où l'on verra ces deux groupes immenses, les États-Unis d'Amérique, les États-Unis d'Europe, placés en face l'un de l'autre, se tendant la main par-dessus les mers, échangeant leurs produits, leur commerce, leur industrie, leurs arts, leurs génies, défrichant le globe, colonisant les déserts, améliorant la création sous le regard du Créateur, et combinant ensemble, pour en tirer le bien-être de tous, ces deux forces infinies, la fraternité des hommes et la puissance de Dieu ! ». Cité d'après V. Hugo, « Pour les États-Unis d'Europe (1849-1876) », in P. Ory, *L'Europe ? L'Europe*, Paris, Omnibus, 1998, p. 157-169.

3 Cf. Ph. Roger, *L'ennemi américain. Généalogie de l'antiaméricanisme français*, Paris, Éditions du Seuil, 2002. Sur le lien entre rhétorique européenne et antiaméricanisme, consulter plus spécifiquement les p. 203-212, 365-379.

Aussi, dès la Belle Époque, les Européens redoutent non pas tant la prospérité et le dynamisme américains que l'impérialisme « atypique »[4] de cette jeune nation aventureuse qui osa en 1898 – ô scandale – déclarer la guerre à l'Espagne ! En d'autres termes, l'Europe d'avant 1914 n'appréhende pas seulement le « péril jaune ». Devant le « péril yankee » qui menace son hégémonie, elle envisage l'unification en s'inspirant – pourquoi pas ? – de l'expérience américaine.

Mais « vouloir imiter l'Amérique ne signifie pas nécessairement la copier, ni forcément l'aimer »[5]. *A fortiori*, craindre les USA n'implique pas obligatoirement que l'on tienne un discours virulent à leur encontre. « Oderint dum metuant » aimait répéter Caligula, soulignant par-là, implicitement, que la crainte et la haine sont deux sentiments bien distincts. Singulièrement, cette hostilité est d'abord perçue par ceux qui en font les frais. En effet, si le mot existe, dès 1828, dans l'*American Dictionary of the English Language* sous la définition suivante : « Opposed to America or the true interests or government of the United States ; opposed to the revolution in America », il ne sera attesté en français qu'en 1948. Aussi donne-t-on, peut-être, une définition trop large de l'antiaméricanisme qui englobe différentes attitudes : la crainte, mais aussi l'opposition et la franche hostilité.

Ces quelques lignes permettent de mesurer la complexité d'une question faussement simple : les États-Unis d'Amérique sont-ils un modèle pour les États-Unis d'Europe ? En effet, devant le foisonnement des réactions suscitées, en Belgique notamment[6], par le modèle américain, nous ne pouvions faire l'économie de quelques remarques pour baliser une recherche qui n'en est qu'à ses balbutiements.

II. Jalons

L'antiaméricanisme – « phénomène récurrent et transversal de nombreuses sociétés européennes »[7] – a suscité, depuis plusieurs années,

---

4 J. Voisenet « Le vertige de l'hyperpuissance. La puissance américaine », in P. Gauchon, J.-M. Huissoud (dir.), *Les grandes puissances au XXIe siècle. Histoire, économie, géopolitique. Rapport Anteios*, Paris, Presses universitaires de France, p. 72.

5 O. Dard, « Préface », in O. Dard, H.-J. Lüsebrink (dir.), *Américanisations et anti-américanismes comparés*, Villeneuve d'Ascq, Presses universitaires du Septentrion, p. 12 (Temps, espace et société).

6 Notons ici qu'en 2008, le professeur Michel Dumoulin organisait les exercices d'histoire contemporaine, cours dispensé en 2e année de baccalauréat en Histoire (Université catholique de Louvain), autour de la problématique de « L'américanisme et antiaméricanisme aux XIXe et XXe siècles ». Les résultats de ces premiers travaux ont été très utiles pour débuter notre enquête.

7 O. Dard, « Préface », in *Américanisations*, *op. cit.*, p. 11.

l'intérêt des historiens[8]. Ceux-ci s'accordent généralement pour relever trois moments où surgit avec force un discours virulent à l'encontre du grand frère américain : les années 1930, la guerre froide et, plus récemment, le tournant des XXe et XXIe siècles.

Pour détecter les motifs d'un antiaméricanisme porté, cela va sans le dire, par différentes générations qui basculent facilement de la fascination à l'aversion[9], il faut sans cesse se replonger dans les méandres des relations transatlantiques[10]. Or, celles-ci n'ont cessé et ne cessent encore d'osciller au gré des événements et débouchent régulièrement sur un « contentieux mêlant la gratitude à l'amertume […], l'incompréhension à la colère »[11].

Rien n'illustre mieux cette réalité que « l'histoire des GI's en France » : en 1944, les Français adulent les soldats américains qui les ont libérés de l'occupation allemande ; deux ans plus tard à peine, les *US go home* s'affichent sur les murs… rappelant par-là qu'« aucune amitié ne résiste à une occupation militaire, même par des alliés »[12].

L'accession de Barack Obama à la Maison Blanche procède du même phénomène – « l'exceptionnel engouement [pour Obama] étant inversement proportionnel au sentiment anti-Bush particulièrement vivace outre-Rhin »[13]. C'est parce qu'il lui succède, que Barack Obama – « l'exacte antithèse de Bush »[14] – a suscité dans le monde entier un « immense espoir »[15]. Mais que l'on ne se leurre pas, cet espoir – érigé en slogan lors de la plus longue campagne présidentielle de l'histoire américaine[16] – n'est pas inédit. Il est vraisemblablement comparable à

---

8 Pour un rapide bilan historiographique, cf. *ibid.*, p. 11-12.

9 D. Lacorne, J. Rupnik, M.-F. Toinet, (dir.), *L'Amérique dans les têtes. Un siècle de fascination et d'aversions*, Paris, Hachette, 1986.

10 Celles-ci ont fait l'objet de plusieurs synthèses. Cf. J.-M. Guieu, Ch. Le Dréau, J. Raflik, L. Warlouzet, *Historiographie. Bibliographie. Enjeux. Penser et construire l'Europe au XXe siècle*, Paris, Belin, 2006, p. 86-88 (Belin Sup Histoire).

11 M. Dumoulin, « Avant-propos », in G. Duchenne, M. Dumoulin (dir.), *L'Union européenne et les États-Unis. The European Union and the United States. Actes de la VIIIe Chaire Glaverbel d'études européennes 2002-2003. Proceedings of the 8th Glaverbel Chair in European Studies 2002-2003*, p. 13 (Actes de la Chaire Glaverbel d'études européennes, n° 4).

12 Propos de Paul Bringuier (mars 1946), cité par E. Coquart, *La France des GI's. Histoire d'un amour déçu*, Paris, Albin Michel, 2003, p. 14.

13 A. Heulard, « Berlin sous le charme d'Obama », in *Le Soir*, 25 juillet 2008, p. 10.

14 A. Thedrel, « Le candidat démocrate à la découverte d'une Europe déjà conquise », in *Le Figaro*, 24 juillet 2008, p. 5.

15 P. Rousselin, « Obama et l'Europe », in *Le Figaro*, 20 janvier 2009, p. 1.

16 J.-L. Lacroix, *Histoire des États-Unis*, Paris, Presses universitaires de France, 2010, p. 556 (Quadrige).

celui qu'incarnait John Fitzgerald Kennedy et qu'on mesurera macabrement le 22 novembre 1963 à Dallas.

La translation qui s'opère entre John F. Kennedy et Barack Obama, le « Kennedy noir », est à ce point explicite du côté européen qu'elle mérite « un arrêt sur image »[17]. Le transfert semble débuter lorsque le candidat à la Maison blanche, qui est alors soutenu par le clan Kennedy, se rend à Berlin le 24 juillet 2008[18]. Trois présidents américains en exercice, John F. Kennedy (26 juin 1963), Ronald Reagan (12 juin 1987) et Bill Clinton (12 juillet 1994), prononcèrent des discours majeurs dans la capitale allemande – ville symbole, s'il en est, de la guerre froide. Le 24 juillet 2008, devant une foule compacte et enthousiaste, Obama aborde le thème du mur, non pas en revisitant le passé, mais bien en se tournant résolument vers l'avenir avec un slogan – « Faire tomber les murs » – digne du célébrissime « Ich bin ein Berliner »... Le charisme et la jeunesse font vraisemblablement de Kennedy et d'Obama des jumeaux politiques dans l'imaginaire américain et européen comme l'illustre une série de caricatures parues dans la presse européenne et américaine[19]. Mais Obama n'est pas seulement Kennedy. Il est aussi l'héritier de George Washington, d'Abraham Lincoln, de Franklin D. Roosevelt et de Martin Luther King[20]. L'espoir qu'il incarne est à ce point immense qu'il transcende l'histoire, les imaginaires et les générations.

Au-delà d'événements – il n'est pas question d'en dresser ici la liste exhaustive –, ce sont donc aussi et surtout des clichés qui viennent se fixer dans les consciences collectives[21]. L'assassinat spectaculaire de Kennedy, dont le film a été largement diffusé sur les *nouveaux* postes de télévision, ou le non retrait des troupes en Afghanistan témoignent aussi donc bien du fait que l'antiaméricanisme est à la hauteur de l'espérance que génère, sans être forcément toujours à la hauteur d'ailleurs, la première puissance mondiale[22].

---

17 Voir, notamment, les caricatures de Kroll disponibles sur le site http://portfolio.lesoir.be/v/monde/Barack/2009_kroll_obama/ (consulté le 8 mars 2011).

18 À ce sujet voir F. Cool, « Le discours d'Obama à Berlin le 24 juillet 2008 à travers la presse européenne et américaine », Mémoire de Master en études européennes, UCL, 2011.

19 Voir, notamment, les caricatures publiées par *Le Courrier international* disponible sur le site http://cartoons.courrierinternational.com/ (consulté le 8 mars 2011).

20 Cf. J.-L. Lacroix, *Histoire des États-Unis*, *op. cit.*, p. 562 et suiv.

21 À ce sujet, cf. J. Leerssen, M. Beller (ed.), *Imagology : the cultural construction and literary representation of national characters : a critical survey*, Amsterdam, Rodopi, 2007 (Studia imagologica, 13).

22 P. Guerlain, « Le retour du discours impérialiste aux États-Unis », in *Revue française d'études américaines*, n° 113, 2007, p. 5-25.

De la même manière, la guerre du Vietnam (1959-1975) et sans doute davantage la contestation et les images qu'elle véhicule – on se souvient de cette célèbre photographie d'une enfant brûlée courant nue sur une route en asphalte[23] – remettront symptomatiquement en cause le *leadership* américain[24].

Les attentats du 11 septembre 2001 contre les *Twin Towers* de Manhattan – attentats dont les images continuent de hanter les médias et donc les esprits – ont stigmatisé un sentiment de rejet. Si, dans la foulée, Jean-Marie Messier, plagiant Kennedy, affirmait « Nous sommes tous Américains », le 13 septembre, l'ambassadeur américain au Royaume-Uni, Philip Lader, essuyait, incrédule, les critiques acerbes des auditeurs de la BBC[25].

Il ne faut pas non plus mésestimer l'influence des « représentations culturelles »[26] véhiculées par des biens de consommation souvent emblématiques d'ailleurs de l'*american way of life*. « L'américanisation, et les différentes réactions qu'elle suscite et dont fait partie l'antiaméricanisme », note d'ailleurs Hans-Jürgen Lüsebrink, « constitue sans conteste le phénomène transculturel le plus important du XXe siècle et de l'époque contemporaine »[27]. Le discours des élites européennes qui, après la boucherie de 14-18, vont rechercher le salut du Vieux Continent dans son unification en seront très logiquement tributaires.

Que sont les États-Unis pour les partisans de l'Europe unie : un modèle à suivre ou à rejeter ? Quelles sont les constantes ou les lignes de fracture entre l'avant et l'après 1945 ? Ces deux questions, apparemment anodines, se heurtent en réalité à plusieurs écueils.

Premièrement, la construction concrète de l'Europe semble paradoxalement tarir l'idée européenne et, par ricochet, altérer la conscience

---

23 Photographie de Kim Phuc par Huynh Cong Ut (plus connu sous le nom de Nick Ut) lors du bombardement de Trang Bang le 8 juin 1972 au Vietnam. Cette photo a obtenu le prix de la photo de presse 1972, ainsi que le prix Pulitzer la même année.

24 J. Voisenet « Le vertige de l'hyperpuissance. La puissance américaine », *op. cit.*, p. 71-104.

25 BBC/World, Documentaries « Death to America » (bbcworldservices.com).

26 Cf. H.-M. Bock, « Transaction, transfert et constitution de réseaux. Concepts pour une histoire sociale des relations culturelles internationales », in H.-M. Bock, G. Krebs (dir.), *Échanges culturels et relations diplomatiques. Présences françaises à Berlin au temps de la République de Weimar*, Paris, Publications de l'Institut allemand – Université de la Sorbonne nouvelle, 2004, p. 11-18.

27 H.-J. Lüsebrink, « Défis, zones d'ombres et mises en perspective », in *Américanisations et anti-américanismes comparés*, *op. cit.*, p. 248-249. Voir également, D. Barjot, « Introduction », in D. Barjot, I. Lescent-Gilles, M. De Ferrière Le Vayez (dir.), *L'américanisation en Europe au XXe siècle : Économie, Culture, Politique*, vol. 1, Lille, 2002, p. 18-37.

de la nécessité *vitale* d'unifier le continent[28]. « La conscience européenne se forge, se transforme essentiellement contre des adversaires (Hitler et Staline) ou des fléaux (la guerre, le déclin, la barbarie). Lorsque la construction européenne proprement dite commence en 1950, les *stimuli* restent extérieurs et négatifs, mais ils perdent de leur dimension dramatique »[29].

Concrètement, cela signifie, comme l'a bien résumé Bernard Bruneteau, qu'

> au terme d'un processus de construction européenne dominé par les impératifs techniques et économiques, aux prises avec un réel gestionnaire fait d'une série de négociations-marchandages, de logique sectorielles et de « petits pas », les Européens auraient progressivement perdu le lyrisme et l'ampleur de vue qui avaient nourri l'idée européenne des premiers temps, abandonnant en cours de route le goût des plans prospectifs[30].

Ensuite, et de manière corollaire, si la référence américaine dans le discours européen atteint son apogée entre la fin des années 1920 et la Seconde Guerre mondiale, elle disparaîtrait du champ à la Libération : « Jamais plus », écrit Philippe Roger, « on ne retrouvera imbriquées croisade antiaméricaine et croisade pro-européenne »[31].

La recherche, aux lendemains de 1945, d'une organisation européenne capable de faire face à l'hégémonie tant soviétique qu'américaine – faisant écho au slogan « ni New York, ni Moscou » de Drieu La Rochelle[32] – n'évacue toutefois pas le débat. En d'autres termes, l'antiaméricanisme ne sera pas le seul *leitmotiv* d'une propagande communiste toujours prompte – mais le mot d'ordre ne remonte-t-il pas à l'entre-deux-guerres ? – à dénoncer l'élaboration d'une « Europe made in USA », une « Europe des *trusts* »[33].

Si l'on connaît bien, grâce à différentes études, le rôle joué par la diplomatie américaine dans la construction européenne, sans doute n'est-il pas inutile de rappeler ici, que tout au long de la guerre froide, les États-

---

28 R. Frank, « Une histoire problématique, une histoire du temps présent », in *Vingtième siècle. Revue d'histoire*, n° 71, juillet-août 2001, p. 79-89.

29 *Ibid.*, p. 89.

30 B. Bruneteau, « L'idée européenne à l'âge constructiviste », in *Histoire de l'idée européenne au second XXe siècle à travers les textes*, Paris, Armand Colin, 2008, p. 5-7.

31 Ph. Roger, *L'ennemi américain*, *op. cit.*, p. 390.

32 P. Drieu La Rochelle, « Ni New York, ni Moscou », in *L'Européen*, 12 juin 1929, p. 22.

33 Notons que des études récentes ont démontré que le discours communiste vis-à-vis des différentes étapes de la construction européenne n'était pas monolithique. Cf. *Revue d'histoire de l'intégration européenne*, 2007, vol. 13, n° 2, p. 13-84.

Unis – qui ne sont pas en reste d'ailleurs[34] – vont être la principale cible des « mesures actives » du KGB. Dans une guerre idéologique, la propagande fonctionne d'autant mieux qu'à travers les amalgames négatifs de l'autre on se représente soi-même – comme l'illustrent ces affiches louant ou conspuant le Plan Marshall[35]. Les archives Mitrokhine dévoilent ainsi que les services soviétiques vont diriger toute une série d'opérations d'influence en vue de discréditer leur « principal adversaire »[36]. Ces « mesures mises en œuvre par [les agents d'influence] de la résidence de Paris [du KGB] pendant les premières années de la Ve République visaient avant tout à dégrader les relations franco-américaines, à encourager un rapprochement franco-soviétique et à éloigner la France de l'OTAN »[37].

La manœuvre fonctionna-t-elle ?

Vraisemblablement en partie[38], mais limitons-nous à souligner qu'avec la guerre froide et la décolonisation, le combat intellectuel pour l'Europe devient de moins en moins évident – l'*intelligentsia* de gauche préférant prendre fait et cause pour l'*Humanité* décidément plus universelle que l'Europe[39].

---

34 A. Cizel, « Clichés d'Amériques ou les États-Unis idéalisés à des fins de propagande », in *Revue française d'études américaines*, n° 89, juin 2001, p. 54-69.

35 Voir notamment, Fr. Thom, « La campagne contre "l'adulation de l'Occident" », in J.-Fr. Sirinelli, G.-H. Soutou (dir.), *Culture et guerre froide*, Paris, PUPS, 2008, p. 11-26.

36 Ch. Andrew, V. Mitrokhine, *Le KGB contre l'Ouest (1917-1991). Les archives Mitrokhine*, Paris, Fayard, 2000, p. 334.

37 *Ibid.*, p. 682. Notons que le terrain était fertile. De Gaulle se servait de l'Union soviétique comme contrepoids à l'influence américaine en Europe depuis l'époque de la France libre, lorsque Roosevelt et Churchill refusaient de le traiter d'égal à égal : « Ah, monsieur le secrétaire général », aurait lancé le Général à Brejnev alors qu'il était à Moscou, « comme nous sommes heureux de vous avoir pour nous aider à résister aux pressions américaines ! De même que nous sommes bien contents d'avoir les États-Unis pour nous aider à résister aux pressions de l'Union soviétique » (*ibid.*, p. 683).

38 L. Bonfreschi, « Complotto contro la Francia : l'antiamericanismo nella stampa gollista della IV Repubblica », in P. Craveri, G. Quagliariello (dir.), *L'antiamericanismo in Italia en i Europa nel secondo dopoguerra*, Rubbettino Editore, 2004.

39 R. Frank, « Raymond Aron, Edgar Morin et les autres. Le combat intellectuel pour l'Europe est-il possible après 1950 », in A. Bachoud, J. Cuesta, M. Trebitsch (dir.), *Les intellectuels et l'Europe de 1945 à nos jours*, Publications universitaires Denis Diderot – Paris VII, 2000, p. 80.

III. Tendances

A. Richard Coudenhove-Kalergi : un antiaméricain ?

Cette vision tranche avec celle en vogue dans les années 1920. À l'époque, l'idée européenne coïncide avec un certain universalisme. L'engagement du comte Richard Coudenhove-Kalergi, infatigable apôtre de l'unification européenne, en témoigne. Et si nous nous arrêtons un instant sur cette figure légendaire, c'est parce que, curieusement, Philippe Roger dans *L'Ennemi américain*, va faire de ce jeune européiste un artisan de l'antiaméricanisme.

Que propose Coudenhove ? Pour contrer l'inéluctable déclin européen, il faut créer, sur la base de la réconciliation franco-allemande, la Paneurope. Celle-ci regrouperait les États européens (soit 300 millions d'habitants) qui, prolongés par leurs territoires africains, pourrait « soutenir la concurrence des industries américaine et britannique et plus tard extrême-orientale et russe »[40]. Par ailleurs, Coudenhove imagine une organisation du monde sur la base de cinq empires mondiaux : outre la Paneurope, la Panamérique, l'Union soviétique (plus asiatique qu'européenne), l'Empire britannique et la Panasie (réunion de la Chine et du Japon). De ce fait, les rapports avec la Société des Nations seraient clairement définis : « le retour des États-Unis à l'organisation genevoise et l'entrée des Russes sur les bases de ce découpage politique du monde, restitueraient à l'œuvre de Wilson à la fois l'universalité de sa vocation et l'effectivité de sa mission »[41].

Alors que les critiques fusent de part et d'autre de l'Atlantique, le comte embarque fin 1925 pour New York où il lance un *American Commitee of the Paneuropean Union*. Conscient de la puissance américaine à la fois politique et économique, il « espère faire bonne impression parmi les hommes d'influence aux États-Unis »[42] et faire savoir aux Américains que la Paneurope n'est pas dirigée contre eux. Le même raisonnement conduit Coudenhove à choisir New York plutôt que Londres à l'été 1940. Conscient du poids américain dans les affaires du monde, il note dans ses Mémoires : « C'est pourquoi, il fallait absolument l'Amérique pour la cause paneuropéenne : le gouvernement, le

[40] R. Coudenhove-Kalergi, *Paneuropa*, trad. de Philippe Simon, Paris-Vienne, Éditions Paneuropéennes, 1927, p. 145-146.

[41] L. Jilek, « La réforme de la SDN dans les options de Coudenhove », in S. Schirmann (dir.), *Organisations internationales et architectures européennes 1919-1929*, Metz, Publications du Centre de recherche histoire et civilisation de l'Europe occidentale, 2003, p. 93-116.

[42] F. Vereecken, *La Lutte pour les États-Unis d'Europe. Richard Coudenhove-Kalergi en exil (1938-1947)*, Londres, Lothian Foundation Press, 1996, p. 20-21.

Congrès et l'opinion publique. Toutes mes pensées étaient désormais fixées sur ce seul objectif. Notre traversée de l'Océan ne devait pas être une fin, mais un nouveau départ »[43].

En ce sens, Coudenhove ne semble pas nourrir de véritable hostilité envers les États-Unis[44]. Certes, relève Philippe Roger, dans le programme, l'Amérique est la rivale de l'Europe. Mais cette rhétorique est davantage liée à l'imaginaire *raciste* d'une Europe dominatrice[45]. L'analyse *civilisationnelle* – pour utiliser un néologisme – est récurrente dans l'entre-deux-guerres. La plupart des européistes, qu'ils soient célèbres ou de parfaits inconnus, recourent *systématiquement* à la crainte que suscitent les puissances émergentes pour justifier l'unification européenne. « Pan-Europa ! États-Unis d'Europe ! Voilà le programme à réaliser d'urgence, si nous voulons encore compter dans le monde. Sinon, dans un ou deux siècles, les Américains, les Jaunes, et peut-être les Noirs, viendront visiter les ruines d'Europe, comme nous avons visité les souvenirs de l'Empire romain ou ceux des Pharaons d'Égypte »[46].

Mais, l'antiaméricanisme avéré des personnalités françaises ayant marqué leur soutien à Paneuropa serait une preuve supplémentaire de l'hostilité du comte à l'égard des USA, et Roger de citer les noms de Paul Valéry, Paul Claudel, Georges Duhamel, Jules Romains, Luc Durtain, Lucien Romier. « Cette liste », écrit-il, « est extrêmement parlante », puisque « pratiquement superposable à celle des écrivains et penseurs français qui, dans les mêmes années 1925-1931, s'inquiètent ou s'alarment de l'Amérique ». « Sous la houlette de ce maître à penser du déclin qu'est Valéry » ajoute Roger, « la délégation française au congrès de Vienne regroupe moins de fous d'Europe que des obsédés d'USA »[47]. Mais la démonstration convainc mal lorsque l'on connaît la

---

43 R. Coudenhove-Kalergi, *Ein leben für Europa. Meine Lebens – erinnerungen*, Kiepenheuer & Witsch, Cologne, 1966, p. 248.

44 Ph. Roger, *L'ennemi américain*, *op. cit.*, p. 380-391.

45 Pour s'en convaincre faut-il évoquer « la question nègre » vue par un éminent professeur belge : « Je dois à la vérité de déclarer que pas une seule fois au cours de ce voyage il ne m'a été donné de voir un *coloured man* bousculé ou maltraité. Tenu à l'écart, oui, du moins par certains. Encore est-ce fort loin d'être général. Et il m'est arrivé de voir des colloques cordiaux s'engager entre le nègre du Pullman Car et certains de ses voyageurs. En tout cas, nulle répulsion d'ordinaire, même devant les laideurs étalées par certaines négresses, et elles dépassent toute imagination ». G. Charlier, « Vues d'Amérique », in *Le Flambeau*, janvier-avril 1928, p. 336-337.

46 J. Destrée, « Pan-Europa », in *Le Soir*, 19 juin 1926, p. 1.

47 Ph. Roger, *L'ennemi américain*, *op. cit.*, p. 380-391.

propension de Coudenhove à présumer des adhésions tant pour le Congrès de Vienne d'octobre 1926 que pour son mouvement Paneuropa[48].

Ceci étant, l'air est vicié. L'Amérique est responsable de tous les maux et le premier d'entre eux est bien, comme l'explique le philologue belge Gustave Charlier dans ses pénétrantes *Vues d'Amériques (1927-1938)*, « leur attitude de détachement et de désintéressement à l'égard des affaires européennes »[49]. Cette politique frileuse passe d'autant plus mal que l'Europe, blessée par « la malheureuse affaire des dettes »[50], a essuyé deux grands refus américains – « refus de ratifier le Traité de Versailles, refus de siéger à la SDN »[51].

Aussi, force est de constater que l'antiaméricanisme, généré par l'indifférence américaine, devient le fer de lance des « nouvelles relèves » européennes. Celles-ci vont dresser contre l'Amérique un réquisitoire particulièrement violent dans les années 1930.

B. Le réquisitoire des nouvelles relèves européennes contre l'Amérique

Le phénomène non-conformiste est connu et les différentes études sur l'antiaméricanisme reviennent systématiquement sur ce titre « phare » – *Le Cancer américain* – publié, en octobre 1931, par Arnaud Dandieu et Robert Aron, soit « deux figures marquantes des relèves des années 1930 qui sont aux origines d'un des mouvements emblématiques de la nébuleuse *non-conformiste*, L'Ordre nouveau »[52].

Aussi la jeunesse intellectuelle belge, à l'instar des jeunesses française, allemande, italienne et britannique, se livre à une critique en règle de la société occidentale où « triomphent la démocratie, la science et le progrès »[53]. La Grande Guerre et surtout le *crash* de Wall Street laissent

---

48 En ce sens, le cas belge est emblématique, cf. G. Duchenne, *Esquisses d'une Europe nouvelle. L'européisme dans la Belgique de l'entre-deux-guerres*, Bruxelles, PIE Peter Lang, 2008, p. 234-235 (Euroclio. Études et documents, n° 40).

49 Parus initialement dans *Le Flambeau* (sous le titres « Notes d'Amériques », n° 1, janvier 1928, p. 27-35 ; n° 4, avril 1928, p. 327-339 ; n° 6, juin 1928, p. 128-138 ; « Croquis californien », n° 11, novembre 1928, p. 267-271), Gustave Charlier les rassemble dans *Vues d'Amérique (1927-1938)*, Bruxelles, La Renaissance du Livre, 1939, p. 108.

50 *Ibid.*

51 *Ibid.*, p. 109.

52 Pour une mise au point sur cette question, cf. O. Dard, « Le cancer américain : un titre phare de l'antiaméricanisme français de l'entre-deux-guerres », in *Américanisations*, *op. cit.*, p. 115-133 ; voir aussi A.-M. Duranton-Crabol, « De l'anti-américanisme en France vers 1930 : la réception des *Scènes de la vie future* », in *Revue d'histoire moderne et contemporaine*, 48, 1, 2001, p. 120-137.

53 A. Salkin-Masse, *Ruptures. Discours de rentrée*, Bruxelles, Imprimerie A. Puvrez, 1932, p. 12-13. L'expression a été forgée par Léon Daudet.

un goût amer : « Voilà l'héritage que nous laisse la stupide crédulité de tous ceux dont l'espoir vivait du progrès technique », écrit emblématiquement l'éditorialiste de *Préparation*, « la machine était leur Dieu nouveau qui fatalement devait assurer à la collectivité le pain quotidien en plus des loisirs et des joies de l'âge d'or. Ni les crises, ni les guerres ne les ont guéris de leur enthousiasme. L'écroulement de l'économie américaine, la débâcle des *trusts*, le désarroi des masses et le désespoir de ne plus pouvoir s'appuyer sur quelque chose de solide laissent maintenant dans le noir les défenseurs du progrès »[54].

Le réquisitoire est à ce point violent et répandu qu'en 1933 Victor Bohet, professeur à l'Université de Liège, s'interroge : « D'où vient ce revirement assez soudain (contre les États-Unis) ? Quelles sont donc les causes de cette fièvre de dénigrement qui caractérise l'Europe en général, mais plus particulièrement la France et l'Angleterre ? »[55] Et le philologue de répondre qu'« en réalité, ce n'est pas l'Amérique que l'Europe attaque, mais la phase de civilisation qui s'impose irrésistiblement à elle, à savoir la phase technologique, mécanique que le développement et les applications de la science ont rendu inévitable et dont l'Amérique n'est que le vivant symbole »[56].

Cette critique de la *modernité* qui tranche avec le discours modernisateur porté par Jean Monnet et ses compagnons aux lendemains de la Deuxième Guerre mondiale[57] n'est généralement pas partagée par ceux qui ont traversé l'Atlantique. D'ailleurs, Victor Bohet, qui donna à l'été 1928, en tant que *CRB Visiting Lecturer*, des cours de littérature[58], conclut par cette sentence visionnaire : « l'Amérique est non seulement une terre d'expérience, mais elle est aussi, mieux que n'importe quel

---

54 « Progrès technique », in *Préparation*, n° 4, août 1932, p. 3.

55 V. Bohet, « L'Europe en face de l'Amérique », in *Équilibres. Cahiers périodiques*, 2e série, n° 2-3, 1933, p. 4 : « Des penseurs d'une sincérité incontestée et d'une autorité justifiée se sont complus à trouver et à prouver que le nouveau colosse n'est qu'une république imparfaite dont les contributions à l'histoire de l'humanité non seulement appartiennent au domaine du bluff, mais sont à tel point dangereuses qu'elles menacent l'existence même de ce qu'ils appellent *civilisations*. L'acte d'accusation par des penseurs tels que Santayana, Siegfried, Muller-Freienfels, Keyzerling, Philip, Chesterton, Wells, Laski, Belloc, Aldous Huxley, Stuart Chase, dont les sarcasmes et l'ironie ont atteint une indignation outrée portée à son comble dans les *Scènes de la vie future* de Georges Duhamel, cet écrivain cependant si modéré dans son caractère d'homme ».

56 *Ibid.*, p. 5.

57 G. Vattimo, « L'Europe ou la modernité », in A. Compagnon et J. Seebacher (dir.), *L'esprit de l'Europe*, Paris, Flammarion, 1993, p. 198-208.

58 Cf. *Belgian and American CRB fellows (1920-1950) : bibliographical directory*, New York, Belgian American educational Foundation, 1950, p. 7.

autre pays, dans une position de commandement. Le colosse américain devient majeur »[59].

C. Expériences américaines

Cette remarque rejoint celle que formulait, onze ans auparavant, Paul van Zeeland : « Je crois », écrivait-il en 1922 à son retour d'Amérique, « à l'avenir des États-Unis. Ils ont de magnifiques atouts en main : ils savent comment s'en servir et ils ont la volonté de gagner la partie. De l'autre côté de l'océan, lèvera un jour une ample moisson de sciences et d'art. Si l'Europe affaiblie n'y prend garde, l'axe de sa civilisation pourrait bien changer son inclinaison plus tôt qu'on ne le pense. Quand serace ? »[60].

Autrement dit, l'expérience américaine *détermine* évidemment la manière dont les l'États-Unis sont perçus et ceux-ci trouveront en général dans ces Européens *éclairés* de bons avocats. La question divise davantage lorsqu'il s'agit de prendre les USA pour modèle d'organisation politique et/ou économique – les uns l'estimant transposable, les autres non. Aussi, pour Victor Bohet comme pour Jean-Charles Snoy et d'Oppuers, dont on connaît le rôle dans l'intégration européenne, rien ne justifie l'idée d'une fédération européenne calquée sur le modèle américain. « Ni du point de vue purement humain, ni du point de vue géographique ou politique, ni du point de vue économique, les faits ne justifient l'idée des États-Unis d'Europe à l'instar des États-Unis d'Amérique » affirme Victor Bohet[61]. De son côté, Snoy lui aussi boursier CRB note à l'été 1931 :

> Je m'étonne vraiment que tous les prophètes de l'ère nouvelle considèrent comme un postulat fondamental l'adaptation de la vie politique à la vie économique. [...] L'Europe subirait-elle déjà cette gangrène de l'Amérique que j'appelle le « Primat de la raison économique », l'échelle monétaire de toutes les valeurs ?[62]

---

59 V. Bohet, « L'Europe en face de l'Amérique », in *Équilibres. Cahiers périodiques*, 2e série, n° 2-3, 1933, p. 104.

60 P. van Zeeland, « Quelques impressions des États-Unis », in *Revue générale*, 15 septembre 1922, p. 277.

61 V. Bohet, « Les États-Unis d'Europe », in *Le Flambeau*, n° 12, décembre 1929, p. 344.

62 Kadoc, Papiers J.-Ch. Snoy et d'Oppuers (section 2.1.3.) : « Pour une vieille Europe » (vers juillet 1931) : « L'Autorité n'a pas échappé à la contagion de la *reconstructionnite* européenne, et ses *luterus* (?) ont pu lire récemment les conseils fédéralistes de mon excellent ami Louis du Roy de Blicquy. [...] Reconnaissons la nécessité d'une réforme. [...] Je m'accorde d'ailleurs pleinement avec les vœux de Mr Heineman en faveur de la Banque des Règlements internationaux mais je m'en voudrais de ne pas signaler que le problème de l'économie numéraire et de la suffisance du crédit

En revanche, deux proches de Coudenhove – l'ingénieur américain Dannie Heineman, patron de la Sofina, et l'économiste Francis Delaisi – trouvent dans le modèle américain des solutions d'avenir pour l'Europe. Si le premier qui soutient financièrement la section belge du mouvement Paneuropa rêve d'une Europe de l'électricité qui comblerait adéquatement le fossé existant entre une Europe industrialisée et une Europe agricole, l'autre prône la création d'une « fédération européenne des banques d'émission » sur le modèle des douze *Federal Reserve Banks* américaines. Revenu d'un voyage d'étude effectué en Amérique du Nord durant l'hiver 1930-1931 pour comprendre le mécanisme de la crise économique, Delaisi trouvera dans le *New Deal* de Roosevelt un certain nombre d'exemples qu'il cherchera à adapter à l'Europe[63].

Sans doute faut-il attribuer une mention particulière à Paul van Zeeland, dont Vincent Dujardin et Michel Dumoulin ont déjà souligné le rôle de trait d'union entre les deux rives de l'Atlantique[64]. Cette expérience américaine qu'il peut vivre grâce à l'obtention d'une des premières bourses délivrées sur les « reliquats » de la *Commission for Relief in Belgium* (CRB)[65] s'avèrera déterminante tant d'un point de vue professionnel qu'intellectuel. Ce jeune Belge qui vient d'un petit pays situé aux confins de la latinité et de la germanité, d'une terre d'entre-deux, d'un pays qui « n'a cessé d'être le champ de bataille de l'Europe », découvre « l'énorme fossé qui sépare les deux conceptions de la vie, l'américaine et l'européenne ». Il mesure également le formidable potentiel de cette démocratie jeune, prospère et matérialiste[66]. Son espace de référence est alors considérablement élargi à une époque où peu d'Européens connaissent les réalités américaines et la langue anglaise[67]. Il peut, enfin, à son retour en 1922 – il a 28 ans – être considéré comme l'un des rares spécialistes européens des questions monétaires.

Cette connaissance conduira le jeune van Zeeland à devenir durablement « une pièce maîtresse du lien transatlantique ». Que l'on songe

---

fait plan à un nouveau problème tout aussi compliqué, celui du contrôle du crédit et de sa surabondance ».

63 L. Morselli, « Francis Delaisi (1873-1947) et l'Europe », Mémoire de maîtrise en Histoire des relations internationales, Université de Paris I, 2001, p. 111.

64 V. Dujardin, M. Dumoulin, *Paul van Zeeland (1893-1973)*, Bruxelles, Racine, 1997.

65 La CRB a été instituée pour venir en aide à la population belge lors de la Première Guerre mondiale. La CRB est transformée, en 1920, en *Belgian American Educational Foundation*. Cf. É. Bussière, M. Dumoulin, « L'émergence de l'idée d'identité économique européenne d'un après-guerre à l'autre », in R. Girault, *Identité et conscience européenne au XXe siècle*, Paris, Hachette, 1994, p. 75.

66 P. van Zeeland, « Quelques impressions des États-Unis », in *La Revue générale*, 15 août 1922, p. 194.

67 Cf. J.-Ch. Snoy et d'Oppuers, « Paul van Zeeland », in *La Revue générale*, n° 9, novembre 1973, p. 7.

à ses fonctions, à partir de 1935, de Premier ministre et de ministre des Affaires étrangères ; que l'on songe à la mission qu'il effectue, au printemps de 1937, aux États-Unis afin d'étudier les possibilités de réduire les obstacles et les entraves au commerce international[68] ; que l'on songe aussi aux fonctions qu'il a assumées, à partir d'octobre 1939, à la tête de Fondation internationale lancée par le président Roosevelt pour venir en aide aux Juifs d'Europe centrale ; que l'on songe encore à son rôle au sein de la division new yorkaise de la Commission pour l'étude des problèmes d'après-guerre (CEPAG) où il se penche sur les questions d'ordre économiques et monétaires pour reconstruire la Belgique et de l'Europe d'après-guerre.

Aussi lorsque, dans les années 1950, le sentiment antiaméricain connaîtra à nouveau une forte recrudescence – conséquence du déclanchement de la guerre de Corée (1950-1953) et du maccarthysme (1950-1954) –, Paul van Zeeland n'aura de cesse que de consolider des liens entre l'Europe et les États-Unis, parfois même en dehors de la diplomatie traditionnelle.

C'est ainsi qu'il jouera un rôle important dans la constitution d'un groupe informel destiné à rassembler de manière confidentielle d'importants décideurs politiques et économiques des deux côtés de l'Atlantique. Ce « conseil transatlantique » secret se réunira une première fois à Osterbeek aux Pays-Bas en mai 1954 – notamment grâce au soutien financier de la CIA – dans l'hôtel Bilderberg, dont il conservera le nom. Dans l'esprit de l'ancien ministre des Affaires étrangères, la formation d'une grande Europe des patries – plutôt qu'une Europe fédérale – ne représente qu'une étape, certes incontournable, de la mise en place d'une Union atlantique. Cette entente atlantique – qui doit mener à une véritable Communauté économique atlantique – sera un élément fondamental du nouvel équilibre mondial à recréer après le conflit de 1940-1945.

---

68 V. Dujardin, M. Dumoulin, *Paul van Zeeland (1893-1973)*, Bruxelles, Racine, p. 213-231 ; voir aussi G. Duchenne, « Regards sur l'Europe ou les ressorts de l'engagement européen de Paul van Zeeland (1914-1945) », in S. Schirmann (dir.), *Robert Schuman et les Pères de l'Europe. Cultures politiques et années de formation, Metz, 10 et 12 octobre 2007*, Bruxelles, PIE Peter Lang, 2008, p. 201-217. Rappelons très brièvement ici que mandatés par les gouvernements français et anglais, il est au printemps 1937 aux États-Unis pour mener une enquête sur les possibilités de réduire les obstacles au commerce international. Si elle resta lettre morte, cette mission suscita néanmoins de grands espoirs pour le maintien de la paix. Cf. M. Dumoulin, « La mission van Zeeland. Essai de clearing diplomatique de l'*appeasement* (1937-1938) », in *Relations internationales*, 1984, p. 355-372.

D. Les USA, symbole de la démocratie

En ce sens, il rejoint, comme Paul-Henri Spaak d'ailleurs, le Mouvement international pour l'union atlantique de Clarence Streit. Correspondant du *New York Times* en Europe[69], le journaliste avait accédé à la notoriété en publiant, dans la foulée de l'*Anschluss* (mars 1938) et des accords de Munich (septembre 1938), *Union Now*. Traduit en français un an plus tard sous le titre *Union ou Chaos*[70], l'Américain lançait un mouvement Union Now pour promouvoir l'idée d'une fédération de quinze grandes démocraties[71]. Il devenait ainsi une référence pour tous ceux qui désiraient croire en une union européenne basée sur une entente des Nations libres et démocratiques.

Son projet, qui ne repose pas sur une conception géographique de l'Europe, mais bien sur le sacro-saint *concept américain* de « liberté » rappelle celui d'Heerfordt. En 1924, cet ophtalmologue danois lançait, en 1924, depuis Roskilde, une « Initiative scandinave »[72] pour former les « États-Unis des Nations européennes », c'est-à-dire l'Europe, en ce compris la Grande-Bretagne, les États-Unis et les *dominions* anglais (en raison de leur peuplement de souche européenne). Ce projet de confédération européenne, volontairement imprécis, ne se voulait qu'une étape vers une confédération mondiale seule capable de garantir la paix et la prospérité de l'humanité.

La question d'une Europe européenne ou d'une Europe atlantique était déjà posée et la reconversion de la conscience européenne en marche. Les discussions autour d'un fédéralisme « intégral », dans la lignée du personnalisme d'Alexandre Marc et/ou d'un fédéralisme « constitutionnel » d'origine américaine témoignent de la vitalité du débat européen dans l'Europe de l'immédiat après-guerre[73].

---

69 *Ibid.*, p. 206-209. Voir surtout la thèse en préparation de Chr. Le Dréau, « Les mouvements pro-européens en Grande-Bretagne, du Plan Briand au Plan Schuman (1929-1950) », Université de Paris I Sorbonne, Institut Pierre Renouvin.

70 C. Streit, *Union ou Chaos*, Paris, Librairie Médicis, 1939.

71 États-Unis, Grande-Bretagne, Irlande, France, Pays-Bas, Belgique, Suède, Norvège, Danemark, Finlande, Suisse, Canada, Australie, Nouvelle-Zélande et Afrique du Sud. Les objets communs de cette fédération seraient la défense, le droit des citoyens, la monnaie, le libre-échange et les communications

72 Cf. C. Corneliussen, « Dr. Heerfordt : a private political entrepreneur and his federal plans for a nordic and european unity in the interwar period », Thèse de doctorat en histoire, Institut européen de Florence, octobre 2006.

73 Pour un état de la question, cf. B. Vayssière, *Vers une Europe fédérale. Les espoirs et les actions fédéralistes au sortir de la Seconde Guerre mondiale*, Bruxelles, PIE Peter Lang, 2006, p. 33-60. Voir également, Th. Galler, « Actions et propagande pour une Communauté politique européenne (1951-1954) », Mémoire de Licence en Histoire, Université catholique de Louvain, 2008.

IV. Défis

« Depuis les origines », note Éric Bussière, « la construction de l'Europe [...] peut être assimilée à la prise de conscience d'un double défi : défi interne dans la mesure où il s'est d'abord agi pour le continent de surmonter ses propres divisions, défi externe pour une Europe confrontée à de nouvelles concurrences [...] »[74].

Ce défi se traduit notamment par la manière dont l'Europe pense et conçoit, dans un processus de mondialisation, sa relation aux États-Unis et, par ricochet, la manière dont l'Amérique pense et conçoit sa relation avec l'Europe. Le célèbre discours que prononça Kissinger le 23 avril 1973 est emblématique de l'importance des perceptions qui, au-delà des effets de miroir, changent en fonction des générations : « 1973 est l'année de l'Europe parce que l'ère façonnée par les décisions prises il y a une génération arrive à son terme »[75]...

La prise en compte de la dimension culturelle des relations internationales « nouveau champ de recherche, pour l'heure, peu défriché »[76] est essentielle parce qu'elle permet de mettre en perspective les composantes identitaires que sont les imaginaires, les rêves, les aspirations, les styles de vie, les espoirs et les attentes[77], voire les mythes portés par différentes collectivités.

Or, puisque l'affirmation de l'identité européenne passe, depuis plusieurs décennies, par cette altérité américaine – et nous devrons y revenir –, évitons d'être ces réfugiés européens qui, en 1940, « ne faisaient pas la différence entre New York et les visions de *Metropolis*, la société américaine et *Les Temps modernes* de Charlie Chaplin »[78].

---

74 Cf. É. Bussière, « Les milieux économiques face à l'Europe au XXe siècle », in *Revue d'histoire de l'intégration européenne*, vol. 3, n° 2, 1997, p. 5.

75 Discours disponible sur www.ena.lu.

76 J.-Fr. Sirinelli, « Introduction », in *Culture et guerre froide*, *op. cit.*, p. 7.

77 A. Cizel, « Clichés d'Amériques ou les États-Unis idéalisés à des fins de propagande », *op. cit.*, p. 54.

78 J.-M. Palmier, *Weimar en exil. Le destin de l'immigration intellectuelle allemande anti-nazie en Europe et aux États-Unis*, Paris, Payot, 1990, p. 669.

Une génération au service du projet d'Europe communautaire

L'exemple de Robert Triffin et de son milieu (1930-1950)

Jérôme WILSON

Collaborateur scientifique du
Centre d'étude histoire de l'Europe contemporaine

Au moment de la signature des traités de Rome, nombreux sont ceux qui ne voient dans le projet d'États-Unis d'Europe que la concrétisation d'une idée défendue au temps du troisième *Reich*. Cette idée est notamment véhiculée, à l'intention du grand public, par le film *Young Lions* (1958). De son côté, Paul Reuter affirme que la paternité du terme « communauté » revient aux Allemands[1]. Ce lien apparaît logique tant l'environnement intellectuel s'avère propice à une influence venue d'outre-Rhin alors que « Adenauer, De Gasperi, Schuman et Bech pouvaient converser en allemand »[2]. Cependant, si au cours des négociations de la CECA Schuman, Alcide De Gasperi et Walter Hallstein pratiquent volontiers la langue de Goethe, ils n'en ignorent pas pour autant l'usage du français. De Gasperi maîtrise suffisamment la langue de Voltaire pour lire abondamment des journaux français et belges dans les années 1930. Par ailleurs, Hallstein, qui a appris le français durant un

1 « N'est-ce pas à l'Allemagne qu'est dû le terme même de *Communauté* ? ». Cf. P. Reuter, « La France et les conceptions institutionnelles », in J. Rideau (dir.), *La France et les Communautés européennes*, Paris, Librairie générale de droit et de jurisprudence, 1975, p. 352.

2 M. Dumoulin, « Les pères de l'Europe, à la frontière entre la contingence et l'idéal », in É. Barnavi, P. Goossens (dir.), *Les frontières de l'Europe*, Bruxelles, De Boeck, 2001, p. 104.

séjour à Bruxelles[3], a servi dans le Nord de la France au sein de l'artillerie allemande pendant la Seconde Guerre mondiale[4].

Le projet communautaire n'émane manifestement pas d'une culture nationale ou linguistique unique. Beaucoup de jeunes européistes, à l'instar de Robert Triffin, qui se définit dès 1949 comme un « fervent de la première heure de l'idée de Fédération européenne »[5] n'ont jamais nourri le moindre patriotisme engoncé à l'intérieur de frontières physiques. Dès lors, se pose la question de savoir comment des intellectuels et décideurs politiques de différentes nationalités ont pu se mettre au diapason au même moment pour promouvoir un projet qui dépasse la notion de patrie. À cet égard, il importe de revenir sur les initiatives communautaires qui émaillent les années 1930 et qui constituent le terreau sur lequel l'idée européenne se développe. Dans cette perspective, la description du parcours de quelques promoteurs de l'idéal communautaire, dont Robert Triffin[6], servira de fil d'Ariane pour tenter d'esquisser une compréhension de la façon dont la proximité de ces mouvements a pu profondément influencer une génération européenne dans la propagation de la révolution politique que constitue la mise en place de la CECA au cœur du Vieux Continent.

I. Aux origines des mouvements communautaires

L'influence des mouvements communautaires dans les années 1940 a été étudiée[7]. L'origine antérieure de ces courants demeure cependant moins connue. Certains reposent sur des fondements plus intellectuels à

---

3 F. Muûls, *Quarante années au service de l'État 1919-1959*, [Bruxelles], [1993], p. 212.

4 W. Loth, « Walter Hallstein : un Européen déterminé », in M. Dumoulin (dir.), *La Commission européenne 1958-1972. Histoire et mémoire d'une institution*, Luxembourg, OPOCE, 2007, p. 79.

5 *Travaux du Congrès des économistes de langue française*, Paris, Domat-Montchrestien, 1949, p. 96.

6 Robert Triffin (Flobecq, 1911 – Ostende, 1993) a achevé ses études secondaires au collège Notre-Dame de la Tombe à Kain avant d'entreprendre un baccalauréat en philosophie thomiste, un doctorat en droit et une licence en économie à l'université de Louvain. Après un passage par l'université de Harvard (1935-1938) couronné par une thèse de doctorat en économie, il revient brièvement en Belgique avant de s'exiler définitivement (jusqu'en 1977) aux États-Unis où il fera carrière concomitamment en tant que conseiller pour plusieurs instances gouvernementales et en tant que professeur à l'université de Yale. Voir J. Wilson, « Triffin, Robert », in *Nouvelle biographie nationale*, Bruxelles, Académie royale des sciences, des lettres et des beaux-arts de Belgique, 2003, t. 7, p. 344-347.

7 Voir D. Pelletier, « Utopie communautaire et sociabilité d'intellectuels en milieu catholique dans les années quarante », in *Cahiers de l'IHTP*, n° 20, mars 1992, p. 172-187.

l'origine de projets éditoriaux. C'est le cas de la Société Saint-Louis, à laquelle participe Alexandre Marc[8], qui précède la fondation des éditions du Seuil. C'est également l'origine des groupes Esprit qui s'appuient sur la revue éponyme. D'autres tirent leurs racines dans les années 1920 et 1930, selon une dialectique qui se répand dans le monde catholique et qui veut que l'après Première Guerre mondiale manifeste un retour à une « communauté organique » jugée indissociable de la prééminence de la chrétienté. Celle-ci est portée par le père Yves de la Brière qui milite au sein du mouvement Jeune Europe et qui écrit en 1932 :

> Une Communauté organique a existé dans l'Europe catholique du Moyen Âge. C'est là une expérience historique dont il sera utile de marquer le caractère [Chapitre 1er]. Depuis la dissolution de la Chrétienté médiévale, aucune institution européenne ne consacra la permanence et la solidarité d'intérêts du monde européen. [...] Depuis le dénouement de la Grande Guerre, le monde international a créé tout un ensemble d'institutions permanentes, adaptées aux requêtes de la civilisation contemporaine, et qui ont précisément pour objet de sauvegarder la paix commune, ainsi que de gérer les intérêts communs. Contrariée par bien des oppositions redoutables, cette évolution est, sans aucun doute possible, en voie d'accomplissement et de développement effectif. Les États du monde contemporain passent, peu à peu, *d'une Communauté inorganique à une Communauté organique*[9].

La plupart de ces groupes sont animés par des intellectuels catholiques. Ils n'en transcendent pas moins les clivages politiques. Plus « à gauche » pour Esprit et la Société Saint-Louis, plus « à droite » pour les rassemblements mis en place par certains ecclésiastiques français qui s'inspirent des pratiques du scoutisme. Ils dépassent les frontières pour, la langue commune et l'environnement politique aidant, trouver un écho notamment en Belgique. L'un des exemples les plus cités est celui du père Doncœur[10], « le prêtre ancien combattant, [...] champion de la défense religieuse »[11] qui a été fortement marqué par les expériences de messes communautaires.

---

8 Au sujet d'Alexandre Marc (1904-2000), cf. l'inventaire des archives Alexandre Marc (*AM – Alexandre Marc*, Institut universitaire européen, Florence, 2006, p. 5-7) et J. Hellman, *The communitarian third way : Alexandre Marc's ordre nouveau, 1930-2000*, McGill-Queen's University Press, 2002, 296 p.

9 Y. de la Brière s.j., *La communauté des puissances. D'une communauté inorganique à une communauté organique*, Paris, Beauchesne, 1932, p. 5-6.

10 Au sujet de Paul Doncœur (1880-1961) voir D. Davon, *Paul Doncœur s.j. (1880-1961). Un croisé dans le siècle*, Paris, Cerf, 2001, 393 p. ; P. Mayoux, *Paul Doncœur. Correspondance 1924-1961*, t. I, Paris, Téqui, 1983, 237 p. et du même auteur, *Paul Doncœur. Correspondance 1868-1960*, tome II, Paris, Téqui, 1995, 270 p.

11 J.-M. Mayeur, « Les catholiques français et la paix du début du XXe siècle à la veille de la Deuxième Guerre mondiale », in *Les Internationales et le problème de la guerre au XXe siècle*, Rome, École française de Rome, 1987, p. 156.

II. De Beauduin à Doncœur, de Maria Laach à Tamié

En 1909, dom Lambert Beauduin[12] donne de l'essor à une réforme liturgique axée sur une implication personnelle des fidèles aux célébrations, innovation mise en place à l'abbaye du Mont-César (Louvain) par dom Columba Marmion. Très rapidement, cette pratique se répand dans les milieux bénédictins en Belgique (abbaye de Maredsous, abbaye du Mont-César). L'abbaye de Maria Laach (Allemagne) est ensuite rapidement conquise, notamment via les liens qui l'unissent traditionnellement à l'abbaye du Mont César[13]. Ce renouveau liturgique offre des perspectives d'ouverture dont se saisissent deux fortes personnalités du monde catholique : Ildefons Herwegen et Paul Doncœur. Herwegen, quelques semaines avant de devenir l'abbé de Maria Laach, a entrepris une première initiative dans ce sens en proposant à quelques invités triés sur le volet de partager un temps de récollection pascal. L'évêque de Metz a répondu à son initiative en y dépêchant un jeune avocat lorrain : Robert Schuman[14]. Cette retraite sera suivie par beaucoup d'autres qui, au cours des années 1920, initieront de jeunes intellectuels à des pratiques communautaires auxquelles participe notamment le futur chancelier allemand Heinrich Brüning[15].

Le père Paul Doncœur s'engouffre lui aussi dans cette voie[16]. Ce dernier est intellectuellement proche de Robert Schuman dans les années 1920. Certaines photos les montrent d'ailleurs côte à côte, notamment

[12] Au sujet de Dom Lambert Beauduin (1873-1960), cf. R. Loonbeek, J. Mortiau, *Un pionnier, dom Lambert Beauduin (1873-1960). Liturgie et unité des chrétiens*, Louvain-la-Neuve, Éditions de Chevetogne, 2001, 2 vols. et J. Mortiau, R. Loonbeek, *Dom Lambert Beauduin, visionnaire et précurseur (1873-1960)*, Paris, Cerf, 2005, 280 p.

[13] Dom Cunibert Mohlberg séjourne au Mont César entre 1905 et 1911 dans le cadre de la préparation d'une thèse avec le professeur Alfred Cauchie. Il découvre à cette occasion le renouveau liturgique dont il sera un grand apôtre en Allemagne. Par ailleurs, des moines de Maria Laach participeront aux Semaines liturgiques lancées à l'abbaye du Mont-César en août 1910 par dom Lambert Beauduin. Voir R. Loonbeek, J. Mortiau, *Un pionnier, dom Lambert Beauduin*, *op. cit.*, vol. 1, p. 48 et 99.

[14] Voir Chr. Pennera, *Robert Schuman. La jeunesse et les débuts politiques d'un grand Européen, de 1886 à 1924*, Sarreguemines, Pierron, 1985, p. 37.

[15] À noter que le Dr Heinrich Brüning sera accueilli par l'université de Harvard en 1937 et sera introduit dans le « réseau » de Leontief.

[16] Paul Doncœur initie sur ce terrain le rapprochement entre les jésuites et les bénédictins en signant dans la revue *Études* en juillet 1921 un article très favorable à l'approche liturgique entreprise par dom Lambert Beauduin. Voir R. Loonbeek, J. Mortiau, *Un pionnier, dom Lambert Beauduin*, *op. cit.*, vol. I, p. 153 et É. Fouilloux, « Courants de pensée, piété, apostolat – II. Le catholicisme », in J.-M. Mayeur (dir.), *Histoire du christianisme*, t. 12 : *Guerres mondiales et totalitarismes (1914-1958)*, Paris, Fayard, 1990, p. 211.

lors d'un meeting en mai 1926 en faveur des droits des religieux anciens combattants[17]. Schuman et Doncœur participent également tous les deux à des Katholikentag (Congrès des catholiques allemands). Schuman a préparé celui de Metz en 1913 et Doncœur se rend en 1922 à celui de Munich présidé par Konrad Adenauer. À cette occasion, le jésuite est initié au Quickborn, un mouvement de la jeunesse catholique allemande fondé par Romano Guardini[18], une autre figure de proue du renouveau liturgique en Allemagne[19]. Mais Paul Doncœur a surtout été pétri de cette nouvelle doctrine lors de ses études en Belgique au moment de l'essor du renouveau liturgique esquissé par dom Columba Marmion et développé par dom Beauduin à partir de 1909. Après la guerre, il suit activement cette mouvance qu'il a découverte outre-Quiévrain et l'introduit en France, comme en témoigne Marcel-Denys Forestier qui lui rend visite en 1920 sur le site du calvaire de Souain qu'il a élevé avec des anciens camarades du front :

> Il disait d'une voix brève, un peu saccadée : « Seigneur, vous le savez, je suis un pauvre type… » […] Ce mode familier était tout à fait nouveau […] Du coup, l'Évangile devenait vivant, entrait dans la vie concrète. La messe reprit, et elle fut dialoguée. Je n'avais jamais vu cela. Et personne en France. Le Père avait bénéficié, grâce aux lois d'exception, de son séjour forcé en Belgique. Le renouveau liturgique pastoral y était en avance. Le nom de dom Beauduin suffit à le caractériser[20].

En Italie, des proches de Luigi Sturzo participent également à cette expérience. Ainsi, l'historien Mario Bendiscioli, dont les idées sont répercutées dans les milieux louvanistes en général, et dans *L'Avant-Garde* en particulier par Antonio Cagnolati[21], se rend à plusieurs reprises à Maria Laach où il côtoie Ildefons Herwegen. En Belgique, le mouvement fait de nombreux émules, notamment au sein de l'université de Louvain. Cela s'explique par la réputation de l'abbaye bénédictine de Maredsous qui est un lieu de retraite prisé par les étudiants et qui est impliquée dans les semaines liturgiques annuelles organisées par dom Lambert Beauduin au Mont-César[22]. Il n'est dès lors pas étonnant que ce

---

17 D. Davon, *Paul Doncœur*, *op. cit.*, p. 177-178.

18 Romano Guardini (1885-1968) est un prêtre d'origine italienne élevé en Allemagne. Professeur de théologie, il est également un grand animateur de la jeunesse catholique.

19 P. Mayoux, *Paul Doncœur*, *op. cit.*, p. 228.

20 D. Davon, *Paul Doncœur*, *op. cit.*, p. 105.

21 T. Cagnolati, « Le National-Socialisme contre le droit romain », in *L'Avant-Garde*, 36e année, n° 282, 25 janvier 1935, p. 1.

22 J. Mortiau, R. Loonbeek, *Dom Lambert Beauduin, visionnaire et précurseur (1873-1960)*, Paris, Cerf, 2005, p. 29.

soit à Maredsous qu'en septembre 1931 Raymond De Becker[23] se retire pendant douze jours avec deux jeunes catholiques bruxellois (Jean de Villers et Nicolas de Glos) pour jeter les bases de l'Esprit Nouveau[24], mouvement salué par l'Ordre Nouveau et Alexandre Marc[25], qui sert en quelque sorte de banc d'essai à De Becker avant le lancement du mouvement Communauté.

III. Robert Triffin et les mouvements communautaires

Robert Triffin est, comme beaucoup d'autres Européens convaincus, un homme élevé dans un univers frontalier. Sa mère est flamande et son père wallon. Né sur la frontière linguistique délimitant Flandre et la Wallonie en 1911, il déménage à la fin de la Première Guerre mondiale avec ses parents qui s'établissent sur la frontière franco-belge. Sur le plan intellectuel, il apparaît très jeune comme un catholique dissident. Si ce sont ses performances au cours de catéchisme qui révèlent ses compétences intellectuelles et lui permettent de poursuivre sa scolarité dans un collège catholique près de Tournai, il n'en demeure pas moins qu'il choisit pour conseiller moral à l'université de Louvain le chanoine Draguet connu pour une indépendance d'esprit qui lui vaudra de sérieux problèmes avec les autorités ecclésiastiques et le Vatican.

Triffin ne semble pas s'impliquer directement dans les initiatives de prières communautaires. Mais indirectement, il entre en contact avec ces idées. Il a fait connaissance avec le chanoine Draguet par l'entremise de son professeur de rhétorique, René Sironval, dont le frère avait été le collègue de Draguet au collège d'Enghien. Or, c'est probablement à Enghien, pendant son scolasticat, que le père Doncœur a été initié au renouveau liturgique une dizaine d'années auparavant. Enghien s'est avéré, autour de 1910, un lieu favorable à la promotion de la philosophie de Lambert Beauduin. Des traces de cette influence ont peut-être subsisté une dizaine d'années plus tard lors du passage de René Draguet. Par ailleurs, Triffin côtoie en Faculté de droit, d'une part, Maurice Beauduin, le neveu de Lambert Beauduin et, d'autre part, Paul Delcorde[26] qui a l'époque fréquente les religieux de l'abbaye du Mont-César. Les liens

[23] Au sujet de Raymond De Becker (1912-1969), cf. P. Masson, « Autour de Raymond De Becker », in *Bulletin des amis d'André Gide*, 38e année, vol. 23, n° 105, janvier 1995, p. 39-51.

[24] Voir [Ch.] Plater-Zyberk, *Albert-Édouard Janssen raconté par sa fille*, Bruxelles, Oyez, 1976, p. 30.

[25] R. Dupuis, A. Marc, *Jeune Europe*, Paris, Plon, 1933, p. 223.

[26] Au sujet de Paul Delcorde (1911-1991), cf. P. Delcorde, « Hymnes », août 1976 [manuscrit dactylographié], 140 p. et Fr. Leroy, « *La Cité Nouvelle*. Quotidien de la Démocratie Chrétienne de Belgique », mémoire de licence en histoire, Université catholique de Louvain, 1976, p. 58.

entre Maurice Beauduin et Paul Delcorde se renforceront à partir de 1935 et Delcorde sera introduit auprès de Lambert Beauduin en 1950[27]. Étant donné les liens qui unissent Triffin et Delcorde (Delcorde deviendra le parrain du premier fils de Triffin) et la nature de leurs échanges (Triffin présente Delcorde au chanoine Draguet), il semble acquis que le Flobecquois ait été au moins mis au courant de la nature de l'idéal liturgique communautaire dès les années 1930.

De façon générale, les milieux louvanistes se montrent très curieux de cette mouvance communautaire déclinée sur fond religieux. Les questionnements de cette nature centrés sur l'Allemagne qui font l'objet de réflexions de Bendiscioli publiées dans *Studium*, l'organe de la Federazione degli universitari cattolici, circulent dans les milieux de la diaspora démocrate-chrétienne italienne. C'est par cette voie qu'Antonio Cagnolati[28] en prend connaissance et contribue à les relayer en y faisant référence dans *L'Avant-Garde*[29], journal auquel collaborent tant Paul Delcorde que Robert Triffin.

Ces étudiants louvanistes cherchent dans ces réflexions, au départ à caractère religieux, à s'inscrire dans de nouveaux courants de pensée politique qui entendent transcender les clivages gauche-droite au nom d'un spiritualisme catholique universel. C'est dans cette optique que voient le jour les Équipes universitaires et leur revue, l'*Esprit Nouveau*, fin 1931[30]. Face à cette dynamique, Emmanuel Mounier tente logiquement d'implanter au printemps 1933 un groupe Esprit à Louvain. Il s'adresse pour ce faire à Guy Malengreau, un étudiant fort actif dans l'Aide universitaire catholique aux missions (l'Aucam). Cette porte d'entrée est privilégiée car l'aumônier de l'Aucam à Louvain, le père Albert Hublou s.j., figure parmi les premiers abonnés d'Esprit[31]. Ce n'est que dans un second temps, après l'avoir rencontré fin 1933 ou

27 P. Delcorde, « Hymnes », août 1976, p. 25, 54 et 65 [manuscrit dactylographié],

28 Antonio Cagnolati (Santa Vittoria de Gualtieri 1900 – Santa Vittoria de Gualtieri, 1964) est un émigré italien qui s'est rapidement imposé dans le monde des jeunes intellectuels catholiques belges.

29 T. Cagnolati, « Le National-Socialisme contre le droit romain », in *L'Avant-Garde*, 36e année, n° 282, 25 janvier 1935, p. 1.

30 À ce sujet, cf. É. Deschamps, « *L'Esprit nouveau* (1931-1936) : des "Nouvelles relèves" catholiques dans la Belgique d'entre-deux-guerres », in O. Dard et É. Deschamps (dir.), *Les relèves en Europe d'un après-guerre à l'autre. Racines, réseaux, projets et postérités. Actes du colloque international d'histoire, Luxembourg, les 16, 17 et 18 mars 2005*, Bruxelles, PIE Peter Lang, 2005, p. 105-132 (Euroclio. Études et documents, n° 33).

31 Archives du monde catholique (Louvain-la-Neuve). Archives Malengreau : Mounier à Malengreau, 16 mai 1933 [manuscrit dactylographié].

début 1934 à Paris[32], que Mounier misera également sur Raymond De Becker, et son projet Communauté alors en préparation, pour exporter son mouvement en Belgique. Ce dernier est invité à rencontrer plusieurs membres d'Esprit à cette fin[33]. La tactique suivie consiste à parier sur la bienveillance de la rédaction de *L'Avant-Garde* qui, sur le plan international, entretient des liens particuliers avec l'Italie et la France. Des contacts étroits ont été noués avec l'*Aube* de Francisque Gay et accueille à ce titre dans ses colonnes des correspondances d'un éditorialiste déjà célèbre, Georges Bidault, qui participera également en 1938-1939 à un mouvement d'inspiration communautaire, l'Ordre des Compagnons de Péguy[34].

L'intérêt de Raymond De Becker pour *L'Avant-Garde* se manifeste dans une interview qu'il accorde au journal en avril 1934. Il y fait le point après son périple en France et y développe son intérêt pour les mouvements communautaires. En septembre 1934, De Becker prend possession avec sa mère d'une maison qu'il transforme en pension pour y organiser son groupe Communauté[35]. Robert Triffin ne fréquente pas personnellement l'endroit mais deux de ses proches amis de *L'Avant-Garde*, Jules Parfait et Victor Lagache, viennent s'installer chez De Becker. Ils côtoient ainsi de près le mouvement sans pour autant y adhérer, tant pour eux « il était assez indifférent de loger là ou ailleurs »[36]. Louis Carette compte également parmi les habitués du boulevard de Diest ; c'est là que Jacques Biebuyck le rencontre[37]. *De facto* une deuxième salle de rédaction du journal étudiant louvaniste est créée « au rez-de-chaussée, [où] la maison offrait une pièce assez vaste où, autour d'une table de couvent et sous une grande photographie de Gandhi, nous nous réunissions pour mettre le monde en pièces »[38]. Matériellement, De Becker se rend sympathique. Mais il ne parvient à embrigader quelques-uns de ses nouveaux amis qu'au prix de certaines contorsions intellectuelles. Le portrait de Ghandi remplace les posters

32 Alexandre Marc affirme avoir mis en relation Mounier et De Becker. En tout état de cause, Emmanuel Mounier s'était déjà fait le relais des idées de Raymond De Becker en mars 1933 et Alexandre Marc le cite dans son livre *Jeune Europe* publié en novembre 1933. Voir J. Hellman, *The Communitarian Third Way*, *op. cit.*, p. 126-127, note 10.

33 P. Andreu, *Le Rouge et le Blanc 1928-1944*, Paris, La Table Ronde, 1977, p. 95.

34 J. Hellman, *The Knight-Monks of Vichy France. Uriage, 1940-45*, Montreal-Kingston, McGill-Queen's University Press, 1993, p. 62.

35 Pierre Masson, « Autour de Raymond De Becker », in *Bulletin des amis d'André Gide*, 38e année, vol. 23, n° 105, janvier 1995, p. 46.

36 F. Marceau, *Les années courtes*, Paris, Gallimard, 1968, p. 198.

37 J. Biebuck, *Journal de l'homme obscur*, Louvain-la-Neuve, Edime, s.d., p. 55.

38 F. Marceau, *Les années courtes*, *op. cit.*, p. 198.

des dictateurs que De Becker avait placardés dans sa chambre en 1931[39]. Le journal *Communauté*, prévu pour être lancé en décembre 1934[40] mais qui ne voit finalement le jour qu'en 1936, proclame en grand et en gras que le mouvement « rejette tout absolutisme dictatorial »[41].

IV. Du mouvement Communauté à l'École d'Uriage

C'est Alexandre Marc qui introduit Raymond De Becker auprès des hommes d'affaires catholiques, Eugène Primard en tête, qui soutiennent la Société Saint-Louis[42]. Celle-ci fera d'ailleurs un adepte en la personne de l'un des proches de De Becker, le frère d'Henry Bauchau[43]. Créée à l'automne 1930, la Société Saint-Louis bénéficie du crédit que lui apporte le soutien d'Étienne Gilson, professeur en Sorbonne qui vient d'être nommé (en 1932) au Collège de France[44]. Parallèlement, Raymond De Becker, alors à Tamié, a fait la connaissance du père Doncœur et de ses adeptes lors du pèlerinage annuel qui – coïncidence – se déroule justement près de Tamié (en Savoie) en 1932[45]. Raymond De Becker est alors marqué par la similitude entre le serment qu'il a conçu avec ses acolytes et celui prononcé par les Cadets[46].

À la suite de ces contacts, Raymond De Becker songe à créer son propre groupe Communauté. Emmanuel Mounier l'aide à en rédiger les principes fondamentaux[47]. Paul Doncœur est associé à l'aventure, demeurant en contact avec De Becker entre 1932 et 1934 avant leur rupture définitive quant à l'attitude à adopter face au régime nazi[48]. Dès lors, les contacts entre Belges et Français se multiplient. Lorsque De Becker

---

39 Jean de Villers écrit à propos de Raymond De Becker : « Tu connaissais les noms de tous les ministres et ta chambre était tapissée de dictateurs » (Jean de Villers, « Mes souvenirs politiques », in l'*Universitaire Catholique*, 34e année, n° 1, 25 octobre 1933, p. 4).

40 P. Masson, « Autour de Raymond De Becker », *op. cit.*, p. 47.

41 *Communauté*, 1re année, n° 4, juillet 1936, p. 2.

42 J. Hellman, *The Communitarian Third Way*, *op. cit.*, p. 126-127, note 10.

43 R. De Becker, *Livre des vivants et des morts*, Bruxelles-Paris, Éditions de la Toison d'Or, 1942, p. 134-149.

44 D. Davon, *Paul Doncœur*, *op. cit.*, p. 214.

45 Cf. É. Deschamps, G. Duchenne, « À l'origine de l'utopie communautaire de Raymond De Becker. Le serment de Tamié (juillet 1933) », in *Textyles*, n° 31, 2007, p. 141.

46 D. Davon, *Paul Doncœur*, *op. cit.*, p. 216.

47 ARCA, Papiers Malengreau : Lettre d'E. Mounier à G. Malengreau, 24 octobre [1936] « Communauté, l'Avant-Garde, je connais bien leur mérite. […] De Becker lui-même, avec qui j'ai rédigé les positions de "Communauté", a je crois profité de notre travail, et *Esprit* ne sera pas absent de l'action qu'il pourra mener ».

48 D. Davon, *Paul Doncœur*, *op. cit.*, p. 216-218.

se rend à Paris, il visite non seulement Mounier dans les locaux d'*Esprit* mais se rend également à la rédaction de la revue *Études* pour discuter avec le père Doncœur de son projet Communauté dont il lui communique une copie des principes rédigés à l'automne 1933. Il n'hésite pas non plus à passer par la maison commune des Cadets à Issy-les-Moulineaux[49]. En août 1935, il retrouve Alexandre Marc aux décades de Pontigny[50]. Par l'entremise de Léo Moulin, qui participe également à la fondation des groupes Esprit à Bruxelles, un contact se crée entre Communauté et Révolution constructive où milite Robert Marjolin[51]. Par ailleurs, les relais italiens de *L'Avant-Garde* ont une conséquence étonnante. Ils conduisent Alcide De Gasperi à suivre, de sa retraite vaticane, les développements de l'initiative de Raymond De Becker. Ainsi, avant même que le mouvement Communauté ne voie officiellement le jour, De Gasperi prend soin de mentionner le 1er mars 1935 dans *L'illustrazione vaticana* la tenue du premier congrès du mouvement qui sera organisé à l'Hôtel des Sociétés savantes à Paris les 13-14 avril. Il montre par la même occasion qu'il est tout à fait conscient des objectifs poursuivis par De Becker et marque son accord avec cette recherche communautaire s'inscrivant dans le cadre du pacifisme :

> Infine De Becker preconizza une rivoluzione contro la società borghese et i moderni regimi. [...] La rivoluzione deve cominciare dalla persona, da se stesso ; è un'ascesi. Gli adepti di questa dottrina si riuniranno in comunità, al di fuori dei partiti, ma col proposito d'imbevere delle nuove idee i loro programmi.
>
> Queste comunità avranno carattere paficista (*sic*), subordinando al loro ideale della società futura anche gl'interessi immediati delle patrie[52].

Au début de la guerre, cette influence communautaire trouve un prolongement en France. Le maréchal Pétain édicte ses *Principes de la communauté* en 1941[53]. À l'École des cadres d'Uriage, on élabore une « règle de la communauté » qui s'inspire de l'enseignement d'Emmanuel Mounier[54], des organisations scoutes, des expériences du père Doncœur

---

49 *Ibid.*, p. 217.

50 J. Hellman, *The Communitarian Third Way, op. cit.*, p. 246.

51 L. Moulin, *Libre parcours. Itinéraire spirituel d'un agnostique*, Bruxelles, Racine, 1995, p. 67.

52 G. De Rosa (ed.), *A. De Gasperi. Scritti di politica internazionale, 1933-1938*, Vatican, Libreria Editrice Vaticana, 1981, p. 251-252.

53 M. Lagrange, « L'État nouveau et les fonctionnaires », in *Revue des Deux Mondes*, 1er-15 juillet 1944, p. 281.

54 « Uriage lui doit beaucoup » écrit Pierre Dunoyer de Segonzac (Pierre Dunoyer de Segonzac, *Le vieux chef. Mémoires et pages choisies*, Paris, Seuil, 1971, p. 94).

ou encore des écrits d'Henri de Man[55]. Mais surtout, elle figure au centre de l'enseignement de Paul Reuter qui intègre l'équipe des cadres d'Uriage en août 1941 et professe un cours sur la « France, communauté de communautés »[56].

L'héritage commun d'Emmanuel Mounier ou du père Doncœur explique que des accents très similaires se retrouvent dans la Communauté de Raymond De Becker et dans la communauté d'Uriage. En outre, la distance minime (90 kilomètres) séparant la retraite de De Becker à Tamié de l'École dirigée par Pierre Dunoyer de Segonzac explique que le Belge ait laissé des traces directes dans la région de son passage, traces qui se sont retrouvées à Uriage par l'entremise de Paul Thisse que l'on retrouve à Uriage en septembre 1942 et qui, alors chef du groupe d'Annecy des Scouts de France et membre des Cadets du père Doncœur, a rencontré De Becker lors de son périple en Savoie[57].

V. De l'idéal communautaire à l'idée d'Europe

L'un des premiers faits d'armes de Raymond De Becker a consisté à rompre une lance avec Paul-Henri Spaak en avril 1931 à propos de l'Europe[58]. De Becker témoigne alors dans ses écrits sur le Vieux Continent d'une vision proche de celle de Perroux en définissant l'Europe comme bâtie sur le spirituel et unie autour de valeurs chrétiennes : « Nous sommes contre le nationalisme tant politique qu'économique et contre l'internationalisme – pour la construction d'une Europe fédérée sur les bases de la loi chrétienne »[59].

---

55 B. Comte, « L'esprit d'Uriage : pédagogie civique et humanisme révolutionnaire », in *Les Cahiers de l'IHTP*, n° 8, juin 1998, p. 119-123 ; P. Bitoun, *Les hommes d'Uriage*, Paris, La Découverte, 1988, 298 p. et J. Hellman, *The Knight-Monks of Vichy France*, *op. cit.*, p. 175.

56 J. Hellman, *The Knight-Monks of Vichy France*, *op. cit.*, p. 74 et 154. Sur le thème de la communauté et Paul Reuter, voir A. Cohen, « Le plan Schuman de Paul Reuter. Entre communauté nationale et fédération européenne », in *Revue française de science politique*, vol. 48, n° 5, octobre 1998, p. 645-663.

57 Voir B. Comte, *L'École nationale des cadres d'Uriage. Une communauté éducative non conformiste à l'époque de la révolution nationale (1940-1942)*, Lille, Atelier national de reproduction des thèses, 1987, vol. I, p. 410 et vol. II, p. 977-978 ; J.-J. Gauthé, « Scouts et guides au sein du mouvement Témoignage Chrétien (1941-1944) », in *Scoutisme et collection*, n° 57, octobre 1999 et D. Davon, *Paul Doncœur*, *op. cit.*, p. 299.

58 G. Duchenne, « Spaak, la France, l'Europe et *Le Rouge et le Noir* (1930-1933 », in G. Duchenne, V. Dujardin et M. Dumoulin (dir.), *Paul-Henri Spaak et la France*, Bruxelles, Bruylant, 2007, p. 44.

59 R. De Becker, « Pour un programme », in *L'Esprit Nouveau*, numéro spécimen, décembre 1931, p. 5.

Développant ce thème, un proche de Raymond De Becker, Henry Bauchau, sera chargé de faire rapport sur la « culture communautaire » au Congrès de Malines en 1936[60]. Lorsqu'ils affirment que l'Europe n'est pas incompatible avec le patriotisme qui doit la prémunir contre le danger d'hégémonie de l'une ou l'autre nation et doit s'accommoder des réalités régionales, De Becker et Bauchau répondent d'une certaine façon à Julien Benda qui, dans sa *Trahison des clercs* de 1928, reprochait aux intellectuels d'avoir manqué à leur devoir de défense de l'universalisme en mettant en avant des causes nationales ou raciales[61].

Raymond De Becker rebondira sur la querelle entretenue avec Spaak en 1931 pour présenter, en 1937, un entretien avec celui qui est alors devenu ministre des Affaires étrangères au cours duquel ce dernier affirme accepter pour ce qui le concerne le qualificatif de « socialiste national »[62]. Pendant la guerre, les destins de De Becker et de Spaak prendront des voies diamétralement opposées[63]. Spaak animera le gouvernement en exil à Londres alors que De Becker acceptera l'offre de Max Liebe de reprendre les rennes de la rédaction du journal *Le Soir* sous le joug de l'Occupant. Raymond De Becker sera condamné à mort le 24 juillet 1946 par le Conseil de guerre de Bruxelles. Spaak acceptera cependant de considérer avec bienveillance les sollicitations de De Becker depuis sa prison. Il jouera un rôle dans la grâce que ce dernier obtiendra en février 1951[64].

Après la guerre, Spaak doit renoncer à De Becker. Mais il demeure fidèle à l'idéal communautaire. Pour remplacer le fondateur du mouvement Communauté, il s'entoure d'un autre conseiller et ami de longue date, Maurice Lambilliotte[65]. Ce dernier avait salué dans l'« idée de

---

60 C. Vanderpelen-Diagre, *Écrire en Belgique sous le regard de Dieu*, Bruxelles, Ceges – Complexe, 2004, p. 81 ; G. Duchenne, V. Dujardin, M. Watthée-Delmotte, *Henry Bauchau dans la tourmente du XXe siècle. Configurations historiques et imaginaires*, Le Cri, Bruxelles, p. 30-54.

61 L. Moulin note : « La trahison des clercs de la mouvance qui était la mienne m'a, plus qu'ému, révolté ». Cf. L. Moulin, *Libre parcours*, *op. cit.*, p. 29.

62 Voir R. De Becker, « Pour bâtir une Belgique nouvelle. M. Spaak définit le socialisme national », in *L'Indépendance Belge*, 107e année, n° 40, 9 février 1937, p. 1 et M. Dumoulin, *Spaak*, Bruxelles, Racine, 1999, p. 95.

63 Au sujet du parcours européen des deux hommes, voir encore G. Duchenne, *Esquisses d'une Europe nouvelle. L'européisme dans la Belgique de l'entre-deux-guerres (1919-1939)*, Bruxelles, PIE Peter Lang, 2008 (Euroclio. Études et documents, n° 40).

64 M. Dumoulin, *Spaak*, *op. cit.*, p. 108.

65 Au sujet de Maurice Lambilliotte (1900-1972), cf. N. Tordeurs, *Naissance des mouvements européens en Belgique*, Bruxelles, PIE-Peter Lang, 2000, p. 52 (Euroclio. Études et documents, n° 16) ; M. Dumoulin, Y. Stelandre, *L'idée européenne dans l'entre-deux-guerres*, Louvain-la-Neuve, Academia, 1992, p. 177 et M. Dumoulin, *Spaak*, *op. cit.*, p. 242 et 630-631.

grande Europe » inspirant la paix une voie de « salut de la chrétienté »[66]. En 1945, sa rhétorique attribue à la communauté une mission spirituelle[67] et estime qu'« une vie de plus en plus communautaire imposera tout naturellement aux individus un comportement social et civique adéquat »[68]. Il recommande la mise en place d'une « véritable communauté nationale »[69]. À la tête de la revue *Synthèses*, Lambilliotte militera en faveur de l'intégration européenne dès la fin des années 1940, pouvant notamment compter sur le soutien de Robert Aron qui avait été l'un des dirigeants, aux côtés d'Alexandre Marc, d'Ordre Nouveau entre 1933 et 1938[70].

Dans cette voie, Spaak rejoint les positions défendues par la démocratie socio-chrétienne qui pendant la guerre s'est également ralliée à cette dialectique. En 1943, Eugène Duthoit, professeur à l'université catholique de Lille[71], avait ouvert la séance inaugurale d'une session d'études économiques et sociales en abordant le thème de « L'esprit de communauté dans l'entreprise et dans la profession »[72]. Or ce proche de François Perroux et de la revue *Droit social* (dans laquelle milite également Paul Reuter)[73] est également l'une des références intellectuelles de Fernand Collin et de Léon-H. Dupriez[74], tous les deux mentors de Robert Triffin et ardents promoteurs sur le plan économique de l'idée communautaire européenne.

---

66 M. Lambilliotte, *L'Heure de l'Europe. Essai sur la portée de la Révolution actuelle*, août-septembre 1940, p. 107.

67 M. Lambilliotte, *Le Grand Problème*, Bruxelles, Labor, 1945, p. 5.

68 *Ibid.*, p. 80.

69 M. Lambilliotte, *Notre équipement économique*, Bruxelles, Est-Ouest, [1946], p. 19.

70 Robert Aron signe une préface pour Maurice Lambilliotte en 1949. Voir M. Lambilliotte, *Faire l'Europe !*, Bruxelles, Synthèses, janvier 1949, 50 p.

71 Au sujet d'Eugène Duthoit (1869-1944), voir *Études d'économie politique et sociale à la mémoire de Eugène Duthoit*, Paris, Librairie générale de droit et de jurisprudence, 1949, p. 13-18.

72 *Études d'économie politique et sociale à la mémoire d'Eugène Duthoit*, Paris, Librairie générale de droit et de jurisprudence, 1949, p. 18.

73 La revue publiera une longue nécrologie d'Eugène Duthoit. Voir *Droit social*, n° 7, juillet-août 1944, p. 2-4.

74 Fernand Collin et François Perroux font partie du comité directeur chargé de coordonner la réalisation des Mélanges rédigés en l'honneur d'Eugène Duthoit après sa mort. Voir *Études d'économie politique et sociale à la mémoire d'Eugène Duthoit*, *op. cit.*, p. 6.

VI. La conception allemande de « communauté » et de « société »

En Allemagne, Konrad Adenauer est dans une certaine mesure conscient de l'héritage communautaire des catholiques français et belges. Il a en effet été en contact vers 1935 avec Alexandre Marc[75]. Dans les rangs socialistes, la disparition de Kurt Schumacher, figure de proue du SPD d'après-guerre et opposant aux idées d'intégration européenne « parce qu'elles lui paraissaient d'origine cléricale, ayant le soutien de MM. Robert Schuman, van Zeeland et Gasperi »[76], rend la démocratie sociale plus ouverte à l'idée d'Europe et à l'influence personnaliste[77]. Mais si les intellectuels allemands jouent un rôle important en assimilant des idées communautaires nées dans les pays voisins, leur influence première se situe au niveau des fondements sociologiques de l'idée même de « communauté ». Le processus décrit par Ferdinand Tönnies dès 1887 pour expliquer le passage de la *Gemeinschaft* à la *Gesellschaft* prédit le retour à une certaine nostalgie pour l'aspect communautaire. C'est dans ce sens qu'il faut interpréter l'accent mis davantage par les hommes politiques allemands sur la communauté des peuples que sur la Société des Nations[78]. À leur suite, la dialectique de Tönnies s'impose en France notamment via des personnalités comme François Perroux[79], Alexandre Marc[80] et surtout Jacques Maritain qui éclaire Emmanuel Mounier à ce sujet :

> À mon avis, la seule méthode praticable pour votre groupe serait de s'informer exactement de ce que les Allemands disent de la *Gemeinschaft* [...] Quand des religieux se réunissent en monastère, ils ne veulent pas être ensemble, ils veulent parvenir à la perfection – et être ensemble à cause de cela. Chaque communauté se fait par une œuvre spécificatrice, et c'est là un lien objectif et rationnel. Le sentir ensemble est une condition et un accompagnement d'ordre matériel, indispensable, sans doute, mais secondaire. Je

---

[75] F. Kinsky, « In Memoriam Alexandre Marc », in *Publius*, vol. 30, n° 4, automne 2000, p. 170.

[76] H.-M. Bock (dir.), *Les rapports mensuels d'André François-Poncet*, Paris, Imprimerie nationale, 1996, vol. 2, rapport du 1er septembre 1952, p. 781.

[77] *Ibid.*, p. 1081.

[78] En 1919 à Cologne, Konrad Adenauer salue « la grande œuvre de la réconciliation de la communauté des peuples pour le salut de l'Europe » (J. Rovan, *Konrad Adenauer*, Paris, Beauchesne, 1987, p. 83).

[79] Voir D. Pelletier, « Utopie communautaire et sociabilité d'intellectuels en milieu catholique dans les années quarante », in *Cahiers de l'IHTP*, n° 20, mars 1992, p. 172.

[80] « Sans doute savons-nous que les Allemands n'emploient pas les termes de nation et de nationalisme dans le même sens que nous et qu'ils désignent, le plus souvent, par ces termes un ensemble de tendances et d'aspirations qui se rattachent à la structure de la communauté populaire (*Volkstum*) germanique ». Cf. R. Dupuis, A. Marc, *Jeune Europe*, *op. cit.*, p. 107.

crois que les Allemands, affamés d'une unanimité affective qui compenserait bien des peines, et cherchant du côté de l'immanence et de la subjectivité, demandent à la communauté temporelle beaucoup plus que ce qui lui appartient de donner : une communion mystique. Il faut alors inventer un mythe qui le justifie (le sang) et entreprendre une œuvre qui lui soit proportionnée, donc gigantesque ; cela parce que toute communauté implique inévitablement une œuvre à faire. Et de là une sorte de justification secondaire et après coup de la communauté allemande, mais elle vient après coup, et cette œuvre n'est que le lien formel de la communauté (dans l'idée allemande de la Gemeinschaft, il n'y a pas le but de réunir partout le sang allemand. Au contraire, ce but suppose le mythe du sang). Cependant si l'œuvre en question s'écroule, la communauté s'écroulera aussi[81].

En Belgique, cette doctrine est reprise par Jacques Leclercq[82], qui jouit alors d'un immense prestige auprès des jeunes catholiques. En octobre 1938, il publie un essai sur la « communauté populaire » où il réaffirme tout ce que ce concept doit à l'Allemagne : « La communauté populaire vient d'Allemagne : la *volksgemeinschaft* »[83]. Pour Leclercq, les Allemands forment un peuple sans former un État. Il juge cette notion « qui s'accorde particulièrement avec le christianisme »[84] comme « très riche, susceptible d'enrichir la pensée et l'expérience politique »[85]. Le recours à cette doctrine est vu comme étant particulièrement le fait « de la partie flamande du pays »[86]. Raymond De Becker fera sienne cette interprétation lorsqu'il décrira la défense d'une communauté populaire flamande comme basée sur les racines qui unissent « l'idéologie de la communauté populaire ou *Volksgemeenschap* [qui] s'inspirait sans aucun doute de l'idée correspondante de la Volksgemeinschaft du national-socialisme »[87].

---

81 Maritain à Mounier, [1935], in J. Petit (dir.), *Jacques Maritain, Emmanuel Mounier (1929-1939)*, Paris, Desclée de Brouwer-Seuil, 1973, p. 120-121. Jacques Maritain évoquera en juillet 1943 la création en Europe d'une grande « communauté des peuples ». Cf. J. Maritain, « Quatorze juillet 1943 », in W. Lipgens (dir.), *Documents on the History of European Integration*, Berlin-New York, Walter de Gruyter, 1986, vol. 2, p. 302 (discours prononcé à l'assemblée de France forever, Hunter College, New York, 14 juillet 1943).

82 Voir G. Van Riet, « In memoriam Monseigneur Jacques Leclercq », in *Revue philosophie de Louvain*, août 1971, p. 445-449 ; P. Sauvage, *Jacques Leclercq (1891-1971). Un arbre en plein vent*, Paris-Louvain-la-Neuve, Duculot, 1992, 463 p. et *Jacques Leclercq 1891-1971. Célébration du centenaire*, Louvain-la-Neuve, AUL, 1992, 64 p.

83 J. Leclercq, *De la communauté populaire*, Paris, Cerf, 1938, p. 24.

84 *Ibid.*, p. 85.

85 *Ibid.*, p. 5.

86 *Ibid.*, p. 29.

87 R. De Becker, *La collaboration en Belgique (1940-1944) ou une révolution avortée*, 15 janvier 1947, p. 15, in CEGES, Archives De Winter, Dossier AA 652/45.

VII. De l'esprit à la lettre : l'idée communautaire s'invite à la Conférence du plan Schuman

En France, l'idéal communautaire avait été prôné dès les années 1930 par de grandes figures catholiques comme le père Yves de la Brière[88]. Assistant aux travaux de la Société des Nations en tant qu'observateur, ce dernier s'était montré très attentif aux développements pris par les efforts des jeunes en vue de construire l'Europe. Dès 1933, il rejoint le comité d'honneur de Jeune Europe[89]. Il prône alors une communauté sociale entre nations qui serait soumise à une autorité qui ne serait pas un super-État mais une sorte de tribunal fédéral universel[90]. Au cours des années 1950, cet idéal communautaire se poursuit, promu notamment dans les rangs du MRP par Robert Schuman et Georges Bidault[91]. Par ailleurs, il est relayé par André François-Poncet qui participe au Congrès de La Haye en mai 1948 en tant que membre de la délégation française. Ce dernier a fréquenté l'École d'Uriage au point de laisser à Pierre Dunoyer de Segonzac le souvenir « d'une parfaite élégance dans la tenue et dans le propos, aisément sarcastique cependant et empreint d'un humour où l'on retrouvait un combiné de la rue d'Ulm et du quai d'Orsay »[92], puis a côtoyé Raymond De Becker lors d'un exil forcé dans les Alpes bavaroises. L'Europe fait également l'objet d'articles dans la revue des jésuites, *Études*, qui revient en avril 1950 sur ce qu'il convient d'entendre par « communauté » :

> Nous appelons « communauté » un ensemble de personnes libres unies par la communion et l'amour. Qu'il s'agisse de communautés naturelles ou de communautés fondées sur un lien spirituel, la communauté n'existe que là où la personne s'épanouit. Là où l'esprit communautaire – l'esprit d'amour, de liberté, d'entr'aide, de sacrifice volontaire – n'est plus présent, il n'y a pas de communauté, mais organisme ou organisation collective[93].

---

88 Au sujet d'Yves de la Brière (1877-1941), voir A. de La Pradelle, *Maîtres et doctrines du droit des gens*, Paris, Les Éditions internationales, 1950, p. 345-358.

89 X. Dehan, « Jeune Europe : des États-Unis d'Europe à l'Europe allemande (1930-1940) », in M. Dumoulin *Penser l'Europe à l'aube des années trente, quelques contributions belges*, Louvain-la-Neuve, 1995, p. 180, note 88. Au sujet de Jeune Europe, voir surtout la mise au point de G. Duchenne, *Esquisses d'une Europe nouvelle*, *op. cit.*, p. 409 et suiv.

90 A. de La Pradelle, *Maîtres et doctrines du droit des gens*, *op. cit.*, p. 355.

91 J.-Cl. Delbreil, *Centrisme et démocratie-chrétienne en France. Le parti démocrate populaire des origines au M.R.P. 1919-1944*, Paris, Publications de la Sorbonne, 1990, p. 51.

92 P. Dunoyer de Segonzac, *Le vieux chef. Mémoires et pages choisies*, Paris, Seuil, 1971, p. 137.

93 C. Wilczkowski, « Communisme et communauté en Russie soviétique », in *Études*, 83e année, tome 265, avril 1950, p. 3.

Pour sa part, Francisque Gay estime que « Le beau livre d'Emmanuel Mounier : Révolution personnaliste et communautaire, peut encore utilement guider l'examen de conscience politique du MRP » et relève la remarque anticipative (elle a été rédigée avant l'annonce du 9 mai) de la revue *Études* qui juge qu'une telle initiative serait de nature à éloigner la Grande-Bretagne du centre de gravité de l'Europe[94]. Si la plupart des cadres du parti catholique ne montre pas d'engouement pour le plan Monnet, il ne s'agit pas d'une opposition idéologique mais plutôt, selon les termes de Gay, d'un « regret de voir réussir une initiative à laquelle ils n'avaient pas accordé grande confiance »[95]. Dès lors, il n'est pas étonnant de constater qu'aussitôt que la mécanique européenne se met en marche, des proches du MRP prennent le sillage de Robert Schuman, notamment en ce qui concerne le conseil juridique[96].

Au premier rang des juristes consultés par Monnet, figure Paul Reuter. Ce dernier appartient à un milieu[97] – celui des disciples de François Perroux – dans lequel l'inspirateur a recruté plusieurs de ses proches collaborateurs comme Robert Marjolin, Jacques-René Rabier (début 1946)[98] ou Pierre Uri (fin 1946)[99]. Lorsqu'il est fait appel à lui, son pedigree est déjà assez impressionnant. Pendant la guerre, il a fait office d'intermédiaire entre la direction d'Uriage et l'entourage de Georges Bidault. En décembre 1942, il a introduit à Uriage Roger Stéphane, un résistant proche de Pierre-Henri Teitgen et porteur d'un mandat de Georges Bidault[100]. À la même époque, ses compétences en droit international ont été mises à contribution par le commandant de la garnison de Grenoble en vue de répondre à l'occupation de la zone libre en novembre 1942[101]. Après la guerre, Pierre-Henri Teitgen s'est adressé à lui pour trouver quelqu'un pour prendre les rennes de ce qui deviendra *Le Monde*. Après avoir consulté Paul Delouvrier, Reuter a recommandé

94 Fr. Gay, *Les démocrates d'inspiration chrétienne à l'épreuve du pouvoir. Mémoire confidentiel*, Paris, Bloud & Gay, [1950], p. 20 et 103.

95 *Ibid.*, p. 78.

96 À noter que la partie économique de l'entreprise avait déjà été prise en charge par des socialistes (Pierre Uri et Robert Marjolin notamment), ce qui peut expliquer que des « catholiques » du MRP n'y aient pas été associés.

97 V.C., « L'évolution de la structure et de la technique budgétaire », in *Revue internationale des sciences administratives*, 16e année, 1950, p. 46.

98 Archives historiques des Communautés européennes, INT-ECH 716 : Interview de Jacques-René Rabier par Yves Conrad et Julie Cailleau, 8 janvier 2004, p. 3.

99 Archives Jean Monnet, Lausanne, Fondation Jean Monnet pour l'Europe : Interview de Jacques-René Rabier par Antoine Marès, 1er octobre 1981. À noter que Robert Nathan a également joué un rôle dans le recrutement de Pierre Uri.

100 B. Comte, *L'École nationale des cadres d'Uriage*, *op. cit.*, vol. 2, p. 1054.

101 P. Dunoyer de Segonzac, *Le vieux chef*, *op. cit.*, p. 113.

Hubert Beuve-Méry[102]. Au printemps 1950, il participe activement aux premières ébauches du plan Monnet devenu plan Schuman. De son propre aveu, il a peut-être été recruté par Jean Monnet en raison des liens qui l'unissent à Robert Schuman. L'un de ses anciens élèves de l'université de Nancy est en effet présent dans le cabinet du ministre des Affaires étrangères. Mais surtout, le père de Paul Reuter a connu Robert Schuman du temps où ce dernier était avocat à Metz avant la Première Guerre mondiale[103]. Il poursuivra son travail de façon quelque peu discrète, probablement parce que ses qualités (jurisconsulte adjoint) le soumettent hiérarchiquement à André Gros (jurisconsulte). Ce dernier préside jusqu'en octobre 1950, sur le papier du moins, les réunions à caractère juridique de la Conférence du plan Schuman qui s'accordent notamment sur le vocable de « Communauté européenne du charbon et de l'acier »[104].

VIII. Conclusion

Les « pères fondateurs » ne se sont pas trouvés sur la même longueur d'ondes par la pratique fortuite de l'une ou l'autre langue. Ils ont surtout en commun une expérience des frontières. Comme en témoigne Robert Schuman à l'égard de Paul Reuter, cette proximité culturelle s'explique essentiellement dans leur chef par un terroir originel partagé :

> l'auteur de l'ouvrage et l'auteur de la préface ont vécu, l'un et l'autre, le drame de la frontière franco-allemande [...] Ils sont originaires de la région où se situent, géographiquement et historiquement, autour du Rhin, de la Moselle et de la Sarre, les problèmes politiques et économiques qui sont évoqués dans cette étude, et dont le Traité signé le 18 avril 1951 a entrepris la solution[105].

---

[102] J. Hellman, *The Knight-Monks of Vichy France*, *op. cit.*, p. 228.

[103] Archives Jean Monnet, Lausanne, Fondation Jean Monnet pour l'Europe : Interview de Paul Reuter par Antoine Marès, 7 août 1980, p. 6.

[104] Paul Reuter note qu'« il est indispensable de donner un nom au complexe du charbon et de l'acier ; pour des motifs purement pratiques, dans ses discussions le comité des juristes a pris l'habitude de le désigner comme il est dit à l'art. 0 [l'article 0 mentionne le nom de "Communauté européenne du charbon et de l'acier"] ». Cf. Projet de M. Reuter, 6 octobre 1950, reproduit dans R. Schulze, Th. Hoeren (dir.), *Dokumente zum Europäischen Recht*, Berlin, Springer, 2000, p. 245. À noter que le terme est dans l'air. Jean van der Mensbrugghe parle par exemple en 1950 de « communauté douanière » à propos du projet du Groupe d'études pour l'union douanière européenne. Cf. J. van der Mensbrugghe, *Les unions économiques. Réalisations et perspectives*, Bruxelles, Institut des relations internationales, 1950, p. 312.

[105] R. Schuman, « Préface », in P. Reuter, *La Communauté européenne du charbon et de l'acier*, Paris, Librairie générale de droit et de jurisprudence, 1953, p. 8.

Dans le même esprit, la légende situe le berceau de la famille d'Adenauer dans le village d'Adenau qui était, avant 1815, en territoire luxembourgeois[106]. Cette conscience physique des frontières explique qu'une génération de décideurs politiques et d'intellectuels ait pu travailler ensemble alors même qu'ils ne se connaissaient pas bien personnellement, Robert Schuman n'ayant par exemple fait la connaissance du chancelier allemand qu'en 1949 et De Gasperi n'ayant croisé la route du ministre des Affaires étrangères français qu'en février 1951 lors d'un sommet franco-italien[107].

À côté de cette conscience transnationale, d'autres facteurs interviennent pour expliquer l'émergence du sentiment européen. Parmi eux, figure la culture communautaire dont la pérennité est en grande partie à chercher dans son caractère transgénérationnel, des premières années du XXIe siècle à 1950. À cet égard, des constantes persistent et donnent une identité au phénomène. L'initiation à ce qui relève d'une philosophie de vie se fait, tout au long de cette période, par l'entremise de foyers spirituels, du Mont-César à l'École d'Uriage en passant par Maria Laach, où s'épanouit une certaine ferveur spirituelle. L'idéal pacifiste représente lui aussi une constante qui favorise sa diffusion dans des milieux farouchement opposés à la guerre. Mais les déclinaisons du concept sortent également de leur carcan. Raymond De Becker ou Paul Reuter se sont approprié la méthode pour en proposer une traduction politique que n'avaient pas initialement envisagée Schuman ou le père Doncœur. Se greffant sur cette prédisposition, l'idéal communautaire a été mis à profit en tant que méthode pour concrétiser une nouvelle forme de coopération européenne dont l'influence s'exerce, par personnes interposées, sur des acteurs qui, à l'instar de Robert Triffin, n'ont pas pris part aux pratiques liturgiques à l'origine de l'idée. Ainsi, c'est non seulement l'originalité de la pratique communautaire mais aussi la capacité du concept à se décliner sous différentes formes – y compris entièrement profanes – qui expliquent son succès. Signe remarquable de cette idéologie immunisée de tout nationalisme et de tout dogme géographique, la première application de l'idée communautaire à laquelle pensera Robert Triffin en 1945 sera celle d'une fédération à établir entre le Guatemala et le Salvador. Il s'en inspirera ensuite grandement pour promouvoir un projet semblable au niveau européen centré sur l'intégration monétaire et économique.

---

106 P. Reuter, *La naissance de l'Europe communautaire*, Lausanne, Fondation Jean Monnet pour l'Europe, 1980, p. 17.

107 Allocution de Robert Schuman, in *Annuaire de l'Université catholique de Louvain*, 1957-1959, p. 423. Sur la cérémonie de réception du *doctor honoris causa* de l'Université de Louvain à l'occasion de laquelle Schuman s'exprime, voir G. Courtois, G. Duchenne (dir.), *Pardon du passé, Europe unie et défense de l'Occident. Adenauer et Schuman docteurs* honoris causa *de l'Université catholique de Louvain en 1958*, Bruxelles, PIE Peter Lang, 2009, 173 p. (Euroclio. Études et documents, n° 45).

EUROCLIO – Ouvrages parus

N° 69 – *Européanisation au XXe siècle. Un regard historique / Europeanisation in the 20th century. The historical lens*. Matthieu Osmont, Émilia Robin-Hivert, Katja Seidel, Mark Spoerer, Christian Wenkel (dir./eds.), 2012.

N° 68 – *Consensus and European Integration. An Historical Perspective / Consensus et intégration européenne. Une perspective historique*. Daniela Preda & Daniele Pasquinucci (eds./dir.), 2012.

N° 67 – *Générations de fédéralistes européens depuis le XIXe siècle. Individus, groupes, espaces et réseaux*. Geneviève Duchenne et Michel Dumoulin (dir.), 2012.

N° 66 – *Raymond Aron, penseur de l'Europe et de la nation*. Giulio De Ligio (dir.), 2012.

N° 65 – *Europe Twenty Years after the End of the Cold War. The New Europe, New Europes? / L'Europe vingt ans après la fin de la guerre froide. Nouvelle Europe, nouvelles Europes?* Bruno Arcidiacono, Katrin Milzow, Axel Marion, Pierre-Étienne Bourneuf (eds./dir.), 2012.

N° 64 – *Aux origines de la diplomatie européenne. Les Neuf et la Coopération politique européenne de 1973 à 1980*. Maria Gainar, 2012.

N° 63 – *Europe and the Middle East. The hour of the East?* Birte Wassenberg & Giovanni Faleg (eds.), 2012.

N° 62 – *Quelle architecture pour un code européen de droit international privé ?* Marc Fallon, Paul Lagarde, Sylvaine Poillot-Peruzzetto (dir.), 2011.

N° 61 – *La construction d'un espace euro-méditerranéen. Genèses, mythes et perspectives*. Houda Ben Hamouda et Mathieu Bouchard (dir.), 2012.

N° 60 – *Innovations et transferts de technologie en Europe du Nord-Ouest aux XIXe et XXe siècles*. Jean-François Eck et Pierre Tilly (dir.), 2011.

N° 59 – *Novel Outlooks on the Marshall Plan. American Aid and European Re-Industrialization*. Fransceca Fauri & Paolo Tedeschi (eds.), 2011.

N° 58 – *Europe in the International Arena during the 1970s. Entering a Different World / L'Europe sur la scène internationale dans les années 1970. À la découverte d'un nouveau monde*. Antonio Varsori & Guia Migani (eds./dir.), 2011.

N° 57 – *Cultures nationales et identité communautaire. Un défi pour l'Europe ? / National Cultures and Common Identity. A Challenge for Europe?* Marloes Beers & Jenny Raflik (dir./eds.), 2010.

N° 56 – *Les trajectoires de l'innovation technologique et la construction européenne. Des voies de structuration durable ? / Trends in Technological Innovation and the European Construction. The Emerging of Enduring Dynamics?* Christophe Bouneau, David Burigana & Antonio Varsori (dir./eds.), 2010.

N° 55 – *L'OTAN et l'Europe. Quels liens pour la sécurité et la défense européenne ?* Birte Wassenberg, Giovanni Faleg et Martin W. Mlodecki (dir.), 2010.

N° 54 – *The Road Europe Travelled Along.* Daniele Pasquinucci and Daniela Preda (eds.), 2010.

N° 53 – *Vivre et construire l'Europe à l'échelle territoriale de 1945 à nos jours.* Yves Denéchère et Marie-Bénédicte Vincent (dir.), 2010.

N° 52 – *De l'esprit de la Résistance jusqu'à l'idée de l'Europe. Projets européens et américains pour l'Europe de l'après-guerre (1940-1950).* Veronika Heyde, 2010.

N° 51 – *Le dernier carré. Les charbonniers belges, libres entrepreneurs face à la CECA (1950-1959).* Roch Hannecart, 2010.

N° 49 – *Le « Congrès de l'Europe » à La Haye (1948-2008).* Jean-Michel Guieu et Christophe Le Dréau (dir.), 2009.

N° 48 – *The Road to a United Europe. Interpretations of the Process of European Integration.* Morten Rasmussen & Ann-Christina L. Knudsen (eds.), 2009.

N° 47 – *L'Europe au cœur. Études pour Marie-Thérèse Bitsch.* Martial Libera et Birte Wassenberg (dir.), 2009.

N° 46 – *Les deux Europes. Actes du IIIe colloque international RICHIE/ The Two Europes. Proceedings of the 3rd international RICHIE conference.* Michele Affinito, Guia Migani & Christian Wenkel (dir./eds.), 2009.

N° 45 – *Pardon du passé, Europe unie et défense de l'Occident. Adenauer et Schuman docteurs* honoris causa *de l'Université catholique de Louvain en 1958.* Geneviève Duchenne et Gaëlle Courtois (dir.), 2009.

N° 44 – *From* Détente *in Europe to European* Détente. *How the West Shaped the Helsinki CSCE.* Angela Romano, 2009.

N° 43 – *L'Espagne et l'Europe. De la dictature de Franco à l'Union européenne.* Matthieu Trouvé, 2008.

N° 42 – *La Méditerranée et la culture du dialogue. Lieux de rencontre et de mémoire des européens/El Mediterráneo y la cultura del diálogo. Lugares de encuentro y de memoria de los Europeos/El Mediterrani i la cultura del diàleg. Punts de trobada i de memòria dels Europeus.* María-Luisa Villanueva Alfonso (dir./ed.), 2008.

N° 41 – *La France et l'Afrique sub-saharienne, 1957-1963. Histoire d'une décolonisation entre idéaux eurafricains et politique de puissance.* Guia Migani, 2008.

Réseau européen Euroclio

avec le réseau SEGEI

Coordination : Chaire Jean Monnet d'histoire
de l'Europe contemporaine (Cehec)
Collège Erasme, 1, place Blaise-Pascal, B-1348 Louvain-la-Neuve

Allemagne

Jürgen Elvert
Wilfried Loth

Belgique

Julie Cailleau
Jocelyne Collonval
Yves Conrad
Gaëlle Courtois
Pascal Deloge
Geneviève Duchenne
Vincent Dujardin
Michel Dumoulin
Roch Hannecart
Pierre-Yves Plasman
Béatrice Roeh
Corine Schröder
Caroline Suzor
Pierre Tilly
Arthe Van Laer
Jérôme Wilson
Natacha Wittorski

Espagne

Enrique Moradiellos
Mercedes Samaniego Boneu

France

Françoise Berger
Marie-Thérèse Bitsch
Gérard Bossuat
Éric Bussière
Jean-François Eck
Catherine Horel
Philippe Mioche
Marine Moguen-Toursel
Sylvain Schirmann
Matthieu Trouvé
Laurent Warlouzet
Emilie Willaert

Hongrie

Gergely Fejérdy

Italie

David Burigana
Elena Calandri
Eleonora Guasconi
Luciano Segreto
Antonio Varsori

Luxembourg

Charles Barthel
Etienne Deschamps
Jean-Marie Kreins
René Leboutte
Robert Philippart
Corine Schröder
Gilbert Trausch

Pays-Bas

Anjo Harryvan
Jan W. Brouwer
Jan van der Herst

Pologne

Józef Laptos
Zdzisiaw Mach

Suisse

Antoine Fleury
Lubor Jilek

Discover the general website
of the Peter Lang publishing group
www.peterlang.com

Visitez le groupe éditorial Peter Lang
sur son site Internet commun
www.peterlang.com

For the avoidance of doubt, input of the whole or any part of this publication
into any generative artificial intelligence model, chatbot, program, software or technology
is expressly prohibited without the prior written consent of the publisher.

Printed by
CPI books GmbH, Leck